全国医药中等职业技术学校教材

医药商品销售

中国职业技术教育学会医药专业委员会　组织编写

王冬丽　主编　　陈军力　主审

化学工业出版社

生物·医药出版分社

·北京·

本书是中国职业技术教育学会医药专业委员会组织编写的医药中职技能系列教材之一。为适应医药类学校药剂专业药品营销专门化方向、医药商品经营专业的教学要求，本书以技能操作为宗旨，结合国家劳动部门颁发的中级工技能标准要求，按照"任务引领、实践导向"的课程开发理念，总结出一套较完善的编写模式：工作流程—基础知识—拓展知识—相关法规—案例分析或实训—思考与练习。共有 8 个项目 20 个模块组成，主要包括医药商品市场信息收集和整理、医药商品销售计划编制、客户访谈、客户管理、医药商品批发、终端推广与服务、客户异议与投诉处理、医药商品经济指标核算等内容。通过本教材的学习，可使学生掌握药品销售的基本技能，并在实际工作中增长分析和解决问题的能力。

本书可供医药类中等职业学校医药营销相关专业学生使用，也可供医药企业营销人员培训使用。

图书在版编目（CIP）数据

医药商品销售/王冬丽主编 . —北京：化学工业出版社，2009.7（2022.10 重印）
全国医药中等职业技术学校教材
ISBN 978-7-122-05602-3

Ⅰ．医… Ⅱ．王… Ⅲ．药品-销售-专业学校-教材 Ⅳ．F763

中国版本图书馆 CIP 数据核字（2009）第 077263 号

责任编辑：陈燕杰　赵兰江　余晓捷	文字编辑：焦欣渝
责任校对：李　林	装帧设计：关　飞

出版发行：化学工业出版社　生物·医药出版分社(北京市东城区青年湖南街 13 号　邮政编码 100011)
印　　装：涿州市般润文化传播有限公司

787mm×1092mm　1/16　印张 14¾　字数 367 千字　2022 年 10 月北京第 1 版第 10 次印刷

购书咨询：010-64518888　　售后服务：010-64518899
网　　址：http://www.cip.com.cn

凡购买本书，如有缺损质量问题，本社销售中心负责调换。

定　　价：39.00 元　　　　　　　　　　　　　　　　　　　版权所有　违者必究

本书编审人员

主　　编　王冬丽　上海市医药学校
主　　审　陈军力　上海医药集团非处方药事业部
副 主 编　臧文武　安徽省医药技工学校
编写人员　（按姓氏笔画排序）
　　　　　　王冬丽　上海市医药学校
　　　　　　闫四清　杭州第一技师学院
　　　　　　牟　蘋　北京市医药器械学校
　　　　　　杜丽娜　上海中华药业有限公司
　　　　　　何　红　江西省医药学校
　　　　　　邱广群　安徽省医药技工学校
　　　　　　陈　浩　上海市医药学校
　　　　　　张爱英　江西省医药学校
　　　　　　张　瑜　山东中药技术学院
　　　　　　赵　瑛　上海市医药学校
　　　　　　唐　伟　江西省医药学校
　　　　　　臧文武　安徽省医药技工学校

中国职业技术教育学会医药专业委员会
第一届常务理事会名单

主　　任　苏怀德　国家食品药品监督管理局

副 主 任（按姓名笔画排列）
　　　　　　王书林　成都中医药大学峨嵋学院
　　　　　　王吉东　江苏省徐州医药高等职业学校
　　　　　　严　振　广东食品药品职业学院
　　　　　　李元富　山东中药技术学院
　　　　　　陆国民　上海市医药学校
　　　　　　周晓明　山西生物应用职业技术学院
　　　　　　缪立德　湖北省医药学校

常务理事（按姓名笔画排列）
　　　　　　马孔琛　沈阳药科大学高等职业教育学院
　　　　　　王书林　成都中医药大学峨嵋学院
　　　　　　王吉东　江苏省徐州医药高等职业学校
　　　　　　左淑芬　河南省医药学校
　　　　　　刘效昌　广州市医药中等专业学校
　　　　　　闫丽霞　天津生物工程职业技术学院
　　　　　　阳　欢　江西省医药学校
　　　　　　严　振　广东食品药品职业学院
　　　　　　李元富　山东中药技术学院
　　　　　　陆国民　上海市医药学校
　　　　　　周晓明　山西生物应用职业技术学院
　　　　　　高玉培　北京市医药器械学校
　　　　　　黄庶亮　福建生物工程职业学院
　　　　　　缪立德　湖北省医药学校
　　　　　　谭晓彧　湖南省医药学校

秘 书 长　潘　雪　北京市医药器械学校
　　　　　　陆国民　上海市医药学校（兼）
　　　　　　刘　佳　成都中医药大学峨嵋学院

第二版前言

本套教材自 2004 年以来陆续出版了 37 种,经各校广泛使用已累积了较为丰富的经验。并且在此期间,本会持续推动各校大力开展国际交流和教学改革,使得我们对于职业教育的认识大大加深,对教学模式和教材改革又有了新认识,研究也有了新成果,因而推动本系列教材的修订。概括来说,这几年来我们取得的新共识主要有以下几点。

1. 明确了我们的目标。创建中国特色医药职教体系。党中央提出以科学发展观建设中国特色社会主义。我们身在医药职教战线的同仁,就有责任为了更好更快地发展我国的职业教育,为创建中国特色医药职教体系而奋斗。

2. 积极持续地开展国际交流。当今世界国际经济社会融为一体,彼此交流相互影响,教育也不例外。为了更快更好地发展我国的职业教育,创建中国特色医药职教体系,我们有必要学习国外已有的经验,规避国外已出现的种种教训、失误,从而使我们少走弯路,更科学地发展壮大我们自己。

3. 对准相应的职业资格要求。我们从事的职业技术教育既是为了满足医药经济发展之需,也是为了使学生具备相应职业准入要求,具有全面发展的综合素质,既能顺利就业,也能一展才华。作为个体,每个学校具有的教育资质有限。为此,应首先对准相应的国家职业资格要求,对学生实施准确明晰而实用的教育,在有余力有可能的情况下才能谈及品牌、特色等更高的要求。

4. 教学模式要切实地转变为实践导向而非学科导向。职场的实际过程是学生毕业就业所必须进入的过程,因此以职场实际过程的要求和过程来组织教学活动就能紧扣实际需要,便于学生掌握。

5. 贯彻和渗透全面素质教育思想与措施。多年来,各校都十分重视学生德育教育,重视学生全面素质的发展和提高,除了开设专门的德育课程、职业生涯课程和大量的课外教育活动之外,大家一致认为还必须采取切实措施,在一切业务教学过程中,点点滴滴地渗透德育内容,促使学生通过实际过程中的言谈举止,多次重复,逐渐养成良好规范的行为和思想道德品质。学生在校期间最长的时间及最大量的活动是参加各种业务学习、基础知识学习、技能学习、岗位实训等都包括在内。因此对这部分最大量的时间,不能只教业务技术。在学校工作的每个人都要视育人为己任。教师在每个教学环节中都要研究如何既传授知识技能又影响学生品德,使学生全面发展成为健全的有用之才。

6. 要深入研究当代学生情况和特点,努力开发适合学生特点的教学方式方法,激发学生学习积极性,以提高学习效率。操作领路、案例入门、师生互动、现场教学等都是有效的方式。教材编写上,也要尽快改变多年来黑字印刷,学科篇章,理论说教的老面孔,力求开发生动活泼,简明易懂,图文并茂,激发志向的好教材。根据上述共识,本次修订教材,按以下原则进行。

① 按实践导向型模式,以职场实际过程划分模块安排教材内容。
② 教学内容必须满足国家相应职业资格要求。
③ 所有教学活动中都应该融进全面素质教育内容。
④ 教材内容和写法必须适应青少年学生的特点,力求简明生动,图文并茂。

从已完成的新书稿来看,各位编写人员基本上都能按上述原则处理教材,书稿显示出鲜明的特色,使得修订教材已从原版的技术型提高到技能型教材的水平。当前仍然有诸多问题需要进一步探讨改革。但愿本批修订教材的出版使用,不但能有助于各校提高教学质量,而且能引发各校更深入的改革热潮。

四年多来,各方面发展迅速,变化很大,第二版丛书根据实际需要增加了新的教材品种,同时更新了许多内容,而且编写人员也有若干变动。有的书稿为了更贴切反映教材内容甚至对名称也做了修改。但编写人员和编写思想都是前后相继、向前发展的。因此本会认为这些变动是反映与时俱进思想的,是应该大力支持的。此外,本会也因加入了中国职业技术教育学会而改用现名。原教材建设委员会也因此改为常务理事会。值本批教材修订出版之际,特此说明。

中国职业技术教育学会医药专业委员会　主任
苏怀德
2008年10月2日

编写说明

  本书由中国职业技术教育学会医药专业委员会组织编写而成，是在第一版系列教材的基础上新设置的一门课程，为满足中等职业教育药剂专业药品营销专门化方向技能教材的需求而编写的。本教材组织医药中职教育的有关专家、丰富教学经验的专业教师和医药行业专家，严格按照"任务引领、实践导向"的课程开发理念；以培养药品销售中级工为宗旨，以技能操作为主线，按要求结合模块教学，将药品销售各相关知识内容按技能项目整合在一起，符合医药销售的实际工作过程。

  本教材针对的是医药中等职业教育的学生，对应的是国家劳动部门规定的相关中级工的技能要求；目标是培养在药品销售、药品服务、药品管理工作岗位的高素质营销者及中、初级专业人才，所以本教材中的知识和技能要求符合国家劳动部门颁布的中级工（四级）的技能标准要求；符合医药中等职业教育的水准要求。

  本教材由王冬丽担任主编并对全书进行统稿，并编写项目四客户管理及与杜丽娜编写项目六终端推广与服务项目等；臧文武与邱广群编写项目一医药商品市场信息收集和整理及项目二医药商品销售计划编制；赵瑛及陈浩编写了项目三客户访谈；牟蘋及闫四清编写了项目五医药商品批发；张爱英、何红及唐伟编写项目七客户异议与投诉处理；张瑜编写项目八医药商品经济指标核算。

  由于该类教材没有成熟的编写模式，可参考的书籍很少，为了更好地体现与职场结合，编写教师到企业去进行了调研和实践。我们还特别聘请了上海医药集团非处方药事业部总经理、青岛国风药业股份有限公司董事长兼总经理陈军力作为本书的主审，邀请了上海医药集团非处方药事业部战略管理总监叶松虎、上海中华药业有限公司市场总监杜丽娜参与本书相关模块的编写及审议。

  各校在使用本教材时，可根据专业特点、教学计划、教学要求及技能标准来选择讲授内容，使学生在有限的教学时数内，掌握医药商品销售的基本技巧和基础知识。

  本教材虽经各位编者认真编写，但由于时间仓促和水平有限，仍会有不完善和不足之处，望广大读者批评指正。

编者

2009 年 5 月

第一版前言

半个世纪以来，我国中等医药职业技术教育一直按中等专业教育（简称为中专）和中等技术教育（简称为中技）分别进行。自 20 世纪 90 年代起，国家教育部倡导同一层次的同类教育求同存异。因此，全国医药中等职业技术教育教材建设委员会在原各自教材建设委员会的基础上合并组建，并在全国医药职业技术教育研究会的组织领导下，专门负责医药中职教材建设工作。

鉴于几十年来全国医药中等职业技术教育一直未形成自身的规范化教材，原国家医药管理局科技教育司应各医药院校的要求，履行其指导全国药学教育、为全国药学教育服务的职责，于 20 世纪 80 年代中期开始出面组织各校联合编写中职教材。先后组织出版了全国医药中等职业技术教育系列教材 60 余种，基本上满足了各校对医药中职教材的需求。

为进一步推动全国教育管理体制和教学改革，使人才培养更加适应社会主义建设之需，自 20 世纪 90 年代末，中央提倡大力发展职业技术教育，包括中等职业技术教育。据此，自 2000 年起，全国医药职业技术教育研究会组织开展了教学改革交流研讨活动。教材建设更是其中的重要活动内容之一。

几年来，在全国医药职业技术教育研究会的组织协调下，各医药职业技术院校认真学习有关方针政策，齐心协力，已取得丰硕成果。各校一致认为，中等职业技术教育应定位于培养拥护党的基本路线，适应生产、管理、服务第一线需要的德、智、体、美各方面全面发展的技术应用型人才。专业设置必须紧密结合地方经济和社会发展需要，根据市场对各类人才的需求和学校的办学条件，有针对性地调整和设置专业。在课程体系和教学内容方面则要突出职业技术特点，注意实践技能的培养，加强针对性和实用性，基础知识和基本理论以必需够用为度，以讲清概念，强化应用为教学重点。各校先后学习了《中华人民共和国职业分类大典》及医药行业工人技术等级标准等有关职业分类、岗位群及岗位要求的具体规定，并且组织师生深入实际，广泛调研市场的需求和有关职业岗位群对各类从业人员素质、技能、知识等方面的基本要求，针对特定的职业岗位群，设立专业，确定人才培养规格和素质、技能、知识结构，建立技术考核标准、课程标准和课程体系，最后具体编制为专业教学计划以开展教学活动。教材是教学活动中必须使用的基本材料，也是各校办学的必需材料。因此研究会首先组织各学校按国家专业设置要求制订专业教学计划、技术考核标准和课程标准。在完成专业教学计划、技术考核标准和课程标准的制订后，以此作为依据，及时开展了医药中职教材建设的研讨和有组织的编写活动。由于专业教学计划、技术考核标准和课程标准都是从现实职业岗位群的实际需要中归纳出来的，因而研究会组织的教材编写活动就形成了以下特点：

1. 教材内容的范围和深度与相应职业岗位群的要求紧密挂钩，以收录现行适用、成熟规范的现代技术和管理知识为主。因此其实践性、应用性较强，突破了传统教材以理论知识为主的局限，突出了职业技能特点。

2. 教材编写人员尽量以产学结合的方式选聘，使其各展所长、互相学习，从而有效地克服了内容脱离实际工作的弊端。

3. 实行主审制，每种教材均邀请精通该专业业务的专家担任主审，以确保业务内容正确无误。

4. 按模块化组织教材体系，各教材之间相互衔接较好，且具有一定的可裁减性和可拼接性。一个专业的全套教材既可以圆满地完成专业教学任务，又可以根据不同的培养目标和地区特点，或市场需求变化供相近专业选用，甚至适应不同层次教学之需。

本套教材主要是针对医药中职教育而组织编写的，它既适用于医药中专、医药技校、职工中专等不同类型教学之需，同时因为中等职业教育主要培养技术操作型人才，所以本套教材也适合于同类岗位群的在职员工培训之用。

现已编写出版的各种医药中职教材虽然由于种种主客观因素的限制仍留有诸多遗憾，上述特点在各种教材中体现的程度也参差不齐，但与传统学科型教材相比毕竟前进了一步。紧扣社会职业需求，以实用技术为主，产学结合，这是医药教材编写上的重大转变。今后的任务是在使用中加以检验，听取各方面的意见及时修订并继续开发新教材以促进其与时俱进、臻于完善。

愿使用本系列教材的每位教师、学生、读者收获丰硕！愿全国医药事业不断发展！

全国医药职业技术教育研究会
2005 年 6 月

目 录

项目一　医药商品市场信息收集和整理　1

　　模块一　医药商品市场信息收集 …… 1
　　模块二　医药商品市场信息整理 …… 10

项目二　医药商品销售计划编制　19

　　模块　医药商品销售计划编制 …… 19

项目三　客户访谈　30

　　模块一　拜访客户 …………………… 30
　　模块二　客户沟通 …………………… 45
　　模块三　销售谈判 …………………… 60

项目四　客户管理　80

　　模块一　客户档案建立 ……………… 80
　　模块二　客户有效管理 ……………… 90

项目五　医药商品批发　101

　　模块一　医药商品批发业务流程 …… 101
　　模块二　票据填制 …………………… 108

　　模块三　合同文本填制 ……………… 120
　　模块四　应收账款、应付账款的
　　　　　　处理 ………………………… 130
　　模块五　医药商品窜货处理 ………… 138

项目六　终端推广与服务　148

　　模块一　终端销售（医药代表） …… 148
　　模块二　产品演示与宣讲 …………… 159

项目七　客户异议与投诉处理　171

　　模块一　客户异议处理 ……………… 171
　　模块二　客户投诉处理 ……………… 184
　　模块三　医药商品退、换货
　　　　　　处理 ………………………… 196

项目八　医药商品经济指标核算　206

　　模块一　经济核算票据（单）的
　　　　　　填制 ………………………… 206
　　模块二　经济指标核算方法 ………… 216

参考文献　224

项目一 医药商品市场信息收集和整理

学习目标

1. 掌握市场信息收集的工作流程。
2. 掌握市场信息收集的方法。
3. 掌握市场信息整理的工作流程。
4. 掌握市场信息整理的方法。
5. 会进行一般的信息、数据分析和归纳。

模块一 医药商品市场信息收集

一、工作流程

（一）医药商品市场信息收集前的准备工作

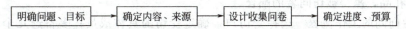
明确问题、目标 → 确定内容、来源 → 设计收集问卷 → 确定进度、预算

1. 明确问题、目标

信息收集，必须首先根据企业药品经营的情况，把企业在发展过程中对信息的实际需求作为信息收集的目标。经过初步情况分析后确定目标，从而使信息收集更具有针对性。

例如，某医药企业近几个月销售量大幅度下降，究竟是消费者对药品质量不满意，售后服务不好，还是竞争者又有了新产品投放市场，或是市场需求趋于饱和、广告支出减少的影响？通过初步情况分析后，将问题减少或范围缩小，以主要问题为目标，就此开展信息收集。

确定的问题和目标，原则上不宜过宽泛，也不宜太狭窄。过于宽泛易造成收集成本提高，同时过多的资料往往难以决策；而过于狭窄，又有可能作出片面的决定。

2. 确定信息收集的内容、来源

围绕着问题和目标，确定信息收集的内容与来源。凡是直接或间接影响企业营销活动的情报资料都要广泛收集。

医药市场信息收集主要内容包括宏观环境信息、消费者需求及市场需求容量信息、市场营销组合方面信息、竞争企业信息及医生方面信息等。

依据信息资料的来源不同，可分为一手资料和二手资料：一手资料是为当前某种特定目的、通过实地调查而收集的原始资料；二手资料是已经存在，并已经为某种目的而收集起来的资料。

一手资料收集中，需明确向谁收集（个人、企业还是其他部门）、由谁提供具体资料的问题。二手资料的收集，可以来自企业内部，更多的则来自企业外部。

3. 设计收集信息的问卷

要获取一手信息资料，收集信息方法确定后，就需要准备有关问卷。设计问卷是一项重要工作，问卷设计的好坏对结果影响很大。问卷是由一系列问题组成，提出问题的形式有是非题、选择题、自由题。另外，还要根据收集的目标，设计观察记录表、实验记录表、统计表等。

4. 确定信息收集的进度、预算

信息收集本着节约高效、快速的原则，应合理安排人力、物力、财力，以保证顺利开展信息收集。日程安排可增强紧迫感，详细地列出完成每一步骤所需的天数以及开始、终止时间，但不可把时间拉太长。在进行预算时，要将可能需要的费用尽可能考虑全面，以免影响信息收集工作的顺利进行。

（二）医药商品市场信息收集工作流程

医药商品信息收集的操作流程

1. 运用询问法、观察法和实验法等收集第一手信息资料

第一手信息资料收集方法主要分为询问法、观察法、实验法和网络调查法等。选择哪种方法，依问题的性质而定，可选择一种，也可同时选择多种。

（1）询问法 是调查人员将拟定的调查事项以面谈、电话或书面形式向被调查者提出询问，以获得所需信息的方法。在医药市场信息收集中应用广泛。主要形式有入户访问、拦截访问、电话询问、邮寄询问等。

① 入户访问的工作流程 确定待访对象的具体地址和名单；选择合适的时间入户；按照拟定的问题询问；客观记录；友好离开等。

② 拦截访问的工作流程 选择交通便利、人流量大的地方随机询问；注意选择合适的时间（节假日等充裕的时间段效果好）；快速判断理想的受访者；按照拟定的问题询问。可适当赠送小礼品，赢得被访问者的配合。

③ 电话询问的工作流程 选择受访户；确定受访的具体成员；多备选几个号码（以便替代使用）；选择合适的时间；按照拟定的问题询问，控制询问的时间；作好询问记录。选择音质好的询问员有利于工作开展。

④ 邮寄询问的工作流程 确定调查对象；寄发调查问卷；统计回收问卷。把回执的信封、邮票同时附上，对按时回执的礼物要先明确，尽量事先沟通，寄发一段时间后再次联系。

（2）观察法 是调查人员直接或通过仪器在现场观察和记录调查对象的行为反应或感受的一种收集信息方法。在医药市场信息收集中经常使用此法。

如：医药商品展销会、试销会、订货会等场合均可采用此法进行信息收集，或直接到零售药店柜台前观察购买者的选购行为，或派人到代理商或经销商处购买药品，以了解服务态度的好坏，或凭回执的统计数确定购买情况的相关信息。

（3）实验法 是指在一定条件下，通过实验对比，对某些变量之间的因果关系及其变化过程加以观察分析的一种方法。如：将某一品种的药品改变其包装、价格、广告形式或改变销售渠道以后，了解对药品销售量的影响，先小范围实验，再决定是否推广。

（4）网络调查法 网络调查作为一种重要的现代调研技术和方法，得到越来越多的重视和运用。提高安全性，是网络调查有待解决的一个重要问题。

2. 通过多种方法收集第二手信息资料

（1）收集方法及特点（表1-1）

（2）几种常用的医药信息站点

国家药品监督管理局信息中心：http://www.cpi.ac.cn/ 主要有数据库查询、医药信息服务、医药信息专题服务、中国医药信息网等栏目。医药信息服务栏目提供药政管理、产品信息、市场信息、企业动态等内容。医药信息专题服务栏目主要介绍国内外医药报刊及相

表 1-1 第二手信息资料收集方法及特点

名　　称	收　集　方　法	信　息　特　点
公开出版物	订购与本行业企业产品营销有关的图书、报纸、杂志，如医药报类	及时快速、时效性强
有关部门提供	银行、财政、物价、工商管理审计及药监部门等掌握的信息	重要情报
企业内部信息	企业的各种最新资料查询	直接参照
情报机构、信息咨询机构信息预测部门	对外公布的信息资料	详细、专业、全面
各种会议交流	如药品信息发布会、订货会、展销会、各种学术报告会、专业讨论会、经验交流会	速度快，现场收集，针对性强，明确，实用
人际交流	通过公共关系、专业人士交流获取信息	提供参考
国际药品市场信息	出国考察，进修，参加国际性会议；通过官方与企业驻外机构经贸信息交流	扩大信息
网络信息	通过电话、电视、计算机网络等现代手段收集信息	信息交流量巨大，超时性

关信息资料。数据库查询栏目主要有药学文献库、医药企业库、国内新药库、药品专利库、药品包装库、全国进出口药品、OTC数据库、进出口注册品种库等。

国家食品药品监督管理局：http://www.sfda.gov.cn/
中国中医药管理局：http://www.satcm.gov.cn/
全球医药信息：http://www.qqyyzz.com/
医药网：http://www.yy3721.com/
世界医药网：http://www.world-medicine.org/
当代医药市场网：http://www.ey99.com/
中国药学网：http://www.cndrug.net/
中国医疗器械信息网：http://www.cmdi.gov.cn/
中国医药网：http://www.pharmnet.com.cn/
中国药品网：http://www.3156.cn/

3. 按设定的抽样样本（抽查的对象）进行信息收集

设计抽样计划，抽样计划包括三部分：抽样单位（向什么人调查）；样本大小（向多少人调查）；抽样方法（是随机抽样还是非随机抽样）。

抽样样本的大小、多少是由信息收集对象的规模大小决定，抽样的样本要科学、合理、有代表性、典型性。抽样所取的样本越多，取得的数据同总体的特征越接近，但费时费力，容易失去效果，因此必须把样本控制在必要的限度内。

医药商品信息收集的控制点

在药品信息收集阶段，主要应运用信息收集的方法，多方位多渠道收集信息。

（三）医药商品信息收集的结束工作

（1）第一手信息资料　保存好问卷调查等原始记录，防止遗失、修改，按收集时间、地点等要求分别集中存放。

（2）第二手信息资料　应将收集的信息原件、复印件或资料卡片等保存好，防止丢失并集中存放。

二、基础知识

1. 医药商品市场信息的基本概念

医药商品市场信息是指经过加工整理，被医药商品营销者接受，对其完成市场营销任务有使用价值的各种消息、数据、资料的总称。其主要有：政策法律、经济科技、产品供求、市场竞争等。一般通过文字、数据、指令、计划、报表等形式表现出来。

2. 信息收集的主要内容

就医药行业而言，信息收集的主要内容包括：

（1）医药市场环境信息　又叫宏观市场信息，是医药企业所处的市场营销环境，具有较强的不可控性。其信息收集的内容有：经济环境（如居民家庭收入及支出状况直接影响着社会购买力）、政治环境、科技环境、自然地理环境、社会文化环境等方面信息。

（2）医药市场消费者需求及市场需求容量信息　消费者作为医药企业产品的最终购买者和使用者，无疑消费者的需求信息是信息收集的主要内容。从市场营销的观念来说，消费者的需求是医药企业营销活动的中心和出发点。信息收集的内容主要有：医药产品的现实和潜在需求总量及其变化；经济水平的状况；医药产品人均拥有量和用户数量的情况；医药替代产品及消费者对特定药品的意见。

（3）市场营销组合方面信息　医药企业市场营销组合信息的调查包括产品、价格、分销、促销等方面的信息，具体有：

① 产品信息　产品线及产品组合，产品外观，产品的质量，新产品的开发，产品售后服务等方面。了解产品处于生命周期的哪个阶段，有利于制定合适的市场营销策略。

② 价格信息　市场供求情况及价格变化趋势；影响价格变化的主要因素等。

③ 分销渠道信息　医药分销渠道现状；医药代理商、批发商、零售商的销售情况、资源及经营能力；仓储运输能力；消费者对中间商的印象分析等。

④ 促销信息　广告的调查，广告媒体选择，广告时间，广告效果；人员推销状况，销售人员的素质、业绩、报酬等；其他各种促销措施的选择及效果分析。

（4）医生方面信息　医生的用药心理（安全性、新鲜感、经济利益等），医生的用药习惯；对品牌的认可程度，品牌偏好；消费者对医生用药的影响等。

（5）竞争企业信息　竞争企业的销售量，市场占有率，竞争企业的生产能力，生产成本及产品价格，渠道，促销策略状况；竞争企业所处的地理位置及交通运输条件；竞争产品特性分析（品质、性能、用途、包装、价格、商标、售后服务等）；竞争产品的市场定位及市场形象。

3. 药品市场生命周期的含义与生命周期各阶段的特征

市场上所有的产品并不是久销不衰的，每一个产品都有一个或长或短的寿命周期。产品的寿命周期是指产品从研制成功投放市场开始，直至最后被市场淘汰为止的全部过程所经历的时间，包括投入期、成长期、成熟期和衰退期。

产品的寿命周期（product life cycle）是现代市场营销学中一个重要概念。研究医药产品寿命周期的发展变化，可以使医药企业掌握各个产品的市场地位和竞争动态，为制定产品策略提供依据，对增强医药企业的竞争能力和应变能力有重要意义（表1-2）。

4. 医药市场定位

所谓医药市场定位就是根据竞争者现有医药产品在市场上所处的位置，针对消费者或用户对该种产品某种特征或属性的重视程度，强有力地塑造出本企业产品是与众不同的，展示给人印象鲜明的个性或形象，并把这种形象生动地传递给顾客，从而使该医药产品在市场上确定适当的位置。市场定位包括产品的市场定位（产品定位）和企业自身的市场定位（企业定位）。

表1-2　产品寿命周期各阶段特征

阶段 项目	投入期	成长期	成熟期	衰退期
销售额	低	迅速增长	缓慢增长	减少
生产量	低	迅速扩大	缓慢增长	萎缩
利润	低	大量增加	由高转低	少或无
顾客	试用者	多数	多数	保守者
竞争者	少数	渐多	最多	渐少

三、拓展知识

1. 问卷制作

问卷是在收集第一手资料时应用的工具，它由一系列的问题组成。一般而言，一个正式的调查问卷由3个部分组成：①前言，主要说明调查主题、调查目的、调查的意义以及向被调查者致谢等；②正文，它是问卷的主体部分，依照调查主题，设计了若干问题要求被调查者问答，这是问卷的核心部分，一般要在有经验的专家指导下完成设计；③附录，可以把有关调查者的个人档案列入，也可以对某些问题附带说明，还可以再次向被调查者致谢。正文应占整个问卷的2/3～4/5，前言和附录只占很少部分。

问卷提问方式可以分为两类：一类是封闭式问题（表1-3）；一类是开放式问题（表1-4）。

表1-3　封闭式问题

名　　称	例　　子
是非题	您服用过新康泰克吗？　□是　　□否
多项选择题	您服用脑白金的主要原因是： □增加食欲　□延缓衰老　□增加抵抗力 □改善睡眠　□朋友推荐　□其他
事实性问题	您来过本药店几次？
李克特量表	您认为包装色彩比产品质量更重要吗？ 很赞成　　同意　　差不多　　不同意　　坚决反对 A( )　　B( )　　C( )　　D( )　　E( )
语言差别法	您对本药店的看法(在符合的词上打√) 店址优越,＿＿,＿＿,＿＿,＿＿,＿＿,＿＿,＿＿,店址偏僻 品种丰富,＿＿,＿＿,＿＿,＿＿,＿＿,＿＿,＿＿,品种单一
分等量表	本商场的售后服务(　　) A极好　B很好　C好　D尚可　E差　F极差
顺序题	您选择妇科药时,请对下列因素的重视程度作出评价,从高到低,在□中填上1,2,3,… □治疗效果好　□价格合理　□使用或服用方便 □厂家信誉好　□包装好
评判题	您认为新康泰克的价格如何？ □偏高　□略高　□适中　□偏低　□太低

表1-4　开放式问题

名　　称	例　　子
完全自由式	您对我商店商品陈列方式有何意见？
字眼联想法	当您听到下列字眼时,您脑海中涌现的第一个词是什么？ 　　平价药店＿＿＿＿＿＿ 　　国产药品＿＿＿＿＿＿
语句完成法	当我的朋友购买馈赠亲友的保健品,我推荐＿＿＿＿＿＿
主题幻觉测验法	图上画着一对老年夫妇,在药店里寻找什么。要求被调查者依此编一段故事

2. 举例介绍实验方法

价格实验：

某公司对 A、B、C、D、E、F 6 种品牌的同类产品进行价格实验。6 种品牌价格相近，其中 A 与 B 两种品牌的产品是目前最受欢迎的。该公司决定提高 A 与 B 的价格，以观察提价后的市场占有率。实验期为 2 周，实验情况见表 1-5。

表 1-5 产品价格实验情况

品　牌	零售价格/元		市场占有率/%		实验效果
	实验前	实验期	实验前	实验期	
A	16	18	25	20	－5
B	16	18	30	23	－7
C	16	16	10	12	2
D	17	17	5	7	2
E	17	17	15	20	5
F	17	17	15	18	3
合计			100	100	—

从实验结果看，A 与 B 提价后，市场占有率分别下降 5% 和 7%，其他 4 种品牌市场占有率却有不同程度的提高，由此可决定产品的价格策略。

3. 市场信息收集实用表格（表 1-6～表 1-9）

表 1-6 药品市场信息收集计划表

时间：

调查方法	
预定进度	
人员安排	
预算	

表 1-7 竞争企业调查表

时间：

竞争厂商名称	
公司地址	
生产品种、规格	
销售量	
市场占有率	
产品价格	
产品渠道	
促销手段	

表 1-8 同类药品市场价格信息表

时间：

品　名	规　格	产　地	单　价
说明			

表 1-9　药品经销商调查表

经销商名		产权性质	
注册地址		经营地点	
	电话		电话
法人代表	姓名	经营范围	
	电话		
业务负责人	姓名	经营主要品种	
	职务		
	电话		

四、相关法规

根据《中华人民共和国著作权法》第二十二条规定：在下列情况下使用作品，可以不经著作权人许可，不向其支付报酬，但应当指明作者姓名、作品名称，并且不得侵犯著作权人依照本法享有的其他权利：

（1）为个人学习、研究或者欣赏，使用他人已经发表的作品。

（2）为介绍、评论某一作品或者说明某一问题，在作品中适当引用他人已经发表的作品。

（3）为报道时事新闻，在报纸、期刊、广播、电视节目或者新闻记录影片中引用已经发表的作品。

（4）报纸、期刊、广播电台、电视台刊登或者播放其他报纸、期刊、广播电台、电视台已经发表的社论、评论员文章。

（5）报纸、期刊、广播电台、电视台刊登或者播放在公众集会上发表的讲话，但作者声明不许刊登、播放的除外。

（6）为学校课堂教学或者科学研究，翻译或者少量复制已经发表的作品，供教学或者科研人员使用，但不得出版发行。

五、实训

拟开药店前期市场调查表

调查区域：　　　　　　　　　　拟开办药店名称：
调查时间：　　　　　　　　　　调查人：

（一）拟开办门店地理位置、周边环境

（二）当地人口数量

（三）拟开办门店预估商圈覆盖范围、人口数量、人口结构、收入状况

1. 覆盖范围　　2. 人口数量　　3. 人口结构　　4. 收入状况

（四）当地居民选择药店的主要依据

1. 价格低廉（××％）　2. 品种齐全（××％）　3. 药品质量（××％）

4. 交通便利（××％）　5. 店堂环境、服务及信誉好（××％）

（五）当地居民习惯购药地点及原因

1. 购药地点　　　2. 习惯到以上药店购药的原因

（六）拟开办药店附近是否有医院、诊所

数量：_____　级别：_____　主要前去就医的对象：_____

项目一　医药商品市场信息收集和整理

经营情况：_____是否为医保定点：_____附近药店的数量：_____
与拟开办药店的距离：_____
（七）拟开办药店的道路客流状况
1. 从门前通过哪几路公交车、中巴车
2. 公交车站台与拟开门店的距离
3. 拟开办门店是否位于十字路口、三角路口（或十字路口、三角路口距离）
4. 拟开办门店前是否有树木等遮挡物，在距离50米开外的几个方向能看到门头、店名
5. 拟开办门店车流、人流比例
行人：（××人次/小时）
自行车摩托车助动车：（××车次/小时）
汽车：（××车次/小时）
6. 门前道路的功能（即可以通往哪几个方向？连接哪几个方向的人流？）
（八）拟开办药店地周边的商业环境（主要填写周边房屋的经营类别）
1. 拟开办门店以东50米范围内的房屋用途
2. 拟开办门店以西50米范围内的房屋用途
3. 拟开办门店以南50米范围内的房屋用途
4. 拟开办门店以北50米范围内的房屋用途
（九）本大药房在当地的知名度（为保证数据的准确，应分别在上、下午各调查一次，每次每项调查人数为10人）（连锁药店可进行此项调查）
（十）拟开办此门店商圈环境的优缺点评估
优点：_____缺点：_____
（十一）拟开办此门店所采取的经营策略
思考：
1. 本项调查哪些项目收集的信息属于一手信息？哪些项目收集的信息属于二手信息？
2. 本调查涵盖了市场调查内容的哪些方面？
3. 试运用本调查表对现有某药店的选址优劣进行评估。

六、思考与练习

（一）填空题
1. 信息收集必须首先根据企业药品经营的情况，把_____在发展过程中对信息的需求作为收集信息的目的，并经过初步情况分析后加以确定_____，从而使信息收集更具有_____（特性）。
2. 信息收集的内容应当与_____具有相关性，主要内容包括_____信息、_____信息、促销信息、产品信息和价格信息等。
3. 第一手信息的收集方法主要有_____法、观察法、_____法和网络调查法等。

（二）单选题
1. 宏观市场信息，包括（　　）。
   A. 政治、科技信息　　B. 产品价格信息　　C. 医生方面信息　　D. 竞争企业信息
2. 企业营销活动的中心和出发点是（　　）。
   A. 经济水平的状况　　B. 竞争对手状况　　C. 消费者的需求　　D. 分销渠道状况
3. 一手信息收集可从下列（　　）方法获得。
   A. 公开出版物　　B. 信息预测部门　　C. 询问法　　D. 网络信息

4. 以下哪种方法不属于观察法？（ ）
A. 展销会　　　　　B. 订货会　　　　　C. 试销会　　　　　D. 电话访问法
5. 具有信息流量巨大、超时空性的信息途径是（ ）。
A. 人际交流　　　　B. 会议　　　　　　C. 公开出版物　　　D. 网络信息

（三）多选题
1. 收集产品信息主要包括（ ）。
A. 产品质量　　　　B. 产品包装　　　　C. 产品售后服务
D. 产品所处的周期阶段　E. 产品的价格信息
2. 宏观市场信息包括（ ）。
A. 自然地理信息　　B. 政治科技信息　　C. 社会文化信息
D. 替代品信息　　　E. 竞争对手信息
3. 市场营销组合方面信息包括（ ）。
A. 产品信息　　　　B. 价格信息　　　　C. 渠道信息
D. 促销信息　　　　E. 以上都是
4. 二手信息资料收集方法有（ ）。
A. 从信息咨询机构获得　B. 通过询问法获得　C. 通过观察法获得
D. 从各种会议交流中获得　E. 从网络中获得
5. 产品投入期的阶段特征是（ ）。
A. 销售额低　　　　B. 生产量低　　　　C. 利润低
D. 竞争者多　　　　E. 顾客多

（四）判断题
1. 企业在经营过程中对信息的需求，在内容上往往是多方面的，而不是单一的。（ ）
2. 确定信息收集的目标应通过初步情况分析后，将问题缩小，或将范围缩小。（ ）
3. 市场生命周期指的就是产品的使用寿命。（ ）
4. 宏观营销环境具有较强的不可控性。（ ）
5. 产品成熟期时竞争者是最少的。（ ）
6. 市场定位指的就是产品定位。（ ）
7. 问卷是收集一手信息资料信息时应用的工具。（ ）
8. 实验法是二手信息收集的方法。（ ）
9. 产品的寿命周期，一定包括投入期、成长期、成熟期、衰退期四个阶段。（ ）
10. 按信息资料来源不同，可将信息分为一手信息资料和二手信息资料。（ ）

（五）问答题
（1）信息收集工作流程有哪些？
（2）列举询问法的几种主要形式及其基本工作流程。

（六）分析题

大众药品服务信息调查表（样本）

说明：在现今的信息时代，大众对于药品服务方面的新需求不断增加，＊＊药学会为了更好、更快地解决和满足大众的需求，由＊＊公司负责设计以下公益调查问卷，请您认真对以下题目作出选择，非常感谢您！

（1）您的年龄是：_____
A. 20 以下　　　　B. 20～40　　　　　C. 41～60　　　　　D. 61 以上
（2）您的月收入水平是：_____
A. ￥2000 以下　　B. ￥2000～5000　　C. ￥5000 以上

(3) 有关健康、医疗、药品信息，您比较关注的是：_____（可多选，前三位）
　　A. 保健养生　　　　　B. 疾病的自诊自测　　　C. 医药的新闻
　　D. 药品的信息（商品和基础信息）　　　　　　　E. 其他_____

(4) 关于保健养生，您关注最多的是：_____
　　A. 保健品　　　　　　B. 心理保健　　　　　　C. 运动保健　　　　D. 养生知识

(5) 关于药品的新闻，您关注最多的是：_____
　　A. 新药的发布　　　　B. 药品新的不良反应
　　C. 药店、药企信息（新开的药店，药店的打折优惠活动信息，药企的利润等）

(6) 关于药品的商品信息，您最先关注的是哪些？_____（可多选，前三位）
　　A. 药品的价格　　　　B. 药品的品牌（知名度）　C. 处方、非处方
　　D. 是否是医保　　　　E. 购买地点

(7) 当医生或药店人员将药物推荐给您时，您较为关注的是：_____（可多选，前三位）
　　A. 通用名　　　　英文名　　　　　拉丁名　　　　　拼音名
　　　　曾用名　　　　别名　　　　　　化学成分
　　B. 功能与主治　　适应证　　　　　药代动力学　　　药效动力学
　　C. 药物相互作用　药理及毒理　　　禁忌　　　　　　不良反应
　　D. 禁忌　　　　　不良反应　　　　老人、孕妇、儿童用药
　　E. 药品类别　　　剂型　　　　　　贮藏方法　　　　保质期
　　F. 其他_____

(8) 您一般通过什么方式得到以上相关药品信息：_____（可多选，前三位）
　　A. 电视　　　　　　　B. 书籍　　　　　C. 医院（社区）医生　　D. 药店服务人员
　　E. 家人朋友　　　　　F. 网络　　　　　G. 药品说明书　　　　　H. 其他_____

(9) 以下几种药品摆放和归类的方式，您通常习惯？_____（可多选，前三位）
　　A. 中药、中成药、化学药、保健品　　　　B. 处方、非处方药品
　　C. 医保、非医保　　　　　　　　　　　　D. 妇科、儿科、五官科、外科、内科药品
　　E. 小儿、孕妇、男性、女性、老人用药　　F. 外用、内服、注射药品
　　G. 其他　　　　顺序_____

(10) 您的家人或是您，常常通过什么途径买药治病？_____
　　A. 去家或公司附近的药店　B. 去社区医院　　C. 去三级医院　　D. 网站订购

(11) 如果您家中有人生病，通常由谁去买药？_____
　　A. 自己　　　　　　　B. 爱人　　　　　　　C. 父母
　　D. 孩子　　　　　　　E. 其他_____

　　　　　　　　　　　　　　　　　　　　　　　　　　　感谢您的支持！
　　　　　　　　　　　　　　　　　　　　　　　　　　　主办：××药学会

思考：
1. 本问卷调查的目的是什么？
2. 根据所学询问法的几种方式，本调查应选择怎样的调查方式？简要说明你的理由。

模块二　医药商品市场信息整理

一、工作流程

（一）医药商品市场信息整理前的准备工作

（1）把前期收集的所有信息资料准备好（如电子文档资料、原始资料、调查问卷、各种

收集信息表格等)。

(2) 信息整理工作的使用工具准备好(笔、纸、计算工具、计算机、打印机、装订机、各种空白统计图表等)。

(二) 医药商品市场信息整理工作流程

医药商品市场信息整理操作流程

1. 鉴别、删除不可靠信息

鉴别的目的就是鉴别信息的可靠性、真实性。经过鉴别把不可靠、虚假、不真实信息识别出来,并把它们首先删除,从而保证信息内容的真实、可靠。由于收集人员主观因素的影响和客观条件的限制,都有可能造成信息不可靠、虚假、不真实。其中原因是多样的,有些信息不真实、不可靠可能是由于抽样误差和非抽样误差原因造成的。发现误差也必须剔除。

常用的鉴别方法有验算、验审、核对、佐证、逻辑分析、复查法等。

(1) 第一手信息的鉴别 主要是从真实性和准确性两个方面去鉴别。以下几种情况,信息应给予剔除:

① 虚假信息:主观编造与事实不符合的信息。

② 错误信息:被收集者提供的不真实信息。

③ 不一致信息:前后矛盾,逻辑不一致的信息。

④ 不充分信息:不完全或模棱两可的信息。

⑤ 不相关信息:与收集目标要求不相符的信息。

(2) 第二手信息的鉴别 除了对其真实性和可靠性进行鉴别外,还应该鉴别资料的适用性和时效性。适用性鉴别,即鉴别信息资料的适用程度和价值大小。时效性鉴别,即鉴别资料是否是最新的市场信息。信息过于滞后,就失去了价值。

(3) 抽样方法的鉴别 对由于使用抽样方法不当而带来的代表性错误,进行鉴别。其验证方式可再选取一部分进行重复调查、证实。

2. 筛选有价值的信息

筛选就是在鉴别基础上,对收集到的信息数据作出取舍决定。

筛选与鉴别的区别在于,鉴别信息的可靠性依据是信息的客观事实本身,而筛选是解决信息的适用性问题,所依据的是信息管理者的主观需求。

比如,第二手信息,原来是针对各自不同的目的,按照不同要求编辑而成的,对解决企业所面临的问题不一定适用。即使是根据特定目的收集来的第一手信息,也必须严格筛选,选择有价值的信息。

常用的筛选方法有查重法、时序法、类比法、估评法等。

3. 分类、编码

(1) 分类 经过筛选后的信息予以归类整理,分门别类,编排归口。按照信息数据的性质、内容和特征等进行分类,将它们归入一定分类体系中的适当位置,使其成为一个逻辑性强的条理分明的整体。分类是为了便于归档、查找、统计、分析。

如:按信息内容分类,医药商品信息可分类为宏观环境信息、顾客需求信息、竞争对手信息等。可再按不同分类标准,层层往下进一步分类。

(2) 编码 是将信息赋予不同的数字符号进行分类,使之有利于计算机分析与处理的过程。编码的常用方法有顺序编码法、分组编码法、助忆编码法等。将已经经过编码的数据录入计算机中，以便于统计与处理。可通过重复录入，提前设置编码的范围，编制自动对照程序等，控制录入质量。

4. 制作图表

将已经分类的资料，有系统地制成各种统计图表，因为有许多问题借助图表法比用文字叙述更加一目了然。统计图表的编制既可用人工，也可用计算机处理。

常用的描述数据的图表有柱形图、折线图等。

下面两个图示：一个是柱形图，说明顾客对某一产品的认可程度（图1-1）；另一个是折线图，说明某制药企业2008年上半年销售额完成情况（图1-2，数据见表1-10）。

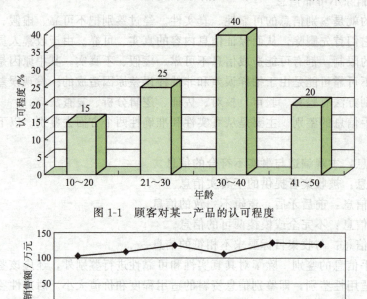

图1-1　顾客对某一产品的认可程度

图1-2　某制药企业2008年上半年销售额

表1-10　某制药企业2008年上半年销售额

月　份	销售额(万元)	月　份	销售额(万元)	月　份	销售额(万元)
1	104	3	125	5	130
2	112	4	108	6	127

5. 统计、分析

（1）统计　将分类好的资料进行统计计算，以便利用和分析。较常见的统计方法有回归分析、相关分析等。

（2）分析　对信息和数据分析情况并得出结论。利用统计学知识、医药行业专业知识、软件操作知识、数据库知识等进行数据分析。在分析工作中，一般采取宏观经济和微观经济分析相结合、静态和动态资料分析相结合，才能在数量变化上作出精确的计算，对质的变化作出正确预测和判断。

常用的分析方法有求同法、求异法、因果法、背景分析法等。

6. 编写报告

编写信息报告是信息整理的最后一步，是用文字、数字、图表的形式反映整个信息内容和结论的书面材料。将信息所得出的结果及其分析结论的建议写成报告形式，提供有关部门和领导，以便作决策时参考。分析报告既要反映信息收集整理的基本情况，同时还要表明自己的观念和建议。

医药商品信息整理的控制点

对于收集来的各种信息资料，必须通过去粗取精、去伪存真、由此及彼、由表及里的整理过程。

（三）医药商品信息整理的结束工作

1. 信息整理后，还需要进一步检查信息整理得出的结论与现实状况是否存在偏差、偏差大小，以及分析偏差原因。

2. 有些调研项目，可能在一次信息整理结束后，还需要更多的信息收集，并需要再次整理，循环往复，直到完成预期目标。

3. 信息收集应根据具体情况，做好保密工作。

二、基础知识

1. 信息整理原则

信息整理原则：准确、及时、简明、系统、适用原则。

① 准确：保持和原始信息一致，防止信息变异。

② 及时：快速整理，耗费时间越长，价值越小，注意时效。

③ 简明：简单明了，突出重点，便于利用。

④ 系统：系统有序，有利于信息的重复利用、信息的检索和管理。

⑤ 适用：有利于企业当前需要、长期发展需要，这也是信息收集的目的。

2. 抽样误差与非抽样误差

在信息收集的过程中，产生误差的原因一般有两种，即抽样误差和非抽样误差。

（1）抽样误差：以抽样结果推算全体，其推算结果必定存在一定的误差，故需加以评定，以确定样本可靠性。

（2）非抽样误差：统计计算错误，询问表内容设计不当，询问表记录不完整，前后答案相互矛盾等都会出现非抽样误差。

3. 常用的信息鉴别方法

（1）验算　这是最简单、最常用的方法，是对数据进行重新计算或反证验算，以消除误差。

（2）验审　即对信息收集的方法进行鉴别。方法正确与否，直接影响信息的可信度。

（3）核对　主要是依据权威性资料，对原始信息进行对照、比较，消除某些差错。

（4）佐证　有些信息一时很难判明其真实性和准确性，则需要借助于其他资料或有关方面的知识进行佐证。

（5）逻辑分析　对信息内容进行逻辑分析，看其是否有前后矛盾、与实际相悖等疑点。

（6）复查　对含混不清而事关重大的信息，采取重新调查的方法进行鉴别，以保证其准确性。

4. 常用的信息筛选方法

（1）查重法　即剔除内容相同、重复的信息，选出有用的信息，以减少其他环节的无效劳动。

（2）时序法　即逐一分析按时间顺序排列的信息资料。在筛选信息时，应选择时间最近的信息。

（3）类比法　将同类型的信息进行比较，选择信息量大、更能反映问题本质的信息。

（4）估评法　对某些专业性强、技术性强的信息，可以请有关专家或专业人员进行估评，根据其价值的大小进行选择。

（5）老化规律法　这主要是对文献信息而言。文献的使用价值随时间推移而逐渐降低，信息筛选应根据行文年代和文献老化的程度而决定取舍。

5. 常用的信息编码方法

（1）顺序编码法　只用一个标准对信息资料进行分类。这种编码方法比较简单，易于管理。比如：按企业经营环节编码，编码如下：01 进货；02 销售；03 调拨；04 贮存。

（2）分组编码法　使用两个以上标准对信息资料进行分类。例如：按年龄、职业、收入等把消费者进行多次分类，具体见表1-11。

表1-11　对消费者的基本信息分组编码

年　龄	职　业	收　入
1＝30岁以下	1＝工人	1＝低于600元
2＝31～45岁	2＝教师	2＝600～1000元
3＝46～60岁	3＝行政管理者	3＝1000～1500元
4＝61岁以上	4＝技术人员	4＝1500～2000元
	5＝销售人员	5＝2000～2500元
	6＝企业管理者	6＝2500～3000元
	7＝其他	7＝3000元以上

由表可知，344表示46～60岁的技术人员，月收入为1500～2000元。这种方法容易记忆，处理起来简便，所以使用较为广泛。

（3）助忆编码法　就是运用数字、文字、符号等表明编码对象的属性，并按此进行信息资料编码的方法。这也是常用的信息编码的方法。

6. 常用的信息分析方法

（1）求同法　不同事物或现象在不同的情况下往往会出现同一结果，其中必有一个共同的因素在起作用。在信息研究中，寻找不同事物起支配作用的共同点，就是求同法。

（2）求异法　与前法相反，某些现象在大致相同的情况下会出现不同的结果，寻求产生不同结果的原因，就是求异法。

（3）因果法　人们在实际生活中会发现，一种现象往往伴随着另一种现象的发生，两种现象互相制约，相互联系，其中必然有一个是原因，一个是结果。通过分析，判明事物的因果关系，就是因果法。

（4）背景分析法　任何事物、现象的出现都有一定的社会背景，对这种背景进行分析，可以获得针对性较强的信息。

三、拓展知识

1. 相关分析和回归分析

这两种是比较常见的统计方法。

（1）相关分析　是研究两个及两个以上随机变量之间的相关关系的一种统计方法。相关关系是一种非确定性的关系，例如，以 X 和 Y 分别记一个人的身高和体重，则 X 与 Y 显然有关系，而又没有确切到可由其中的一个去精确地决定另一个的程度，这就是相关关系。

（2）回归分析　是研究一个随机变量与其他普通变量之间的数量变动关系，一种从事物因果关系出发进行预测的方法。例如：教学方法和学习效果的关系。根据统计资料求得因果关系的相关系数，相关系数越大，因果关系越密切。通过相关系数就可确定回归方程，预测今后事物发展的趋势。

2. 编码的作用

第一，它可以为各项资料提供一个概要而清楚的认定，便于储存和检索。

第二，它可以显示信息资料单元的重要意义，并能协助资料的检索和操作。

第三，编码有利于提高信息资料处理的效率和精度，节省处理费用。

3. 抽样调查的类型

按照抽取调查对象的样本数，可把调查分为普查、典型调查和抽样调查。

(1) 普查　是对调查样本的全面调查。如人口普查，人财物耗费巨大，一般企业不采用此法调查。

(2) 典型调查　选择有代表性的人物和单位作为调查对象。典型调查的关键是要选好典型，否则以典型调查资料推论全体时，易出现代表性错误。

(3) 抽样调查　当调查对象数量大、区域广时，从中抽取部分样本调查，然后根据统计推断原理，用样本所提供的信息推论总体。抽样调查分为随机抽样和非随机抽样两种。此法是企业最常用的方法。

4. 随机抽样方法的具体运用

随机抽样：不受主观因素的影响，由概率来决定。

(1) 单纯随机抽样　用抽签、摇码、掷骰子等方法抽出样本，如从200家药厂随机抽取30家药厂调查。

(2) 分层随机抽样　例如，假定对18～30岁的100名青年进行消费需求调查，可把青年先分为学生层、知识分子层、工人层、军人层等，再分别从各层随机抽取25人调查。

(3) 等距抽样　假定对10000名消费者抽样250人进行调查，则平均距离＝10000/250＝40。第一个号从第1～40人随机抽取，假定是13，则样本号依此可为13、53、93、133、173，直到抽满为止。此种方法简便快捷，广泛运用于医药零售店顾客的需求调查。比如每隔几分钟，对来店顾客调查一次，也属于此法的具体运用。

5. 非随机抽样的具体运用

非随机抽样：是有意识按照某种标准抽取样本。

(1) 配额抽样　比如在1000人中（工人占85%，教师占8.5%，其他6.5%）抽取400个样本，应为：工人样本数340个（400×85%），以此类推，教师样本数34个，其他26个，此法是根据总体的结构特征来定额，以获得与总体结构特征大致相似的样本。

(2) 判断抽样　是根据主观判断，抽取样本，方便易行，但难以确定代表性。

(3) 任意抽样　是最简单的非随机抽样，如：随意向遇见的行人调查就属于此法。

四、相关法规

根据《中华人民共和国著作权法》第十二条规定：改编、翻译、注释、整理已有作品而产生的作品，其著作权由改编、翻译、注释、整理人享有，但行使著作权时，不得侵犯原作品的著作权。

第十四条规定：编辑作品由编辑人享有著作权，但行使著作权时，不得侵犯原作品的著作权。

五、实训

2008年初，以安徽阜阳地区为中心，爆发儿童手足口病，市场上板蓝根冲剂等预防药品日渐走俏。合肥市某医药公司及时进行市场调研，进行了大量的信息收集、整理工作。对收集来的信息资料进行认真的鉴别，筛选出有价值的信息，运用表格归纳汇总，并展开进一步的分析。据此，对板蓝根冲剂的经营工作策略进行了相应的调整，具体情况如下：

1. 手足口病发病概况

新闻报道：

截至5月6日，全省累计报告手足口病4496例，新增报告手足口病738例，其中住院500例。目前仍在住院治疗的2218例，其中重症患者41例，危重患者5例。目前全省17个市均有手足口病报告，病例散在分布，报告病例比较多的市有：合肥、阜阳、淮南、蚌埠。卫生部专家组医疗队已进入阜阳地区……

分析：手足口病发病呈上升趋势，并引起国家卫生部重视，板蓝根冲剂作为预防药物，有良好的宏观销售环境。

2. 重点地区板蓝根冲剂销量统计（表1-12）

表1-12　板蓝根冲剂销量统计　　　　　　　　　　　　　　　单位：箱

时　段	地　区				备注
	合肥	阜阳	淮南	蚌埠	
发病前	100	80	85	70	
发病后	150	210	170	120	

分析：板蓝根冲剂销量呈增长趋势，短期内仍有较大的市场容量，但随着群众恐慌情绪的缓解，销量增幅可能趋缓，中长期市场会逐渐饱和。

3. 板蓝根冲剂市场零售价格情况统计

表1-13　板蓝根冲剂市场零售价格情况统计　　　　　　　　　单位：元

时　段	地　区				备注
	合肥	阜阳	淮南	蚌埠	
发病前	7.8	7.5	7.6	7.6	
发病后	9.6	9.8	9.8	9.5	

分析：市场零售价格大幅上涨，上涨趋势明显。

4. 板蓝根冲剂市场进货价格情况统计

表1-14　板蓝根冲剂市场进货价格情况统计　　　　　　　　　单位：元

时　段	地　区				备注
	合肥	阜阳	淮南	蚌埠	
发病前	5.5	5.4	5.5	5.5	进货结算方式由押批付款变为先款后货
发病后	5.8	5.7	5.8	5.8	

分析：市场板蓝根冲剂紧俏，但进货价格涨幅有限，进销差价较大，利润可观。因进货结算方式转变，公司须准备充足的进货资金。

综合以上分析，该公司做出如下调整：

按照日常进货量的3倍，紧急增加板蓝根冲剂进货量；加强重点疫区及相邻地区的促销，利用市场机会创造利润，防止情况突变而造成药品滞销。

思考：

1. 该案例体现了信息整理怎样的原则？
2. 本案例运用了哪些信息整理方法？请具体分析。

3. 谈谈你的看法和改进意见。

六、思考与练习

(一) 填空题
1. 信息鉴别的主要目的就是鉴别信息的_____、_____。
2. 抽样方法分为_____和_____两大类,此法是企业最常用方法之一。抽样方法的鉴别是对_____进行鉴别。
3. 筛选就是在_____基础上,对收集到的信息数据作出_____决定。所依据的是_____。
4. 信息数据一般按照其_____、_____和_____等进行分类,使其成为一个连续性的整体,分类的目的是归档、查找、统计、分析。
5. 常用的编码方法有_____、_____、_____等,将已经经过编码的数据录入计算机,可通过_____、_____、_____等控制录入质量。
6. 制作图表有时比用_____更加一目了然。常用的描述图表有_____、_____等。

(二) 单选题
1. 关于随机抽样,下列描述不正确的是( )。
   A. 是一种抽样方法   B. 受主观因素影响   C. 由概率决定   D. 掷骰子法属于此法
2. 对信息的收集方法进行鉴别,属于( )。
   A. 验算法   B. 验审法   C. 佐证法   D. 逻辑分析
3. 选择信息量大,更能反映问题本质的信息方法,属于( )。
   A. 估评法   B. 类比法   C. 时序法   D. 以上都不是
4. 对求同法描述最准确的是( )。
   A. 寻找共同点   B. 寻找不同事物的共同点
   C. 寻找因果关系   D. 寻找不同事物或现象在不同情况下出现同一结果的共同点
5. 相关分析描述,不正确的是( )。
   A. 一种统计方法   B. 身高体重关系也是相关关系
   C. 非确定性关系   D. 以上都不对

(三) 多选题
1. 信息整理的原则是( )。
   A. 准确   B. 及时   C. 简明
   D. 系统   E. 适用
2. 非抽样误差主要表现在( )。
   A. 统计计算错误   B. 询问表设计不当   C. 询问表记录不完整
   D. 前后答案相互矛盾   E. 抽样误差
3. 编码的作用在于( )。
   A. 便于储存   B. 便于检索   C. 便于分类
   D. 便于鉴别   E. 便于筛选
4. 二手信息资料需要鉴别的内容有( )。
   A. 真实性   B. 可靠性   C. 时效性
   D. 适用性   E. 信息来源

(四) 判断题
1. 筛选与鉴别的不同不仅在于信息要可靠、可信,而且要符合信息收集者要求。( )
2. 随意向遇见的行人调查属于随机抽样方法。( )
3. 非随机抽样是有意识按照某种标准抽取样本。( )

4. 对信息收集而言，文献信息时间越长，价值越大。（　　）

5. 验审方法是对信息数据重新计算或反证、验算。（　　）

（五）问答题

1. 信息整理的工作流程与每一个流程的主要任务是什么？

2. 鉴别、筛选、编码、统计、分析的方法各有哪些？每种方法的主要要求是什么？

（六）分析题

"精工舍"的信息分析

在日本钟表业处于第二位的精工舍"钟表大王"是以公开情报为武器的，凡是有关钟表的公开情报，如新产品，国内外其他钟表公司的动向、部件、大规模集成电路以及蓄电池工业的动向等，全部加以收集，并进行精心的情报加工和分析。

他们对国内外20种报纸、50种杂志和其他单行本刊物、学会会刊、专利汇报、各种资料，以及科技情报中心的情报、实地调查所得的个别情报等，一一过目，编写6种形式的情报向公司发行，如每日专题、每月专题、国外专题、索引、每月技讯、调研报告。他们认为这样做使公司的人不必一页一页地翻阅报纸堆，就可以获得所需要的情报，看一下某一天的版面，就可知道钟表王国瑞士的新闻及日本有关钟表的市面行情。另外，他们为了让人们了解"情报中本质的东西"，运用表格、曲线图、片语系统来表示1个月内钟表界以及同它竞争的各公司的动向。

在情报刊物的设计上，他们也常常巧用心计，使公司的人一看便能引起警觉或产生一种危机感。比如在《每月专题》上，封面是曲线图，能看出精工、西铁城、卡西欧等公司的市场占有率；第一页上是使人一目了然的图表，表明国际市场上模拟计算机和数显式手表的动向以及决算情况；再下面是销售曲线，然后用题录、片语把全部情报的要领充分反映出来。人们评价"精工"对公开情报的分析是"正好抓住了重点"。

思考：

1. 你认为"精工舍"整理信息用了哪些方法？

2. "精工舍"的信息整理做法对我们有什么值得借鉴之处？

项目二 医药商品销售计划编制

学习目标

1. 掌握编制销售计划的程序。
2. 掌握编制销售计划的依据。
3. 能确定销售品种及数量指标。
4. 了解诸多因素对编制销售计划的影响。

模块 医药商品销售计划编制

一、工作流程

（一）编制销售计划前的准备工作

1. 对目前销售市场状况进行了调研，掌握了所需资料，对市场发展趋势明确。
2. 了解本企业状况。

（二）编制销售计划工作流程

编制销售计划的操作流程

流程图：

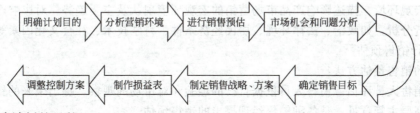

1. 明确计划的目的

首先要明确销售计划所要达到的目的，计划的目的无非是要解决企业营销中存在的问题。企业营销上存在的问题，大约可以分为六大种：

（1）企业开张伊始，需要根据市场特点策划出一整套销售策略。
（2）企业发展壮大，原有的销售方案已经陈旧过时，需要重新设计新的销售方案。
（3）企业改革经营方向，需要相应地调整销售策略。
（4）企业原有销售方案有严重的内在缺陷，不能再作为企业的销售方案。
（5）市场等环境发生变化，原有销售方案已经不适应变化后的市场。
（6）企业需要在不同的时段，设计新的阶段性销售计划。

2. 分析营销环境

对同类产品的市场状况、竞争状况以及宏观环境要有一个清醒的认识，分析总结出与市场、产品、竞争、分销以及其他和现实环境有关的关键资料，把所有可能影响销售的信息列出来，这是编制计划的依据。

（1）市场　具体分析市场的规模和成长状况，可以以实物单位或金额体现，分析过去几年的总销售量以及在细分市场的销售量。分析顾客需求、购买行为等方面的趋势（表2-1）。

表2-1　市场情况一览表

市场规模	总销售量			顾客需求、购买行为趋势
	细分市场1	细分市场2	…	
合计				

（2）竞争　分析主要的竞争者，并逐项描述他们的规模、目标、市场份额、产品质量、营销战略和任何其他特征（表2-2）。

表2-2　竞争企业情况一览表

	企业一	企业二	企业三	…
规模				
目标				
市场份额				
产品质量				
营销战略				
其他				

（3）分销情况　列出在各个分销渠道上的销售数量资料和相对重要程度（表2-3）。

表2-3　各个分销渠道上的销售数量和份额

分销渠道	销量	份额
分销渠道一		
分销渠道二		
…		

（4）宏观环境　描述影响产品市场营销的宏观环境现状及主要趋势。对影响产品的不可控因素进行分析，如政治、法律环境、居民经济条件、科学技术、社会文化因素等。

3. 进行销售预估

常用的销售预估方法：

（1）销售人员评估　销售人员依据自己的经验和对市场的观察，提出未来的销售预估。

（2）高层主管意见　是各种销售经理提出的销售预估。

（3）趋势分析法　以现有销售数字为基础，参考过去销售增减的金额或比率来推估未来的销售数字。

（4）相对比较法　以现有销售量，参考当地市场规模、潜力、竞争对手销售量及成长率等，来推估未来的销售量。

4. 市场机会和问题分析

使用SWOT框架（表2-4），识别主要的机会和威胁、优势和劣势，以及产品所面临的问题。销售计划其实是对市场机会的把握和策略运用，因此分析市场机会就成了销售计划的关键。

5. 确定销售目标

销售目标是公司所要实现的具体目标，即销售计划方案执行期间，要达到的经济效益目标。销售目标的建立应当把前一计划期的执行情况、对现状的分析、预测结果三者结合起来。销售目标不能概念化，应尽量量化。如：总销售量为×××万件，预计毛利×××万元,市场占有率实现××。

总销售额确定后,应进一步细分销售任务,制定不同产品在不同时间阶段分区域、分部门的销售任务,直至分配到每一个销售员的销售任务(表2-5)。

表2-4 SWOT分析框架

外因＼内因	Strengths 列出优势	Weaknesses 列出劣势
Opportunities 列出机会	SO战略 发挥优势,利用机会	WO战略 利用机会,克服劣势
Threats 列出威胁	ST战略 利用机会,避免风险	WT战略 使劣势最小,避免风险

表2-5 ××企业××年销售任务分解一览表　　　　　　　　　单位:万元

时间	销售任务	区域			
		华东	东北	西北	华南
一季度					
二季度					
三季度					
四季度					
全年合计					

6. 制定销售战略和方案

(1) 明确销售宗旨

① 确定产品　以强有力的广告宣传攻势,拓展市场,为产品准确定位。突出产品特色,采取差异营销策略。确定产品有如下的方法:

a. 产品定位:产品市场定位的关键是在客户心目中寻找一个空位,使产品迅速启动市场。

b. 产品质量:产品的性能、寿命、安全性、可靠性、可维修性、经济性这几方面突破有利于提高产品的质量,拉开与竞争对手的差距。

c. 产品品牌:要形成一定的知名度、美誉度,树立消费者心目中的知名品牌,必须有强烈的创牌意识。

d. 产品包装:包装作为产品给消费者的第一印象,需要采取能迎合消费者、使其满意的包装策略。

e. 产品服务:主要体现在送货、安装、用户培训、咨询服务、修理、人员素质和其他方面。这几个方面对于不同的产品具有不同的重要性。计划中要注意产品服务方式、服务质量的改善和提高。

② 确定客户　找到产品的主要消费群体,并以此作为产品的销售重点。具体内容包括:

- 客户有哪些?
- 他们的基本状况如何?
- 如何与他们沟通你的产品和服务?
- 关键客户是哪些(80/20理论的应用)?
- 他们的需求是什么?需求变化的动向如何?
- 潜在客户有哪些?

③ 确定渠道　建立起点广面宽的药品销售渠道,不断拓宽销售区域等。具体内容包括:

- 目前我们的销售渠道是否满足计划的需求?
- 应使用怎样的销售覆盖渠道最大限度地拓展产品的销售范围?
- 我们在中间商(医药公司、药品批发公司等)和终端销售(医院、诊所、零售药店)

的投入比例是否恰当？
- 如何控制销售渠道（如串货、水货、价格竞争、断货、回款等）？
- 我们的产品目前的商业布局是否合理？
- 我们的产品目前的医院分布是否合理？
- 未来的销售渠道将会怎样？

（2）制定具体的销售策略

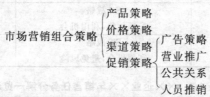

（3）制定销售方案 具体方案要细致、周密、操作性强，必须就应该做什么、谁来做什么、什么时候做、需要什么资源（表2-6）等问题作出细致计划。

表2-6 所需资源分析表

人	财	物
现有的销售人员是否足够？是否需要增加人手？ 他们需要具备什么样的技能？ 需要进行什么方面的培训？ 是否需要其他部门的支持、配合？	是否有足够的预算来启动这个计划？ 预计在整体计划当中的每一项活动的投入情况如何？ 每一项投入的产出是否能够达到必要的赢利？	现有哪些销售材料？还需要哪些销售材料？它们的数量是否足够？ 现有的技术和设备是否得到合理有效的运用？ 需要更新或优化销售管理系统吗？

具体方案包括：
① 谁将做什么？怎样做？
② 何时何地做？在产品的商业化过程中，市场进入时机相当关键。如：应该注意季节性产品，抓住旺季销售优势。
③ 产品数量、价格、品种名称、促销方式、销售对象。
④ 需要什么资源？
⑤ 对销售现场工作如何安排？各销售工作情况如何评估？

7. 制作损益表

可就将来情况作一个损益预测。在预测表的收入栏中列出估计销售数量、平均价格；在支出栏列出明细的生产成本、储运成本和各项营销费用。企业可凭借经验进行费用预算，如差旅费用、市场宣传费用、通讯交通日常费用、业务费用、奖金费用等。收支差额就是预计的赢利。预计的损益表制定后，将成为安排生产、人员管理及市场营销的依据（表2-7）。

表2-7 企业预期的损益情况一栏表

支 出		收 入		收支差额
项目	金额	项目	金额	

8. 调整控制方案

计划的最后一部分，说明如何对计划的执行过程、进度进行管理。通常的做法是把目标、预算按月、季度分开，便于审查，及时发现偏差、纠正偏差。销售计划的控制部分，还包括对意外事件的应急预案等。

销售计划编制的控制点

药品销售市场的发展是一个不断进化的过程，制订计划的过程也应如此。这个过程包括预估、制订计划、执行计划、控制计划，在必要的时候调整计划，以实现公司、地区、区域的目标。

（三）销售计划编制的结束工作

1. 销售计划制定后，可进行结果预测，如对利润率、销售增长额、市场份额、市场风险等进行预测。

2. 采取有力措施，按照预定计划执行，完成计划。

二、基础知识

1. 销售计划的基本概念

企业在特定的时间内确定需要实现的预期销售目标，是关于如何实现短期目标的具体计划，通常以一年为编制的，是针对产品、产品系列或市场进行的可操作性计划。

2. 市场宏观环境

市场宏观环境是指与企业市场营销有间接联系的企业外部因素的总和，是企业不可控制的因素。宏观环境包括那些影响企业微观环境中所有行动者的大范围的社会力量，包括政治与法律、人口与经济、社会文化与自然、科学技术等对整个市场具有全局性影响的力量。

3. SWOT 分析

SWOT 分析就是一方面企业要对宏观和微观环境进行研究，找出机会和面临的威胁；另一方面企业应该从营销、财务、研发、制造和组织能力等方面定期检查评价自己在各个业务领域的优势与劣势（表 2-8）。

表 2-8　癌痛产品的 SWOT 分析

内因 外因	S 优势 · WHO 和中国卫生部联合推荐 · 显著改善癌痛患者的生活质量 · 与商业、政府主管部门多年合作关系 · 紧密的市场销售配合机制 · 丰富麻醉药品销售经验的专业代表队伍	W 劣势 · 存在一定副作用，起效慢 · 潜在的成瘾性 · 部分病不能口服 · 市场销售投入预算较低 · 企业规模较小
O 机会 · 世界潮流,全球重视癌痛治疗 · 癌痛患者的无痛需求 · 医生学习镇痛治疗方法的需求增加 · 竞争产品非 WHO 止痛原则推荐用药 · 竞争销售队伍无麻醉药品推广经验 · 未完全建立专家支持系统	SO:最大化优势 最大化机会 · 大力宣传推广专家形象 · 在各地开展上市计划 · 相关药政官员的把握 · 对竞争对代表进行"心理战" · 幻灯片制作 · 单页制作	WO:最小化劣势 最大化机会 · 集中重点医院进行主动防御 · 推广产品的正确观念 · 开展多中心临床试验，增加目标医生正确使用经验 · 文献
T 威胁 · 用药恐惧症 · 疼痛治疗的学术氛围欠佳 · 癌痛患者获药途径烦琐 · 竞争产品:72 小时持续镇痛贴剂 · 对手推广投入力度大	ST:最大化优势 最小化威胁 · 发挥麻醉药品推广经验,抓住商业客户/药政官员 · 文献:宣传在癌痛治疗领域的地位 · 文献 · 主动定位其为癌痛病人的最后选择，医生只宜保守使用	WT:最小化劣势 最小化威胁 · 引导医生对难治性病例使用 · 促使医生提高对竞争对手服务期望值 · 避免直接竞争 · 在公开场合表现出高姿态

4. 产品市场调研

通过科学的方法，系统、宏观地根据预测、决策的需要，运用科学的手段和方法，有目的、有计划地收集、记录、整理、分析产品市场营销信息的活动。

5. 市场费用计划

企业可凭借经验进行费用预算，如差旅费用、市场宣传费用、通讯交通日常费用、业务费用、奖金费用等。

6. 具体的销售策略

（1）产品策略 产品定位，产品质量，产品品牌，产品包装，产品服务。

（2）价格策略

① 拉大批零差价，调动批发商、中间商积极性。

② 给予适当数量折扣，鼓励多购。

③ 以成本及基础、同类产品价格为参考，使产品价格更具有竞争力。

（3）渠道策略 采取一些优惠政策和奖励政策，鼓励中间商、代理商的销售积极性。

（4）广告策略 服从公司整体营销宣传策略，树立产品形象和公司形象。

① 广告不宜经常变化，在一定时段上应推出一致的广告。

② 选择广告宣传媒体要多样化，同时应注重宣传效果好的方式。

③ 利用重大节假日或公司有纪念意义的活动等开展形式多样、阶段性的促销活动。

（5）公共关系 已成为现代企业的重要内容，公共关系营销要求加强企业与社会的关系，树立企业声誉。

（6）营业推广 在某一特定时期里，针对消费者或中间商提供一定特殊优惠购买条件，能给人以强烈的刺激作用。该方式如运用得当，其效果立即显现。

（7）人员推销 因其沟通方式的直接性与顾客建立亲密长期合作关系，是最传统也是最不可缺少的一种促销方式。

 三、拓展知识

1. 常用的销售预估方法评价（表2-9）

表2-9 常用的销售预估方法评价

常用销售预估方法	优点	缺点
销售人员评估	预估比较符合实际状况 销售人员参与感强、有利于加强责任感 此法较简单	易缺乏对未来的发展变化把握 或过于乐观，或过于保守
高层主管意见	有助于客观评估未来发展 此法简单、快捷	比较笼统、大概数字 执行上较难 若主管意见不一样,强势主管易主观而不科学
趋势分析法	若公司处于成熟稳定期,此法非常可信 此法简单、快捷	考虑变化因素少
相对比较法	具有前瞻性,实用又有参考数据	参考标准不易确定

2．80/20法则

按事情的重要程度编排行事优先次序的准则是建立在"重要的少数与琐碎的多数"原理的基础上。这个原理是由19世纪末、20世纪初意大利经济学家兼社会学家维弗利度·帕累托所提出的。它的大意是：在任何特定群体中，重要的因子通常只占少数，而不重要的因子则占多数，因此只要能控制具有重要性的少数因子即能控制全局。

80/20 法则也被推广至社会生活的各个部分，且深为人们所认同。例如，在企业中，通常认为 80% 的利润来自于 20% 的客户，而 20% 的利润来自于 80% 的客户。这便意味着必须关注两件事，大客户与长期客户。经济学家认为，20% 的人掌握着 80% 的财富；心理学家认为，20% 的人身上集中了 80% 的智慧；推而广之，我们可以认为，在任何大系统中，约 80% 的结果是由该系统中约 20% 的变量产生的。"80/20" 原理的一个重要启示便是：避免将时间花在琐碎的多数问题上，因为就算你花了 80% 的时间，你也只能取得 20% 的成效；你应该将时间花于重要的少数问题上，因为掌握了这些重要的少数问题，你只花 20% 的时间，即可取得 80% 的成效。

四、相关法规

对药品销售产生影响的政策法规内容：

(1) 医疗保险
- 医务人员报销给付方式如何，是论量计酬，还是论病计算，是总额给付，还是门诊与住院分开给付。
- 甲乙类药品目录的报销比例，或自费比例等。
- 医保定点医院，药店的数量与名单等。
- 报销的疾病种类规定。
- 药品使用规范规定，如门诊每张处方的限额，慢性病处方天数限制。
- 医保药品定价规定，一般是甲类目录药品价格由中央制定、地方执行，乙类目录药品价格由中央制定指导价，由省级价格主管部门制定。
- 药品单独定价的规定，由新特药企业自定或计委核定。
- 每人每年门诊、住院费用限额。
- 医保保费费率与分担的比例，一般是企业承担 8%～12%，个人 2%（该百分比是对应个人年工资总额而言）。

(2) 医政
- 医药分账：是指医院收入与药品收入分开核算，防止以药养医。
- 医院分类：分为非营利性医院与营利性医院。

(3) 药政
- 药品专利保护政策。
- 异地设库的规定。
- 处方药与非处方药分类。
- 非处方药名单与销售渠道规定。
- 制药企业 GMP 认证。
- 医药商业 GSP 认证。
- 跨省市连锁药店试点规定。
- 处方药广告规定。

(4) 医院
- 药品采购政策：招标、议价、网上招标等。
- 进药程序：药事委员会、临床试用。
- 产品推广介绍限制规定：厂商代表拜访限制规定。

五、实训

××药业 2007 年度药品销售计划书（样本）

（一）药品损益（盈亏）分析（表 2-10）

表 2-10 2004～2007 年药品损益（盈亏）分析

项　　目	2003 年	2004 年	2005 年	2006 年	2007 年	合　　计
23 个主要城市人口数/万人	9785	10079	10381	10692		
老年人数量(老年人口数占总人数的 10%)/万人	979	1008	1038	1069		
总发病人数(发病率为 55%)/万人	539	554	571	588		
去医院就诊人数(估计 50%病人去医院就诊)/万人	269	277	285	202		
其中接受双磷酸治疗的病人比例/%	20	35	45	50		
其中接受双磷酸治疗的病人总人数/万人	54	97	128	149		
其中接受本品治疗的病人比例/%	10	15	17	20		
其中接受本品治疗的病人总人数/万人	5.4	14.6	21.8	29.8		
本品消耗总量(按每年每病人服 4 盒计)/万盒	21.6	58.2	87.0	119.2		
预计总销售量/万盒	21.6	58.2	87.0	119.2		
销售增长率/%	315	169	50	37		
毛销售额(实际出产价格 24.73 元)/万元	534.2	1439.3	2152.5	2947.8		7073.8
假定利润率/%	45	45	45	45		
毛利润/万元	244.4	647.7	968.6	1326.5		3187.2
预计销售费用占总销售额比例/%	58	28	26	25		
销售费用/万元	311.5	403	559.5	737		2011
预计市场推广费用占总销售额比例/%	8	7	6	5		
市场推广费用/万元	42.7	100.8	129.1	147.4		420
预计其他费用占总销售额比例/%	7	6	5	4		
预计其他费用/万元	37.4	86.4	107.6	117.9		349.3
税前利润额/万元	−147.2	58	172.3	324.2		407.9

（二）管理原则

（1）必须通过以专业促销的方式与我们的客户建立长期巩固的合作关系。

（2）倡导公开、公正、诚实的交流环境。

（三）营销环境分析

面临的几个主要问题：

• 品牌在全国市场的全面、规范化推广时，产品结构的不合理和过大的地区差价造成的阻碍。

• 公司从业人员对各项相关政策的设计和执行能力的欠缺。

• 人员、机构对于调整工作的适应期、磨合期使工作绩效打折扣。

• 如此之多的调整带来的不适反应，甚至个别失误可能造成来自各方面的阻力等。

（四）指标分解

完成销售目标 7745.65 万元。回款目标：销售目标的 80%，6196.52 万元（表 2-11～表 2-13）。

表 2-11 销售目标

品　种	数量/万盒(万瓶)	单价/(元/盒)	金额/万元
产品 A	68	29.09	1978.12
产品 B	21	28.93	607.53
产品 C	860	6	5160
合计			7745.65

表 2-12 单元指标（每 2 个月为一个销售单元）

品　种	总　量	Ⅰ 5%	Ⅱ 10%	Ⅲ 15%	Ⅳ 20%	Ⅴ 24%	Ⅵ 26%	备　注
产品 A	68	3.4	6.8	10.20	13.6	16.32	17.68	
产品 B	21	1.08	2.16	3.24	4.32	5.18	5.62	
产品 C	860 万瓶		12% 100	14% 120	16% 140	21% 180	19% 160	19% 160

表 2-13 地区分解

地　区	产品 A/万盒	产品 B/万盒	产品 C/万盒
上海	3.5	2.5	200
广州	6	2	40
杭州	6	1.5	90
武汉	5	1.2	20
西安	3.5	1.2	90
济南	4.5	1.2	30
合计	23.5	9.6	470

（五）组织架构（表 2-14）

表 2-14 人力资源预算

地　区	大型医院 >500 张床	中型医院 300～500 张床	合　计	医药部经理	区域主管	医药代表	合　计
上海	19	8	27	1	1	6	8
广州	16	10	26	1	1	4	6
杭州	6	6	12	1	1	4	6
武汉	12	12	24	1	1	4	6
济南	13	19	32	1	1	3	5
西安	29	25	54	1	1	4	6

（六）奖励计划

1. 奖励原则

（1）我们认可努力工作的过程，但只能奖励努力工作的结果。

（2）任何一项奖励计划都是为了保证完成一个团队目标，因此不可能让每个人都满意。

（3）公开、公正、透明。

（4）本奖励计划为医药代表、主管、医药部经理三部分，每个销售单元结算一次（2 个月为一个销售单元）。

2. 奖励金额（表 2-15）

3. 奖金计算方法

实得奖金金额＝奖励金额×完成回款指标百分比

表 2-15　奖励金额计算表

完成指标百分比	70%	80%	90%	100%
产品 A/(元/盒)	0.6	1.0	1.4	1.6
产品 B/(元/盒)	0.6	1.0	1.4	1.6
备注				

（七）经销商管理

针对公司目前通路体系存在的问题，调整渠道系统是当务之急。调整工作按照自上而下的顺序推进。代理区将以城市为单位，对于新加盟的代理商，公司严格把关，给予系统、全面的支持，代理商的选择和考评将统一。

在开拓新市场时，在规范的代理商评价体系、建立代理商素质模型的前提下，通过业务人员的寻找、公开招募、代理权的拍卖等方式，确定城市代理商。在无法寻找到合适代理商的城市，成立营销中心。有固定的销售额和前期投入已回收后，分公司要及时寻找代理商。届时，将通过向营销中心人员或满足公司条件的代理商转让，以保证代理商素质的提高。

（八）费用总预算（表 2-16）

表 2-16　费用总预算

销售费用	2007年总预算/万元	销售费用	2007年总预算/万元
促销费	114.50	医院开发	146.00
销售折让	73.50	培训费	20.64
市场费用	240.70	新代表培训	10.28
医药部经理	20.00	销售会	29.90
工资	301.68	办公费	42.12
差旅费	53.42	报检(物价)	16.00
奖金	79.50	总计	1148.24

六、思考与练习

（一）填空题

1. 编制销售计划的依据，首先列出可能影响销售的信息，分析总结出与市场、_____、_____、_____等有关信息。
2. 销售预估常用的方法有销售人员评估、_____、_____、_____。
3. SWOT 四字母依次含义是优势、_____、_____、_____。
4. 销售计划是企业关于在特定时间里确定需要实现的_____目标计划，是关于如何实现_____的具体计划，通常以_____年为编制。

（二）单选题

1. 公司处于成熟稳定期，下列哪种预估方法最可信？（　　）
   A. 销售人员评估　　B. 高层主管意见　　C. 趋势分析法　　D. 相对比较法
2. SWOT 中的 S 含义是（　　）。
   A. 优势　　B. 劣势　　C. 机会　　D. 威胁
3. 销售计划的最后一部分内容一般是（　　）。
   A. 制作损益表　　B. 营销战略　　C. 制定调查控制方案　　D. 销售具体方案
4. 产品策略中最重要的营销策略是（　　）。
   A. 产品质量　　B. 产品包装　　C. 产品服务　　D. 产品定位

5. 下列哪种促销方式是最传统也是最不可缺少的方式？（　　）
   A. 广告策略　　　　B. 营销推广　　　　C. 公共关系　　　　D. 人员推销

（三）多选题
   1. 销售计划的制订背景是（　　）。
   A. 在企业开张时　　　B. 企业发展壮大时　　　C. 企业改革经营方向时
   D. 原有计划有严重缺陷时　　　E. 原有方案虽无严重缺陷，但须适应新变化时
   2. 分析竞争者状况，主要分析（　　）。
   A. 规模　　　　　　B. 经营目标　　　　C. 市场份额
   D. 产品质量　　　　E. 经营范围
   3. 影响产品不可控因素有（　　）。
   A. 企业自身环境　　B. 竞争者状况　　　C. 政治法律因素
   D. 经济科技因素　　E. 社会文化因素

（四）判断题
   1. 公共关系的建立有利于树立企业的社会声誉。（　　）
   2. 制订销售计划首先要制定销售目标。（　　）
   3. 广告应频繁变化，以适应顾客多变心理。（　　）
   4. 销售具体方案应细致，周密，操作性强。（　　）
   5. 预计的损益表制定后，将成为安排生产、管理、营销的依据。（　　）

（五）问答题
   1. 编制销售计划的工作流程依次有哪些？
   2. 应从哪些方面对营销环境进行分析？

（六）分析题
   假如你是某药业的华东区域销售经理，完成10万盒抗感冒新药的销售任务，初步拟定出厂价为2.5元，零售价格为11.8元。请你依据提供的销售计划书样本格式，制订一份年度销售计划书，至少应包括：
   (1) 按区域和时间的任务分解表。
   (2) 设计一份奖金分配方案。
   (3) 预计费用支出计划。
   (4) 预计损益表。

项目三
客户访谈

学习目标

1. 熟悉客户访谈的一般礼仪。
2. 掌握客户访谈的一般程序。
3. 能拟定访谈计划。
4. 了解一般的消费心理。
5. 能对客户进行简单有效的沟通。
6. 了解销售谈判的一般流程。

模块一 拜访客户

一、工作流程

（一）拜访客户前的准备工作

在营销过程中，客户拜访可谓是最基础、最日常的工作了：市场调查需要拜访客户，新品推广需要拜访客户，销售促进需要拜访客户，客情维护还是需要拜访客户。很多销售代表也都有同感：只要客户拜访成功，产品销售的其他相关工作也会随之水到渠成。

医药商品销售代表在拜访客户前应作好充分的准备，"不打无准备之仗"。一般来说，拜访前的准备包括七个方面：熟悉企业的基本情况；充分认识所推销的药品；掌握客户的第一手资料；确定拜访目标；自我准备；物质准备；拟订拜访计划。

1. 熟悉本企业基本情况

（1）熟悉企业的发展历史 包括企业名称、创立时间；企业早期的生产规模、产品种类、销售情况；新产品的发明日期和发明过程。

（2）熟悉企业目前的情况 包括企业的生产能力、供应能力、经营状况、竞争能力、市场占有率、行业地位、销售区域及销售额等；企业的组织机构与人员；企业竞争对手的基本情况。

熟悉企业的基本情况，是为了在拜访中有的放矢地与客户交谈。

2. 认识推销产品

（1）了解产品的功能与特点 医药产品是一种特殊的产品，医药商品销售人员要充分认识医药商品的功能、特点、价格、适应证、用药的注意事项以及与其他同类医药商品的差异，要成为所推销这一类药品的专家，应考虑如下问题：产品能给用户带来什么？产品能够满足用户的何种需要？

另外，医药商品销售人员所拜访的对象都是医药专家，他们或是某一科目的主任医师，或是药店的经理，或是医药公司的采购经理，或是医药批发公司的采购经理等，他们对医药产品的特性、效用、价格、服务等多种因素要在充分了解后才会作出购买的决定。因此，销售代表仅靠花言巧语是很难打动所拜访的客户的，而销售人员所展示的医药产品性能和专业数据会对客户产生很强的感染力，可以帮助你来说服客户。

(2) 了解产品的形象　传统的产品概念仅局限于产品特定的物质形态和它的具体用途。而现代市场营销中，产品是一个多层次的概念，它包括核心产品、形式产品和附加产品。核心产品为顾客提供了最基本的效用和利益，包括药品的具体疗效，医疗器械的具体功能；形式产品是核心产品的外部特征，包括医药商品的外形、剂型、品牌、包装等；附加产品是产品的各种附加利益，包括咨询、用药指导、送货上门、退货处理等。人们在购买商品时不仅注重商品的形式、商品的效用，而且更青睐于品牌，主要是看中品牌产品提供的服务，可见这种附加产品给顾客留下了深刻的印象。医药商品销售人员应将这样一个多层次的概念综合把握，了解产品所形成的综合形象，从中抽象出一种最有利的形象，并以此作为拜访客户时的推销重点。

(3) 相信产品　相信自己所推销的产品有其独到的优势并珍爱推销的产品。

医药商品销售人员要对自己推销的医药商品树立信心，这是因为推销员的态度绝对可以影响客户的选择。如果你对自己推销的医药商品充满信心，你的行动就会在无形中影响客户。

3. 掌握客户的第一手资料

包括对拜访企业的调查了解、对拜访人士的调查了解、预测客户可能的问题、准备应对客户的拒绝方法等。只有准备充分，在拜访中才可能应对自如、稳操胜券。

(1) 了解客户的基本情况　包括客户的姓名、年龄、籍贯、文化水平、家庭状况、兴趣爱好等，有助于选择适当的话题和推销计划，创造有利的面谈气氛。

(2) 确定客户需要　包括观察客户使用的现有产品，了解客户的购买习惯，推测他今后可能需要的产品；了解客户喜爱的产品特征，以便预测客户是否对你所推销的医药商品感兴趣；发现客户改进的愿望，以便按照这个方向设计自己的推销，满足客户的愿望；提供解决方法，增进其利益。

医药商品销售人员所拜访的客户大多忙碌，能给的时间有限，为了充分利用这段时间，在进入医生办公室之前应当有十分明确的思路以表达你的希望，了解医生的需要。

要满足医生的需要就必须尽可能地了解医生及其工作的情况。首先，与护士保持稳固关系是十分有用的，因为她了解医生及其工作；其次，医生桌上的陈列、书籍、期刊亦可提供一些信息；再次，医生的行为、神态、谈话的速度与内容均为医生个性的线索。

注意这些细节，从接近医生至离开这段时间的观察，可以帮助了解医生的侧面。知道的线索越多，就越能了解其需要，满足其要求的机会也就越多。

4. 确定拜访目标

在销售过程的不同阶段，需要明确不同的具体目标。如在初步接触阶段只要与客户建立起联系，在方案呈现阶段需要提交并说明解决方案就可以了。如果预定目标不明确、不恰当，不管销售人员如何努力，都达不到预期的拜访效果。

5. 自我准备

(1) 心理准备　包括树立自信心，能够承受压力，迎接挑战；树立目标，为目标而战。良好的心理状态是要靠平时的自我修养、有意识的训练和自我暗示进行调节的。销售代表平时要加强学习，注意良好心态的培养。

要端正心态，永不言败。客户的拜访工作是一场概率战，很少能一次成功，也不可能一蹴而就、一劳永逸。销售代表们既要发扬"四千精神"（走千山万水、吃千辛万苦、说千言万语、想千方百计为拜访成功而努力付出）；还要培养"都是我的错"的最高心态境界（客户拒绝，是我的错，因为我缺乏推销技巧；因为我预见性不强；因为我无法为客户提供良好的服务……），为拜访失败而总结教训。只要能锻炼出对客户的拒绝"不害怕、不回避、不抱怨、不气馁"的"四不心态"，我们离客户拜访的成功就又近了一大步。

（2）形象准备　包括仪容仪表准备、语言准备、态度准备、健康准备（详见项目三，模块二"客户沟通"的内容）。

6. 物质准备

（1）与企业有关的物质准备　包括企业法人营业执照、产品生产许可证、卫生许可证、购销合同等。

（2）与产品有关的物质准备　包括医药产品的样品、样本、图片、图样、产品说明书、价目表、产品检验合格证等。

（3）与拜访者个人有关的物质准备　包括个人身份证、企业法人的授权委托证明、工作证、名片、笔、纸及必要的生活用品等。

7. 拟定拜访计划

计划的意义在于规范拜访者日工作流程，提高拜访效率。在制订拜访计划中可分清重点与非重点客户，以便有效地进行经营指导（见表3-1）。

表3-1　客户拜访计划表

_____年_____月_____片区客户拜访计划

片区销售经理：　　　　　销售代表：

序号	客户名称	类别	拜访对象（部门/人员）	拜访的目的	预期达到的目标	参加人员
1						
2						
3						
4						
5						

日程安排									
出发		离开		交通工具	拜访对象	类别	时间统计		
地点	时间	地点	时间				路途时间	拜访时间	休息时间
拜访时间/有效工作时间＝_____％							合计		
关键客户拜访时间/有效工作时间＝_____％									

（二）拜访客户过程

拜访客户的操作流程

这里，详细介绍销售人员在经过预约后第一次拜访客户（初步接触阶段），需要进行的拜访程序为：

1. 称呼、感谢对方

当医药商品销售代表敲开客户的门见到经过预约即将拜访的对象时，马上称呼对方，进行自我介绍并立即表示感谢。如"徐院长，您好！我是×××公司的销售主管×××，非常感谢您能抽出宝贵时间接受我的拜访。"因为是第一次拜访，给客户留下一个客气、礼貌的形象有助于客户对销售代表迅速产生好感。

2. 寒暄、表明拜访来意

在称呼、感谢后，客户会立即引导销售代表进入访谈的会议室或其他合适的场所，期间相互交换名片。发放名片时，一般是印有姓名的一面朝上，但有时也可以出奇制胜。比如，将名片的反面朝上，先以印在名片背面的"经营品种"来吸引对方，因为客户真正关心的不是谁在与之交往，而是与之交往的人能带给他什么样的赢利品种。将名片发放一次、二次、三次，直至对方记住你的名字和你正在做的品种为止。

在发放产品目录或其他宣传资料时，有必要在显而易见的地方标明自己的姓名、联系电话等主要联络信息，并以不同色彩的笔迹加以突出；同时对客户强调：只要您拨打这个电话，我们随时都可以为您服务。

落座后访谈的双方会分别拿出笔、笔记本、手提电脑、公司介绍文件等访谈需要的文具和材料，作会谈的准备。此间，销售代表要迅速提出些寒暄的话题与客户进行寒暄。寒暄的目的是要营造出比较融洽、轻松的会谈氛围，也避免马上进入会谈主题，使客户产生突兀感。寒暄的内容可以五花八门，如天气情况、娱乐新闻、对拜访客户的公司感受等。要使寒暄有积极意义，销售代表事先要经过精心准备并能迎合客户的兴趣和爱好，能迅速地营造轻松、融洽的会谈氛围，并且很快让客户对其产生好感。寒暄的时间长短可以视拜访的对象而定。一般与外资公司的客户寒暄的时间比较短，与国有企业的客户寒暄的时间比较长；与沿海经济发达地区的客户寒暄的时间比较短，与内地经济欠发达地区的客户寒暄的时间比较长。当然具体时间还要根据当时的环境确定，灵活掌握。寒暄的目的是营造气氛、让客户对销售人员产生好感，只要目的达到了，就自然地结束寒暄，表明拜访来意，进入会谈主题。初次和客户见面时，在对方没有接待其他拜访者的情况下，我们可用简短的话语直接将此次拜访的目的向对方说明：比如向对方介绍自己是哪个产品的生产厂家（代理商）；是来谈供货合作事宜，还是来开展促销活动；是来签订合同，还是查询销量；需要对方提供哪些方面的配合和支持等。

3. 访谈、介绍、询问、倾听

这是拜访的主要部分，主要通过双向式沟通，让客户大概了解你的公司及其产品和服务。要力图发现客户的潜在需求。在初次拜访中，即使先前通过传真或邮件已经向客户介绍了自己的公司及其产品、服务，销售人员仍然要花一定的时间当面再向客户简单介绍。一方面是客户先前可能并没有仔细看你所发送的材料，对你的公司及其产品、服务并不了解；另一方面，客户即使了解了，也要经过短暂的介绍后方能过渡到询问客户目前的现状，以便发现客户的潜在需求，避免让客户产生抵触情绪。

介绍的时间不可过长，针对产品或服务的优势；不可过多渲染，因为此时销售代表还不了解客户的需求，如果你的医药产品或服务的优势并不能满足客户特定的利益需求，客户是不会关心和认可的。介绍可以以封闭式的问题结束，如"徐院长，上面介绍的就是我们公司大概的情况，您觉得我已经介绍清楚了吗？"当客户确认后，销售人员就可以要求客户介绍他公司的情况并适时地发问了。

销售代表必须掌握如何向客户询问，客户回答时销售人员又如何积极地倾听，以发现客户现状中隐含的问题和不满等的基本技能。销售代表还必须掌握并思考以下询问的内容：客户的业务是什么？客户使用的现状怎么样？客户存在的问题或需要改进的地方有哪些？客户的期望是什么？客户选择的关键要素和决策标准是什么？

了解和把握客户的真正需求，才能选择合适的推销方式，达到销售的目的。

4. 总结、达到拜访目的

销售代表介绍了自己公司的情况、了解了客户的现状和问题、达到了预期的拜访目的后,要主动对这次拜访成果进行总结并与客户确认。总结主要是针对客户的情况介绍和潜在需求进行,因为客户在与销售人员会谈时一般不会像销售代表一样进行精心的提前准备,在销售代表访谈前,客户可能并未意识到其潜在需求。总结可以进一步使客户明确其目前存在的问题或不满,并可使销售代表自然地导入到下阶段的销售工作。如"徐院长,您今天主要介绍了……,你希望在……方面看看我公司是否可以提供帮助",或"徐院长,您看我的理解对不对?我的理解是……"。

5. 道别、进行下次约见

在达到拜访目的、总结之后,销售人员需要再次向客户表示感谢并立即与客户道别。因为通常一次的拜访很难完成一个销售过程,因此在与客户道别时要有意识地约定与客户下次访谈的时间,从而获得向客户进一步销售的承诺。在进行下次预约时,要避免模糊的时间约定(如"陈经理,在您方便的时候我们再次拜访您,好吗?");而是要约定具体的时间(如"陈经理,就您今天关心的问题,解决方案一周内我可以准备好并想再次向您当面陈述,您是下周四方便还是下周五方便?")。如果不需要再次拜访,也需要确定下个阶段(如提交解决方案或电话讨论解决方案)的具体时间。只有确定了进一步销售的具体时间,才是真正获得了向客户进一步销售的承诺。

以上这些拜访程序看起来是一个简单的拜访程序或模式,作为一种模式,它在各个销售阶段都是适用而有效的。

(三)拜访结束工作

(1)控制拜访时间,适时地结束拜访,感谢客户的接待。在结束拜访后,要检查一下相关记录情况,是否有遗漏,是否详细,然后和客户告别,进行下一站拜访。

(2)当日拜访结束后,要进行整理工作,汇总客户订货情况和各种需要解决的问题,及时填写并上交"客户拜访表",与上司主动沟通市场与客户现状。汇总竞品(同类商品的竞争品种)情况,以便于公司进行竞品信息的汇总和整理,制定针对性的竞争策略(见表3-2)。

表3-2 客户拜访表

销售人员: 时间:

客户名称		客户编号	
初访目的			
初访达成的效果			
初访主要议程	初访主要内容	重点	分析
关键评估元素情况	我们的成功	我们的失败	改进计划
初访中对客户的承诺	反馈时间	责任人	任务行动计划
下次拜访时间			
下次拜访目的			
下次拜访主要计划			
以何种形式反馈客户			
对此客户下一步拟采取的行动计划			
重大事项提示			
备注			
主管意见			

（3）对于记录、收集到的与商品销售息息相关的信息，要静下心来进行认真的梳理与归纳，并及时把相关信息传递给相关部门。然后结合统计出的销售数据，仔细分析产品在销售过程中存在的问题与不足，并对照自己原本的拜访目标，确认哪些地方对拜访有帮助或容易引致问题的发生，以便及时完善和修正拜访计划，确保下一次的拜访能够达到预期目标和效果，提高拜访的质量。

除此之外，还需做好以下工作：

（1）持续激励客户销售信心　有必要将公司企业动态、公司发展远景、产品发展规划与销售政策等继续传播给客户。

（2）销售信息的沟通　将某一市场某类产品的推广方法、促销方法、滞销产品的处理方法等传播给客户，必要时要以书面形式传真给客户，这样客户才认为你是帮他赚钱，又增强了销售的积极性。

（3）竞品信息沟通　如果客户相信你，就常会将市场上竞品的促销办法、陈列与终端形象塑造、新品上市与推广方法等告诉给你；你也可以将竞品现状、某市场的促销推广、人员变动与产品质量（确保是真实的）等反馈给客户，做到知己知彼，与客户一道攻克竞品，提升销量。

拜访客户的控制点

（1）尽量直接拜访产品的购买决策人或是对购买决策有重大影响的重要人物。我们一定要搞清所拜访者的真实"身份"，他（她）到底是采购经理、销售经理、卖场经理、财务主管，还是一般的采购员、销售员、营业员、促销员。在拜访目的不同的情况下对号入座去拜访不同职位（职务）的人。

（2）尊重接待人员。

当到达时，应告诉接待人员或助理你的名字和约见的时间，递上你的名片以便助理能通知对方。冬天穿着外套的话，如果助理没有主动帮你脱下外套或告诉你外套可以放在哪里，就要主动问一下。

如果需要等待，在等待时要安静，不要通过谈话来消磨时间，这样会打扰别人工作。即使你已经等了较长时间，也不要不耐烦地总看手表，可以询问接待人员约见者什么时候有时间，如果你等不及那个时间，可以向接待人员解释一下并另约一个时间。不管你对要见的人有多么不满，也一定要对接待人员有礼貌，要尊重他的导引和安排。

（3）确定访问时间时要考虑顾客的特点，要考虑拜访的目的，要考虑拜访的时间，要尊重顾客的意愿。有时会碰到这样一种情况，对方不耐烦、不热情地对我们说："我现在没空，我正忙着呢！你下次再来吧。"对方说这些话时，一般有几种情形：一是他确实正在忙其他工作或接待其他顾客，他们谈判的内容、返利的点数、出售的价格可能不便于让你知晓；二是他正在与其他的同事或客户开展娱乐活动或是聊某一门话题；三是他当时什么事也没有，只是因为某种原因心情不好而已。

当然，第一种情形之下，我们必须耐心等待，主动避开，或找准时机帮对方做点什么，比如，我们的拜访对象是一位终端药店的店长，当某一个消费者为是否购买某药品而举棋不定、犹豫不决时，我们可以在一旁帮助店长推介，义务地充当一回对方的销售"帮手"，以坚定顾客购买的决心；在第二种情形下，我们可以加入他们的谈话行列，以独到的见解引发对方讨论以免遭受冷遇，或者是将随身携带的小礼品（如纪念册）送给他们，这时，我们要有能与之融为一体、打成一片的姿态，要有无所不知、知无不尽的见识；在第三种情况下，我们最好是改日再去拜访了，不要自找没趣。

(4) 选择合适的访问地点,可以是工作地点,例如公司采购办公室、公司销售办公室、药店经理办公室、主任医师或主管院长的办公室,以及医院的会议中心等;或是家庭住所、公众场合或己方场所。如果是第一次拜访,以对方工作单位为好。究竟选择什么样的拜访地点,在预约时要征求客户意见,并视具体情况决定。

(5) 在正式拜访以前要进行预约,预约方法有当面预约、电话预约、信函预约、委托他人预约、网上预约等。

(6) 注意拜访的基本礼仪。约好去拜访对方,无论是有求于人还是人求于己,都要从礼节上多多注意,不可失礼于人,而有损自己和单位的形象。

我们要注意的首要规则是准时,让别人无故干等无论如何都是严重失礼的事情。如果有紧急的事情,不得不晚,必须通知你要见的人;如果打不了电话,请别人为你打电话通知一下;如果遇到交通堵塞,应通知对方要晚一点到。如果是对方要晚点到,你将要先到,要充分利用剩余的时间,例如,坐在汽车里仔细想一想,整理一下文件,或问一问接待员是否可以在接待室里先休息一下。

当你被引到约见者办公室时,如果是第一次见面,就要先作自我介绍,如果已经认识了,只要互相问候并握手就行了。

一般情况下对方都很忙,所以你要尽可能快地将谈话进入正题,而不要闲扯个没完。清楚直接地表达你要说的事情,不要讲无关紧要的事情。说完后,让对方发表意见,并要认真地听,不要辩解或不停地打断对方讲话。你有其他意见的话,可以在他讲完之后再说。

拜访中销售人员要遵循"以客户为主体、销售人员为主导"的原则。以客户为主体,俗称"围着客户转",但是"围着客户转"并不意味着客户可以信马由缰。在拜访的过程中,销售人员需要做好引导客户和控制客户的工作。当然,在引导和控制客户方面尽量做到自然且不露痕迹。

销售人员在拜访中千万不要和客户争辩。一次成功的拜访绝对不会出现销售人员与客户的争辩,即使客户的观点是错误的!因为与客户争辩会让客户失去面子,会让先前营造的融洽、轻松的会谈氛围消失殆尽。

(7) 熟悉拜访的基本功。宣传优势,诱之以利。商人重利。这个"利"字,我们也可以简单地把它理解为"好处",只要能给客户带来某一种好处,我们一定能为客户所接受。这就要求我们必须有较强的介绍技巧,能将公司品种齐全、价格适中、服务周到、质量可靠、经营规范等能给客户带来暂时或长远利益的优势,对客户如数家珍,让他及他所在的公司感觉到与我们做生意是一种"双赢"。

有时可以以已操作成功的、销量较大的经营品种的名牌效应引起客户的关注:"你看,我们公司××产品销得这么好,做得这么成功;这次与我们合作,你还犹豫什么呢?"

如果碰巧你与对方的上司及领导(如总经理等)等关键人物认识,不妨点一下你们之间的"铁关系",以增加信任感,但不宜过分。否则,效果将适得其反。

(8) 拜访工作结束后要做好跟进工作,主要包括以下几个方面:

① 进药店订货及其他服务,尤其是新的医药产品和促销期间的产品。这需要与商业相对应的负责此药店销售的商业代表沟通并协助完成。

② 根据本次拜访中未能完成的工作以及出现的新情况,修正下一次的拜访目标或约定时间的跟进。

(9) 分析当天的拜访成效:用结果对比目标来分析当天的拜访,找出成功和失败的原因，达到克服缺点和强化优点，并将总结出的经验应用到今后的拜访中去。

 二、基础知识

1. 销售拜访的基本概念

销售拜访是指推销人员利用各种方法，向目标客户发出推销信息，进行推销联系和沟通推销关系的过程。

2. 拜访目的

（1）商务性拜访　在商务活动中，为了更好地洽谈业务、联络感情，发展新客户、巩固老客户，就不可避免地要在各种不同的场合进行各种各样的拜访，广泛地开展业务联系。

（2）社交性拜访　人们在日常生活中，为了开阔视野、互通信息、扩大横向联系，也同样需要进行各种社交性拜访，通过拜访可以巩固老朋友、结交新朋友。

3. 拜访对象

医药商品销售人员的主要拜访对象为医院的主管业务副院长、药剂科主任、相关科室的主任医师、药店经理、医药公司、批发站采购部经理等。

4. 拜访礼节

拜访客户前对拜访对象的概况、特点、喜好以及对方的信用都要有所了解，以免交谈时无话可说而陷入尴尬境地。

（1）事先预约，不做不速之客　无论是商务性拜访，还是社交性拜访，都要事先预约，尽量不做不速之客。以不造成对方因措手不及而难堪或影响工作和情绪为前提，这样对以后的谈判或谈话展开有利。

（2）预约方式　一般有打电话、发 E-mail、传真、写信、上门联系等，以方便沟通为准。

（3）预约时间和地点　应与对方商量并以对方的决定为准。一旦约定，就要按时前往。既不要太早，以免对方来不及准备；也不要迟到，让对方等得着急。如有事情不能按时前往，应及时地沟通信息，说明理由并表示歉意，商量更改拜访的时间。

拜访时间一般安排在下午或晚上。商务性拜访可安排在工作日的上午 9:00 以后或下午；社交性拜访，特别是到宾馆或对方家中拜访，应选择在节假日、双休日或晚饭后，或对方认为方便的时间。总之，应尽量避开就餐时间或对方休息时间。

上门拜访地点一般选择以对方工作单位为妥。

主管人员拜访客户，其会晤礼节有：

（1）进入客户的机构，应向接待人员主动介绍自己公司的名称和自己的姓名、职务等，同时说明访问对象的姓名和工作部门，即使是事先约定也要说清楚。

（2）被引到会客室时，应向引路者表示感谢。

（3）就座时要注意，上司坐上座，自己则居下座。

（4）向访问对象致意。

（5）向访问对象介绍公司的负责人。

（6）介绍过后，上司与对方寒暄并交换名片。

随从人员在会晤时不要担任主角，由上司负责主要的交涉。如果上司早已认识客户，而下属是初见客户，就应由上司先将下属介绍给对方，再将对方介绍给下属。

5. 推销人员拜访中提问方式

（1）开放式提问　通常可以使你更为全面地了解客户的内心想法，这种提问问句不能以

项目三　客户访谈　37

"是"或"否"等简单字句来答复。因此，在探询客户需要时，医药商品销售代表应尽可能多用开放式提问方式，以鼓励医院的主任医师、药店经理、医药批发公司采购部经理等客户主动介绍需求，诱发客户进行详细说明。

① 开放式提问句型（5W，2H） WHO（谁）；HOW MANY（多少）；WHAT（什么）；HOW（怎么样）；WHERE（什么地方）；WHEN（什么时候）；WHY（什么原因）。

② 开放式提问时机 希望客户畅所欲言时，希望客户提供有用信息时，想改变话题时。例如：

"李医生，您认为双氢可待因的复方制剂用在什么时候最适合？"

"林主任，您认为这类药的临床应用前景如何？"

"张医生，在您出国学习的这一段时间，谁负责这项临床研究呢？"

"陈经理，下次到药店我什么时间拜访您最方便？"

……

好处：在客户不察觉时主导会谈，客户相信自己是会谈的主角，气氛和谐。

坏处：需要较多的时间，要求客户多说话，有偏离主题的可能。

（2）封闭式提问 通常将问题问得比较具体、单纯，范围限定很严格，对方一般需要作较为直接、明确的回答。提问的答案通常可以在提供的问题中选择，或者直接用"有"、"没有"、"是"、"不是"等回答。

① 封闭式提问句型 是不是？您的意思是×××对不对？如果×××好不好？可否？

② 封闭式提问时机 客户不愿意提供有用的信息时，你不想改变话题时。例如：

"王医生，您是不是用A产品治疗慢性疼痛的患者？"

"李医生，您是不是收到我们公司前几天给您寄出的最新资料？"

"陈经理，您是不是认为我们的价格定得过高了？"

"张医生，在这次临床试验中，您会选用A方案还是B方案？"

"王医生，下次您门诊时我再来拜访您，好吗？"

……

好处：很快取得明确要点，确定对方的想法，"锁定"客户。

坏处：较少资料，需要更多问题，"负面"气氛，方便了不合作的客户。

6. 合理安排拜访频率

医药商品销售人员在拜访医生、药店经理等时，需要掌握一定的频率，既不能跑得过勤，以致让医生或经理厌烦；也不能跑得过少，让医生或经理把你忘到九霄云外；而应掌握一个适当的度，这个"度"如何掌握，值得医药商品销售人员好好研究。一般来说，隔1～2个星期拜访同一个医生或经理比较合适，重点客户的拜访频率可以高一点。当然，如果与医生约好时间则另当别论。

7. 选择合理的拜访时机

销售拜访必须讲究时机，并不是每个医生或经理都会随时随地有空来接待我们的拜访。如果拜访的时机选择不当，轻则无法完成本次拜访工作，重则影响了医生或经理的工作，给客户留下不好的印象，给下一次的拜访工作造成障碍。

选择拜访时机的原则是：

（1）以不妨碍所拜访的客户工作为前提 当医药商品销售人员去医院拜访医生时，即使是事先预约的，也可能出现病人很多的情况。若病人很多，医生没空接待，则应先打个招呼，然后先去拜访其他一些不忙的医生，或在门口等候，等医生不忙时再与其详谈。

（2）对于不同的客户选择不同的拜访时机　具体拜访时机需要根据情况作具体分析。比如三甲医院，通常是看病首选，往往人满为患。不管是门诊还是住院的，由于患者较多，医生通常都比较忙，选择正常上班时间去拜访显然是不合适的。一来医生没有空和销售人员洽谈，更没有空和其他人闲聊交流感情；二来患者较多，需要顾及影响。比较好的方法就是晨访，利用上班以前的半小时与目标医生作一简单拜访然后退出；接下来去药剂科拜访或去其他中小医院拜访，或临近下班时再折回大医院拜访目标医生，或与目标医生共进晚餐，交流感情。晚上时间，可以对值班医生作夜访。

三、拓展知识

1. 推销活动的三要素

推销活动的三要素是指推销主体、推销客体和推销对象。

（1）推销主体　是指从事推销活动的人员。推销活动最基本的特征就在于推销人员主动去说服、诱导并满足顾客的需求。推销主体的素质以及推销手段、推销方法、推销技巧，在很大程度上决定着推销效率的高低。

（2）推销客体　也叫推销品，包括各种有形商品和无形商品，它是推销活动的物质基础。推销客体的条件如何，对推销活动有重要影响，这其中包含两个层面的意思：其一，推销客体必须满足顾客的需求；其二，推销客体本身是分层次的，高、中、低档产品都可以找到自己的客户。

（3）推销对象　是指推销活动中的买方。推销对象包括各种年龄、各种受教育水平、各种收入水平和各种性格的个人购买者，他们为个人消费而购买；也包括不同规模、不同经营范围的中间商，他们为转卖或加工后转卖而购买商品；还包括各种各样的为生产或管理的需要而购买生产设备、原材料和辅助材料的生产企业，以及各种非经营性的组织，如学校、社团、政府机关等。

推销人员在推销过程中必须研究推销对象的需求，只有满足了推销对象的需求，推销才有可能获得成功。

2. 销售人员应具备的素质

（1）强烈的敬业精神和职业道德　推销工作是一项很辛苦的工作，推销人员长年在外，四处奔波，推销中面对各种各样的客户，工作的影响因素复杂，工作效果缺乏确定性。对推销人员来讲，每一位顾客或每一项业务都意味着一次挑战，既孕育着成功，也潜伏着失败，还常会因世俗的偏见和某些特殊原因而受到客户的误解，因此，推销人员必须具有强烈的敬业精神、认真负责的工作态度，否则是不可能成为一名优秀的推销员的。

医药商品推销员的一言一行都关系到企业的形象，因此，推销人员在推销拜访时必须遵守国家有关政策、法律、法规，正确处理国家、集体、个人三者的利益关系；实事求是地介绍商品，不可随意编造数据，欺骗客户；遵守职业道德，要维护企业或公司的利益，不利用工作之便搞不正之风或私下交易，更不能利用特殊的地位和环境为己谋利，贪污贿赂，损公肥私；要对人热情、谦和，对待不同层次的顾客一视同仁，平等相待；对待竞争对手要公平竞争，不以贬低别人来抬高自己。推销人员不仅要维护本公司的利益，同时也要保护顾客的权益，只有使双方都得利，才能保持双方关系的巩固和发展。

（2）良好的心理素质　推销员要充满自信。一是相信他所推销的产品；二是相信他所代表的公司;三是相信自己。

自信是推销员重要的精神支柱。但自信并不是盲目的,自信心的树立缘于知识和经验的积累。一个推销员只有在认识到他已完全了解和熟悉了自己的工作,而且这种认识是建立在成功经验之上时,他才能相信自己。

一个推销人员怎样才能树立起自信心,坚信他自己的推销能力呢?一是要很好地学习有关知识;二是要不断地在实践中积累经验;三是要随时调节自己的心理状态。

(3) 宽阔的知识面　推销人员经常与各种各样的顾客打交道,特别是医药商品销售代表,与之打交道的都是有较高文化和专业知识水平的高层次人员,销售代表更需要有宽阔的知识面,它决定了销售代表的推销能力。所以,销售代表应有旺盛的求知欲,善于学习并掌握多方面的知识,这样运用起来才会游刃有余。一般来讲,销售代表应该具备以下几方面的知识:

① 产品知识　包括所推销商品的技术性能、结构、用途、用法、维修与保养知识;不同规格、型号、式样的差别;本行业中的先进水平;产品的发展趋势;使用中应注意或避免的问题,与竞争对手产品的差异及其他有关商品知识等。

② 企业知识　包括本企业的历史及在同行业中的地位;企业的生产能力、产品种类、技术水平和设备状况;企业的发展战略、定价策略、销售政策、交货方式、付款条件、服务项目等。

③ 用户知识　包括用户的采购决策权情况,其购买动机和购买习惯如何,对交易条件、交易方式和交易时间有什么要求。

④ 市场知识　包括现实顾客的情况及购买规律,潜在顾客的情况及购买潜力。产品在不同季节、不同地区、不同环节上的价格,政府的限制与鼓励情况等。

⑤ 社会知识　销售代表应了解推销区域的经济地理知识和社会风土人情,了解当地的交通运输状况,不同民族的风俗习惯、宗教信仰、语言习惯、礼仪规范等。

⑥ 其他科学知识　销售代表还须具有与本行业有关的工程技术知识、法律知识、语言知识、美学知识等,尽可能扩大自己的知识面,便于与客户沟通。

(4) 健康的体魄和优雅的风度　推销工作的艰苦性,决定了销售代表必须具有健康的体魄。销售代表的业务活动是一个与人打交道的过程,优雅的风度将有助于在顾客心目中建立良好的个人形象,取得顾客的信赖(详见项目三模块二客户沟通内容)。

3. 推销人员的职责与任务

寻找与发现市场机会:寻找与确定目标市场;估算目标市场的容量与本企业可能达到的销售额或市场占有率;了解目标市场需求的具体特征;为企业决策当好参谋。开拓与进入市场:与企业共同制订产品的销售网络计划和推销政策;寻访客户,开展推销洽谈工作;沟通信息,协调客户关系;开展公关活动,树立良好的企业形象和产品形象,创造优良的购销环境。做好销售服务工作:做好售前、售中和售后服务;处理好客户的投诉。

四、相关法规

新修订的《药品流通监督管理办法》中规定:

(1) 药品生产、经营企业对其销售人员或设立的办事机构以本企业名义从事的药品购销行为承担法律责任。

(2) 药品生产、经营企业不得在经药品监督管理部门核准的地址以外的场所储存或者现货销售药品;不得为他人以本企业的名义经营药品提供场所,或者资质证明文件,或者票据等便利条件；不得以展示会、博览会、交易会、订货会、产品宣传会等方式现货销售药品；不得以搭售、买药品赠药品、买商品赠药品等方式向公众赠送处方药或者甲类非处方药。

（3）药品生产企业只能销售本企业生产的药品，不得销售本企业受委托生产的或者他人生产的药品。

（4）药品经营企业不得购进和销售医疗机构配制的制剂。

（5）经营处方药和甲类非处方药的药品零售企业，执业药师或者其他依法经资格认定的药学技术人员不在岗时，应当挂牌告知，并停止销售处方药和甲类非处方药。

（6）药品生产、经营企业和医疗机构均不得采用邮售、互联网交易等方式直接向公众销售处方药。

（7）医疗机构和计划生育技术服务机构不得未经诊疗直接向患者提供药品。

五、实训

（一）实训主题

约见客户、拜访客户。

（二）实训要求

约见和拜访客户的方法有很多种，要求学生能灵活地运用当面约见或拜访、电话约见或拜访的方法与客户预约，并写出约见文稿，同时通过模拟演练方法掌握拜访技巧。

（三）实训准备

熟读教材，完成作业；将班内学生分成若干4人小组，然后再合并为几个大组；准备一种保健品（或药品）。

（四）实训操作规程

1. 约见客户

以推销某一保健品（或药品）为例，撰写电话约见文稿，先在小组内交流，选出较优秀者，在班内模拟演绎，学生点评，评出班内优秀者。

点评内容为：

① 约见的方式和语言是否恰当？

② 约见的理由是否充分？

2. 拜访客户

以小组为单位，以推销某一保健品（或药品）为例，对拜访某医院主任医师、某药店经理、某公司采购部经理三个不同对象进行讨论。然后选其中一个小组选派一人做拜访者，另一小组选派一人做受访者，进行模拟销售拜访，学习拜访顾客的技巧。其他成员进行点评，点评内容如下：

① 拜访的时间选择是否合适？

② 拜访时的开场白是否恰当？

③ 拜访的礼仪做得怎么样？

④ 遇到对方拒绝时是如何化解的？

⑤ 拜访的目标有没有达到？

小组依次轮换进行。

六、案例分析

医药代表甲，早上不到8点就已经到达医院，发现目标医生的诊室门口已经有不少病人在等候看病。

7点55分，目标医生来到他的诊室。刚进门，医药代表甲就冲了进去，"王医生，您好！我是××公司的医药代表……"医生一边换工作服，一边冲他摆摆手："病人很多，我要先看病，你以后再来吧。"

这位医药代表很不甘心，他很快想出了一个自认为"聪明"的"好"办法：他以"病人"的身份挂了个号，等候这个医生为他"看病"。

轮到他时，他走进医生的诊室："王医生，我是某公司的医药代表，现在您应该有时间听我介绍了……"

医生被激怒了，后果自然可想而知。

医药代表乙同样是不到8点就到了诊室门口，同样发现目标医生的诊室门口病人较多，也同样被医生以病人多而婉拒。

医药代表乙十分理解医生的做法，他礼貌地告辞，并先去拜访了其他一些不是很忙的医生，然后就在这个医生的诊室外继续等候，一边等候一边与病人聊天。

将近中午12点时，最后一个病人也走了。于是，他走进诊室："王医生，我一直在诊室外等候，现在没有病人了，我可以进来吗？"

医生被他的执著感动了，请他进来并与他攀谈起来。后来，医生发现自己需要了解的东西太多了，不是几分钟内能了解清楚的，便主动将自己的出诊时间及联系方式告诉医药代表乙，请他另约时间。

资料来源：卢友志．医药代表培训教程．北京：京华出版社，2006．

思考：
1. 两种拜访时机的选择方式为什么会得到截然不同的结果呢？
2. 在上述案例中，医药代表甲拜访失败的原因是什么？医药代表乙拜访成功取决于什么？
3. 怎样选择合理的拜访时机？

七、思考与练习

（一）填空题

1. 当销售人员敲开客户的门见到经过预约即将拜访的对象时，应马上_____对方，进行自我介绍并立即表示感谢。
2. 推销员在拜访前的自我准备包括_____和_____。
3. 与本企业有关的物质准备包括_____、_____、产品生产许可证和_____等。
4. 现代市场营销中，产品是一个多层次的概念，它包括_____、_____、_____。
5. 拜访客户，既是为了建立与客户的联系或_____产品，也是为了了解客户的_____。
6. 结束拜访后，首先要_____客户的接待，检查一下相关_____情况，然后与客户_____，进行下一站拜访。
7. 竞品就是_____，在药房进行药品销售拜访时，也要了解竞品的销售情况。
8. 拜访客户前要对拜访对象企业的基本情况加以了解，包括客户企业的基本概况、生产和管理情况、资信情况及在商界的_____等。

9. 销售拜访是指_____利用各种方法，向_____发出推销信息，进行推销联系和沟通_____关系的过程。

（二）单选题

1. 下列说法中不正确的是（   ）。
   A. 推销员长年在外拜访客户、推销商品，四处奔波，工作很辛苦
   B. 推销员在拜访客户和推销商品时经常遭受挫折，没有积极的心理准备做不好
   C. 推销员阅历丰富、交友广泛，是企业形象的重要代表
   D. 推销员工作轻松，收入较多，还能到处旅游，是个好职业

2. 下列说法中正确的是（   ）。
   A. 人们购买商品是因为产品的价格低
   B. 人们购买商品是因为产品的质量好
   C. 人们购买商品是因为产品的质量好，而且价格低
   D. 人们购买商品是因为一种潜在的需要未得到满足

3. 下列说法中正确的是（   ）。
   A. 客户信用评价主要是针对新客户，因为老客户的情况已很了解
   B. 客户信用评价主要是针对老客户，因为对老客户的销量最大
   C. 客户信用评价不仅要了解新客户的信用情况，而且也要注意老客户信用状况的变化
   D. 对老客户的信用状况很难评价，因为客户的情况随时都在变化

4. 属于与产品有关的物质准备是（   ）。
   A. 产品说明书、产品检验合格证、产品生产许可证
   B. 产品说明书、产品检验合格证、产品价目表
   C. 产品说明书、产品价目表、购销合同书
   D. 产品说明书、产品生产许可证、卫生许可证

5. 容易受到客户欢迎的约见事由是（   ）。
   A. 推销商品   B. 提供服务   C. 签订合同   D. 寻找借口

6. 约见客户的时间选择比较合适的是（   ）。
   A. 客户上班前   B. 午饭后休息时   C. 下午 3:00 以后   D. 临下班时

7. 拜访客户前的形象准备主要有（   ）。
   A. 专业知识   B. 仪容仪表   C. 产品价目表   D. 生活用品

8. 拜访客户前与推销员个人有关的物质准备有（   ）。
   A. 专业知识   B. 购销合同   C. 工作证、名片   D. 产品说明书

9. 在拜访客户，进行产品介绍时，下列说法中不正确的是（   ）。
   A. 任何产品都需要示范   B. 应该在使用中进行示范
   C. 任何产品都应该戏剧性地示范   D. 要让客户也参加示范

10. 在销售拜访中，如果客户提出"你们的产品不错，什么时候可以交货？"比较恰当的回答是（   ）。
    A. 告诉客户一个准确的交货日期
    B. 不正面回答，而是反问"您看什么时候交货比较合适？"
    C. 提出问题"你是不是现在就需要？"
    D. 告诉客户"我需要请示一下企业负责人"

（三）多选题

1. 去一家医院进行某种药品销售拜访时，可以选择的拜访对象是（   ）。
   A. 该药使用的科室主任医师   B. 该医院的主管副院长
   C. 该医院药剂科主任   D. 该医院的任何医生
   E. 该医院的病人

2. 在拜访客户前要了解客户的基本情况,这些情况是客户的( )。
A. 文化程度、职务、职称
B. 姓名、年龄、籍贯
C. 家庭状况、住房条件
D. 兴趣爱好、性格、气质类型
E. 经济收入、宗教信仰

3. 建立客户拜访表的目的是( )。
A. 充分了解客户情况
B. 有目的、有计划地安排拜访
C. 充分展示推销员个人的才能
D. 向领导汇报时有依据
E. 便于进行客户管理

4. 对于初次拜访的客户,在正式拜访前,要进行预约,约见的方法主要有( )。
A. 电话预约
B. 当面预约
C. 委托他人预约
D. 信函预约
E. 网上预约

5. 拜访客户前的心理准备,包括( )。
A. 树立自信心,超越自我
B. 树立目标,为目标而"战"
C. 全力以赴,集中心力
D. 承受压力,迎接挑战
E. 熟读心理学

(四)判断题

1. 在拜访客户时,应坚持平等的原则,对待所有的客户都一视同仁。( )
2. 拜访计划一旦拟定,就要坚决执行,不可更改。( )
3. 在拜访客户前的准备中,对受访客户个人的情况应有充分的了解。( )
4. 药品销售人员到医院进行专业拜访时,因为拜访的都是医药方面的专家,因此,对所推销的产品要有专业知识。( )
5. 在拜访客户时,推销员与客户寒暄的时间越长,内容越多,证明推销员的知识越渊博,客户也越信任所推销的产品。( )
6. 为了给客户留下好印象,第一次的拜访尤其要讲究服饰准备,必须穿正装。( )
7. 为了在有限的时间内,传播最大量的产品及销售信息,推销员应根据自己事先拟定的介绍方案进行拜访和介绍。( )
8. 销售拜访中,遵循"以客户为主体",就是一切听客户的。( )
9. 在拜访中,随从人员在会晤时不要担任主角,由上司负责主要的交涉。( )
10. 对于一些建立了长久合作关系的老客户,没有必要经常去拜访。( )

(五)问答题

1. 销售拜访的准备工作包括哪些内容?
2. 当你第一次与客户接触时遇到困难,你将如何化解?请列举3个不同形式的开场白和3个不同类型的提问。

(六)分析题

经过有效的洽谈,内科王副主任对医药代表小孙所介绍的××药品很感兴趣,甚至还叫了同科室的几个骨干医生一起来听小孙的介绍。这时,小孙不失时机地询问王副主任是否能够写一份进药申请,让医院进药。王副主任同意了,但表示要先跟主任打一声招呼。

小孙接着就问"王主任,那您何时能够见到主任呢?"

王副主任回答说:"今天下班前。"

小孙又追问了一句:"明天是不是就能写进药申请了?"

王副主任回答说:"是的。"

小孙可高兴了:"那我明天再来。"

王副主任摆摆手:"到时再说了。"

第二天,小孙兴冲冲地赶到医院,来到王副主任的诊室。刚进诊室,昨天一同听介绍的其中一位医生就大喊道："主任，昨天那个医药代表又来了！"王副主任很不舒服，没说几句就反感地要求他离开。

小孙实在不明白，昨天还热情相迎、信誓旦旦的，怎么今天就突然冷面相迎了？

思考与分析：
1. 小孙销售拜访失败的原因是什么？
2. 遇到这种情况应该如何处理？
3. 该案例给你的启示是什么？

 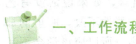

模块二　客户沟通

一、工作流程

（一）客户沟通前的准备

1. 认知自我的个性心理

要明确知道自己的性格特征、气质和能力，即自己对自己要有所了解和认识，并且检查这些个性心理是否符合客户沟通的要求。

（1）性格　需要检查自己对他人的态度是否真诚、友善；对工作的态度是否认真勤劳，具有责任心和创新精神；对待自己的态度是否自信和自尊；需要检查自己的意志是否具有自觉性、坚定性、果断性；是否具有自制力和勇敢的精神；同时还要检查自己是否具有良好的情绪。

（2）气质　需要找到自己不依活动目的和内容转移的、典型的、稳定的心理活动的动力特征。精力旺盛，表里如一，刚强，但易感情用事，就是典型的胆汁质气质类型；反应迅速，有朝气，活泼好动，动作敏捷，但情绪不稳定，粗枝大叶，就是典型的多血质气质类型；稳重但灵活不足，踏实但有些死板，沉着但缺乏生气，就是典型的黏液质气质类型；不爱与人交往，有孤独感，动作显得缓慢，单调，深沉，就是典型的抑郁质气质类型。

（3）能力　需要具备一定的认知能力，即对于所销售的医药商品及其市场有一定的学习、研究、理解、概括和分析能力。同时需要具备熟练的操作技能，例如：是否能够使用Powerpoint等多媒体软件向客户演示所销售的医药商品相关信息；是否能够熟练操作所销售的医疗器械，以便让客户进一步了解产品。最重要的就是需要具备良好的社交能力，例如：是否具有较强的语言感染能力来影响客户的购买决策；是否有较强的组织能力，利用一切可使用的资源要素来实现客户的沟通。

2. 提升自我修养情操

修养是个人魅力的基础，其他一切吸引人的长处均来源于此。个人礼仪的形成和培养需要靠多方面的努力和督促才能实现，个人修养的提高则要靠自身努力。自我认知不是简单静态的。金无足赤，人无完人，一个人越是成功地认识和自我了解，就越能发现自己在人际交往中所存在的缺陷和不足。不管是在仪表风度还是在学识修养方面，人的自我提升都是一个永无止境的过程，针对缺陷和不足进行修正完善，可以让自己在沟通中角色判断更清晰准确，角色扮演更丰富到位。

良好的修养最能体现一个人的品位与价值，一个有较高个人修养的人，才最具有相当的人格魅力。

当今，市场经济把每个人都推向市场，利益驱动越来越影响人与人之间的关系，即便如此，非功利因素在建立健康、和谐的人际关系中依然显得非常重要。一个人面对挫折的乐观程度、情绪控制能力、认识他人情感能力以及交往能力等，都是自身修养的重要内容。它对加深沟通交流,提高人格魅力有着举足轻重的作用。讲究修养情操,是我们中华民族的好传统。我国古代就有"修身,齐家,治国,平天下"的说法。

要提升自己的人格魅力,就必须从塑造自身的形象开始。请读者试想为什么有些人在说话、举手投足、微笑、问候甚至是接听电话时都会给人一种很美妙的感觉,而有些人则恰恰相反?这里面关系到一个人的修养问题。从内心深处,我们每一个人都很欣赏这样的美。这种美,并不一定外表长的很好看;并不一定拥有一块名牌手表,或者一副很好的嗓子,金玉其外而败絮其中终归是不可取的。但是,修养高的人最容易在普通人中脱颖而出,这就是个人的魅力所在。要想加强自己的修养必须做到:

(1) 应该改言、改性、改心　人与人之间的沟通最基本的就是语言,如果说话没有艺术,或是说话不得当,就很难得到别人对自己的好感;如果性格粗俗,恶性不改,心里的那些邪见、嫉妒、愚痴、傲慢不去改正,就很难在道德、修养上有所提高。所以应该学会不断地改进,要"改言、改性、改心",这样才能不断地进步。

(2) 应该受教、受苦、受气　在人生的道路上,有的人能不断地进步,而有的人则不进反退。原因就是他不能"受"。和学习读书是同样的道理,有的人容易进步,因为他乐于接受;有的人容易退步,因为他接受不进去。我们在加深修养的过程中首先要学会受教,受教就是把东西吸收到自己心中,然后把它消化成为自己的思想;还要有吃苦精神、博大的胸襟,能包容、善待他人。

(3) 应该思考、思想、思虑　不管什么事情都必须三思而后行。思想是智能,任何事在经过深思熟虑后再去做,必定事半功倍。

(4) 应该敢说、敢做、敢当　有些人不敢表达自己的想法,有意见的时候不敢在大众面前发表,只会在私底下议论纷纷;遇事也不敢当,不敢为。不敢担当就不会负责,不会负责就无法获取别人对自己的信任,修养也不会提高。

3. 确定沟通目标

客户沟通目标一般有四个层次,如果全部都实现是比较困难的。可以根据实际情况选择其中之一:

(1) 实现了信息被对方接受。
(2) 信息不仅是被传递到,还要被充分理解。
(3) 所传递的信息被对方接受。
(4) 信息引起对方的反响。

4. 掌握客户的基本信息资料。

(二) 客户沟通的工作流程

客户沟通的操作流程

1. 开始面谈

(1) 良好的第一印象　人的第一印象很重要。销售人员进门的一刹那,就决定了客户对他的第一印象。第一印象7秒钟可以保持7年。人的第一印象一旦形成,就很难改变,如果第一印象不好,也许下面的沟通就无法进行。销售人员失败,80%的原因是因为留给客户的第一印象不好。例如:客户在电话里跟一位女士谈得很好,女士的声音很甜,这时客户在心里就会有种种的猜想,比如,猜想她人长得肯定跟她的声音一样美;她的素质一定很不错;她气质一定会很高雅等。这就产生了一种想和她见面的冲动,希望很快见到她。可是一旦见了面,或者还没见面,只是远远地看见,她过浓的妆容、刺鼻的香水和过于随便的衣着就会令人大失所望。就这么一瞬间,脑子里便会闪出一个非常感性的决定:不行,这人不行,而不乐于同她进行沟通，即使出于礼节同她交流，心里已有排斥的阴影。

（2）表现大方得体，礼节周全　跟医药商品销售人员打交道的客户层次都比较高，比如主任医师、药店经理等。但不能认为自己是个小人物，心里就没有底气，因为销售人员是代表公司去办事的。因此，要维护公司形象，要有种自信，越是拘谨，越容易被别人轻视。比如，销售人员一开始过于谦卑，一味地讨好客户，客户可能就会显得比较傲慢，反而适得其反；再如，客户给销售人员倒水，销售人员应该有礼节地说"谢谢!"。但是不要连声说"好好好，谢谢，谢谢!"，这样就显得自卑，反而让别人看不起，在这种情景下，销售人员自身也感压抑。

（3）说好开场白　以寒暄、赞美作为铺垫。例如，"张经理，你最近在忙什么哪？身体怎么样？""你这根领带很漂亮"等。说完这个铺垫之后再说："张经理，我给您说个事……"这样过渡一下，客户接受起来就容易、自然多了。

（4）充分展示卖点亮点　销售人员应该充分向客户展示该医药商品的卖点和亮点。将医药商品的卖点和亮点讲好、讲深、讲透、讲足、讲活。不仅要告诉客户：目前从这个医药商品能得到什么好处和利益，还要告诉他未来的利益。在展示商品的时候，要注意这么几点：

首先，要尽量利用现代化多媒体设备展示，比如电脑、VCD、投影、动画等，这样有声有色、有动有静、图文并茂、生动形象，不必说太多的话。同时，客户也可以充分调动各种器官加深理解，加深印象，效果很好。

其次，在客户看的时候，销售人员不要多说话，要让对方认真地看。当他看得差不多的时候，你可以适当地加以点拨。有的销售人员不注意，当客户在看的时候，他在旁边唠唠叨叨说个不停，搅得客户心烦意乱，根本看不下去，效果当然也很差。

最后，展示的时候应该要有层次感，卖点要一个一个讲，资料要一层一层地拿，要层层递进，不要一下子把资料全端出来。因为资料太多，客户就不会看得很认真，抓不住要点。销售人员应该讲完一段，就拿出一些资料作为佐证，或者加以说明，这样做有理有据，对方也会很清楚明白。

2. 倾听

全球知名心理学家和人际关系学家戴尔·卡耐基说过："在生意场上，做一名好听众远比自己夸夸其谈有用得多。如果你对客户的话感兴趣，并且有急切想听下去的愿望，那么订单通常会不请自到。"

客户在听了销售人员的初次介绍后，一定会表示自己的想法和立场，销售人员应该认真地倾听客户的讲话。倾听需要做到如下几点：

（1）集中精力，专心倾听　这是有效倾听的基础，也是实现良好沟通的关键。要想做到这一点，销售人员应该在与客户沟通时保持良好的身心状态。通常在很多情况下，销售人员疲惫的身体、无精打采的神态以及消极的情绪等都可能使倾听归于失败。

（2）站在客户的立场倾听　站在客户的立场上专注倾听客户的需求、目标，多点头，多微笑，表现出理解客户的诉求，抱着为客户着想的态度，听完客户的诉说。这种诚挚、专注的态度能激起客户讲出他更多内心的想法。

（3）让客户把话说完，清楚地听出对方的谈话重点，并记下重点　销售人员是来满足客户需求，是来带给客户利益的，只有让客户充分表达他的状况以后，才能正确地满足他的需求，就如医生要听了病人述说自己的病情后，才开始诊断。

（4）不随意打断客户谈话　随意打断客户谈话会打击客户说话的热情和积极性，如果客户当时的情绪不佳，而销售人员又打断了他们的谈话，那无疑是火上浇油。所以，当客户的谈话热情高涨时，销售人员可以给予必要的、简单的回应，如"噢"、"对"、"是吗"、"好的"等。除此之外，销售人员最好不要随意插话或接话，更不要不顾客户喜好另起话题。例如："等一下，我们公司的抗病毒口服液绝对比你提到的那种产品好得多……"，"您说的这个问题我以前也遇到过，只不过我当时……"，这些都是不可取的。

（5）谨慎反驳客户观点　客户在谈话过程中表达的某些观点可能有失偏颇，也可能不符合你的口味，但是销售人员要记住：客户永远都是上帝，他们很少愿意销售人员直接批评或反驳他们的观点。如果销售人员实在难以对客户的观点做出积极反应，那可以采取提问等方式改变客户谈话的重点，引导客户谈论更能促进销售的话题。例如："既然您如此反感益智类的保健品，那您是如何安排孩子们今后的教育问题的？"；"您很诚恳，我特别想知道您认为什么样的医疗器械才能令您满意？"

（6）注重倾听的礼仪　在倾听过程中，销售人员要尽可能地保持一定的礼仪，这样既显得自己有涵养、有素质，又表达了对客户的尊重。通常在倾听过程中需要讲究的礼仪包括：销售人员保持视线接触，不东张西望；保持身体前倾，表情自然；耐心聆听客户把话讲完；真正做到全神贯注，不要只做样子、心思分散；表示对客户意见感兴趣；插话时请求客户允许，使用礼貌用语等。

（7）及时总结和归纳客户观点　倾听完客户的陈述后，要及时总结和归纳客户的观点。这样做，一方面可以向客户传达你一直在认真倾听的信息；另一方面，也有助于保证你没有误解或歪曲客户的意见，从而更有效地找到解决问题的方法。例如："您的意思是要在合同签订之后的20天内发货，并且再得到5%的优惠吗？"；"如果我没理解错的话，您更喜欢这种保健品的包装，保健效果也要一流，对吗？"

3. 探求客户类型和行为

（1）主动型和被动型　在沟通过程中，有些客户通常主动与销售人员接触，积极提出问题并寻求帮助，有时还会主动征询其他在场同事的意见，这类客户一般具有胆汁质或多血质的气质。而有些客户却显得消极被动，需要通过销售人员主动进行询问，而不会首先提出问题，因而不太容易沟通，这类客户一般具有黏液质或抑郁质的气质。

（2）果断型和犹豫型　在沟通过程中，有些客户心直口快，言谈举止比较匆忙，一旦见到自己满意的医药商品，往往会果断地作出购买决定，并迅速实现购买，而不愿意花费太多的时间去比较选择，这类客户一般具有胆汁质或多血质的气质。而有些客户在选择医药商品时优柔寡断，十分谨慎，动作比较缓慢，挑选的时间也较长，在决定购买后易发生反复，这类客户一般具有黏液质或抑郁质的气质。

（3）理智型和冲动型　在沟通过程中，有些客户比较冷静谨慎，能够对各种医药商品的内在质量加以细致的选择比较，通过理智分析作出购买决定，同时善于控制自己的感情，不易受药品广告或医疗器械广告的影响，也不会受到他人意见的影响，这类客户一般具有黏液质或抑郁质的气质。而有些客户容易情感冲动，经常凭借个人兴趣、偏好以及对医药商品外观的好感选择医药商品，而不会过多地考虑该医药商品和同类或相近医药商品之间的差异性，客户往往喜欢追求新医药产品，容易受到药品广告或医疗器械广告宣传的影响，这类客户一般具有胆汁质或多血质的气质。

（4）敏感型和粗放型　在沟通过程中，有些客户在购买体验方面比较深刻，他们对购买和使用医药商品的心理感受十分敏感，并直接影响到心境及情绪，在遇到不满意的医药商品或受到不良服务时，经常作出强烈的反应，这类客户一般具有黏液质或抑郁质的气质。而有些客户在购买体验方面不十分敏感，他们不过分注重和强调自己的心理感受，对于购买和使用医药商品的满意程度不十分苛求，表现出一定的容忍和粗疏，这类客户一般具有胆汁质或多血质的气质。

4. 确定相应的沟通措施

（1）胆汁质类型客户的沟通　销售人员及时回答这类客户提出的问题，行动应敏捷，应有较大耐心向他们解释有关医药商品的特点、适应证、给药途径、不良反应等相关知识，语言简洁明了，态度和蔼可亲，要努力吸引他们的注意，激发他们的兴趣，尽量不要用不恰当的语言刺激他们。例如："说老实话，和你们这样的小药房做生意既浪费时间，又赚不了几个钱"，这种带有鄙视性的语言很容易引发与该类客户的矛盾，从而可能失去销售机会。

（2）多血质类型客户的沟通　销售人员应该与客户多交流，有问必答，不厌其烦，尽可能将谈话内容主体围绕所销售的医药商品，避免过多谈论与医药商品无关的事。做好客户的参谋，为客户出主意，提出有意义的建议，可以很容易地和这类客户建立良好的业务关系。

（3）黏液质类型客户的沟通　销售人员应该注意"火候"，不要过早地接触客户，不要目光紧随着客户，不要急于向客户销售医药商品，更不要急于表达销售人员自己的意见。应该热情但不过分，语言有的放矢，回答问题简明扼要。将精力集中于客户注意的医药商品，提高客户对于这类医药商品的信任感。销售人员可以将商品目录交到客户手中，并适当带有一定的启发性，引导他们独立思考，自己了解、选择医药商品，或者拿出样品让客户更清楚地观察、挑选，加强客户对销售人员的信任感。对于这类客户不可以强行推销，不然可能会引起客户的不满而丧失销售机会。

（4）抑郁质类型客户的沟通　销售人员要有耐心，应该更加温和细致，多用宽慰的语言，如："你可以看看本公司最新的商品目录，不买不要紧"、"你可以自己先体验一下本公司这台电子血压仪的效果，不满意可以不买"等，打消客户的顾虑，尽量引导他们把内心的想法表达出来，再给予适当的建议。在可能的情况下，向客户提示具有权威性的信息，暗示其效果也较好。总之，应该营造一种祥和、关爱、信任的沟通氛围，对促使客户下决心购买医药商品有较好的作用。对于这类客户虽然沟通比较困难，但是要坚信"精诚所至，金石为开"。

5. 处理人际冲突

在与客户的沟通中，人际冲突在所难免。人际冲突归因于双方平时缺乏沟通，对事物的认知存在某些差异；或者沟通双方的目标与利益呈现明显的差异；或者个人先天遗传、文化背景、教育水平和工作经历等因素，如：两个性格同样偏向自我和暴躁的人，可能在沟通过程中都忍受不了对方的专横霸道而形成冲突。根据实际情况处理人际冲突常见的有以下五条措施：

（1）回避　采取退缩或中立的态度，不惜一切代价避免冲突，反映了回避者对紧张和挫折的恐惧与厌恶情绪。实践证明，对于重要问题采取回避策略往往是不明智的，不仅无助于问题的解决，甚至有可能会导致问题的恶化。

（2）迎合　尽量弱化冲突双方的差异，通过退让和利他行为强调共同利益，不惜一切代价维持人际关系。这种策略往往会赢得好评，然而也有被视为软弱的可能。

（3）妥协　冲突双方互相让步达成协议，不追求各方的最佳满意程度，倾向于在不同的利益和观点之间寻求平衡，将损失降至最小，这是解决冲突比较实际的准则，当出现如下情况时可以考虑采取：

① 问题很重要，而自己左右不了局面，过于坚持己见可能造成更坏后果；

② 双方具有同样的影响力且准备提出其他目标；

③ 需要为复杂问题找到临时性的解决方案；

④ 时间紧迫且需要权宜之计。

(4) 对抗　坚持己见而缺乏合作倾向，是人际冲突中的"赢-输"处理模式，常涉及权利和控制方面，往往会导致人们的不良评价。当出现如下状况时可考虑采用：
① 情况紧急需要迅速果断的行动；
② 问题很重要，需要采取不受欢迎的行动，如收缩开支、制定惩罚制度等；
③ 知道自己是正确的，并且问题的解决有益于组织，需要对付从非竞争性行为中受益的人。
(5) 合作　既坚持己见又与他人合作。属于双赢的处理模式。采用此措施的人或团体往往是比较成功的管理者或者绩效很好的医药经营企业，能充分利用冲突的积极影响，并能对己方能力进行恰当的评估。

一般地说，前两种措施效果不佳，后三种措施中，各有应用的场合和条件，需要根据实际情况具体斟酌，其中对抗措施不到万不得已不要使用。

客户沟通的控制点

(1) 在沟通过程中，要避免唯我独尊、自我吹嘘的做法。不要独占谈话时间，一味谈论自己感兴趣的话题，不可以在谈话时争强好胜，不能随意打断对方，避免问不适宜问的问题，禁止随意谈论他人的短处和隐私，更不能用不正确的态度批评对方的错误。

(2) 在沟通过程中，要减少询问质疑性问题，销售人员往往会担心客户听不懂自己所说的话，不理解自己的意思，从而总是质疑对方："你懂吗？""你知道吗？""你明白我的意思吗？""这么简单的问题，你了解吗？"，似乎以一种长者或老师的口吻质疑客户，这些问题让人反感。众所周知，从消费心理学角度来讲，一直质疑客户的理解力，客户会产生不满感，这种方式往往让客户感觉得不到起码的尊重，逆反心理也会随之产生，可以说是销售中的一大忌。

(3) 在沟通过程中，要以客户为中心。俗话说的"围着客户转"，让客户满意是医药商品销售的宗旨，在与客户交流时，销售人员要善于引导和控制客户的情绪，并做到声色不露，这需要在工作中逐步掌握，急躁不得；在与客户交流时，销售人员不要与客户争辩，哪怕客户的观点是错误的。要千万记住：如果你争辩输了，那你就输了；如果你争辩赢了，那你还是输了。

(4) 在沟通过程中，要善用比喻。即使很复杂的问题，销售人员也可以用简单的比喻讲出来。在这方面，我国古代先贤之一的孟子是典范。比如："鱼，我所欲也。熊掌，亦我所欲也。二者不可得兼，舍鱼而取熊掌者也。生，我所欲也。义，亦我所欲也。二者不可得兼，舍生而取义者也。"孟子通过鱼和熊掌的比喻，引出舍生取义的道理，让人们很容易地就能理解。所谓善用比喻，就是举例子给人家听，例子因为生动，真实可信，非常容易让客户触动，使客户一听就明白了。

(三) 客户沟通的结束工作

1. 掌握结束的恰当时机

当时间已到，当已得到所需要的信息，当已设法说服客户接受你的建议或购买你的产品，当问题已经解决，或者当由于需要更多的信息还要与他人沟通，该沟通再进行下去显然无益时，就应该结束沟通。

2. 准备结束时做好四件事情

首先，你一定要明显表示沟通即将结束。说一些"好吧，我的问题就这些"或"你帮了很大的忙"之类的话，这使得客户知道如果他有什么问题，应该现在就问。其次，试着总结一下你得到的信息，用来检查一下刚刚得到的信息的准确性，如果有误，客户能及时纠正。再次，让客户知道下一次将干什么，如：你们需要再次会面吗？你要写一个报告吗？最后，对客户能抽出时间并仔细回答你的问题表示谢意，确保你和客户继续建立良好的关系。

3. 整理信息

结束沟通后,要及时检查自己是否记录了所有重要的信息。尽管你可能很好地计划了这次沟通,提出了所有正确的问题和深究性的问题,然而如果不能准确地记住得到的信息,这次沟通不能说是成功的。毕竟,准备和实施这次沟通是为了获取信息,而不是简单地因为你想同某人进行一次谈话。要记住获取信息单凭记忆是不起作用的。如果仅仅依靠记忆,就有可能导致信息遗忘或为达到自己的需要对其重新调整。即使在沟通一结束就进行口头总结,还是会冒没有按客户本来的意思就信息进行重新解释的风险。因此,一定要在沟通结束后立即写出总结,还可以使用沟通指南作为总结的基础,回顾沟通的问题并写出客户的回答。

二、基础知识

1. 沟通的基本内涵

沟通不是万能的,但是没有沟通却是万万不能的。沟通是一个经常使用的词。对于什么是沟通,可以说是众说纷纭。一种是说服派的观点,即强调信息的单向传播和送达。比如有人认为,沟通"可视为一种程序,借此程序,组织中的每一位成员,将其所决定的意见或前提,传送给其他有关成员。"另一种是共享派的观点,强调信息传送的双向性。本书倾向于第二种观点,即定义为沟通是为了一个设定的目标,把信息、思想和情感在个人或群体间传递,并且达成共同协议的过程。

2. 常见的基本沟通技巧

(1) 自信的态度 一般经营事业相当成功的人士,他们不随波逐流或唯唯诺诺,有自己的想法与作风,但却很少对别人吼叫、谩骂,甚至连争辩都极为罕见。他们对自己了解得相当清楚,并且肯定自己,他们的共同点是自信,有自信的人常常是最会沟通的人。

(2) 体谅他人的行为 这其中包含"体谅对方"与"表达自我"两方面。所谓体谅是指设身处地为别人着想,并且体会对方的感受与需要。在经营"人"的事业过程中,当我们想对他人表示体谅与关心时,唯有设身处地为对方着想。由于我们的了解与尊重,对方也会相应体谅你的立场与好意,因而作出积极而合适的回应。

(3) 适当地提示对方 产生矛盾与误会的原因,如果出自于对方的健忘,我们的适当提示可以使对方信守承诺;反之,若是对方有意食言,可以提示其我们并未忘记事情,并且希望对方信守诺言。

(4) 有效地直接告诉对方 一位知名的谈判专家分享他成功的谈判经验时说道:我在各个国际商谈场合中,时常会以"我觉得"(说出自己的感受)、"我希望"(说出自己的要求或期望)为开端,结果常会令人极为满意。其实,这种行为就是直言不讳地告诉对方我们的要求与感受,若能有效地直接告诉你所想要表达的对象,将会有效帮助我们建立良好的人际网络。但要切记"三不谈":时间不恰当不谈;气氛不恰当不谈;对象不恰当不谈。

(5) 善用询问与倾听 询问与倾听的行为,是用来控制自己,让自己不要为了维护权利而侵犯他人。尤其是在对方行为退缩,默不作声或欲言又止的时候,可用询问引出对方真正的想法,了解对方的立场以及对方的需求、愿望、意见与感受,并且运用积极倾听的方式,来诱导对方发表意见,进而对自己产生好感。一位优秀的沟通能手,绝对善于询问以及积极倾听他人的意见与感受。一个人的成功,20%靠专业知识,40%靠人际关系,另外40%需要观察力的帮助,因此为了提升我们个人的竞争力,获得成功,就必须不断地运用有效的沟通方式和技巧,随时有效地与"人"接触沟通。

3. 沟通的基本要素

(1) 沟通时的情景　是指互动发生的场所或环境，是每个互动过程中的重要因素。如：公司采购办公室、公司销售办公室、药店经理办公室、医生办公室、医院的会议中心等。同时也包括沟通的时间和每个互动参与者的个人特征，如情绪、经历、知识水平等。

(2) 信息的发出者　是指发出信息的人，也称信息的来源。发信者是利用生理或机械手段向预定对象发送信息。发信者可以是个人，也可以是组织。发信者的主要任务就是信息的收集、加工及传播。在医药商品销售中，去医院拜访医生的医药代表就是信息的发送者，他的主要任务就是向医生传播药品的临床知识，指导用药。医药代表是医药企业与医院临床间的一座桥梁，是医药企业服务的延伸，也是医药企业之间竞争的延伸。没有医药代表，医药信息的传播速度将很慢。由于医学科学日新月异的快速发展，由于医学科学的复杂性，在某个具体的药品领域，医药企业显然拥有比医生更多的信息量，如何弥补医生信息不对称性，将药品信息客观而全面地传播给医生并指导临床用药，监测药物不良反应，就需要医药代表的参与，因此医药代表的价值是为临床医生提供临床用药的咨询。也正因为医生整日奔波于患者的就诊，术业有专攻，在医学快速发展的今天，医生很难全面准确地熟悉各种药物的药理学特性与新药信息、药效学与药物治疗学的发展。医生虽然是医学专家，但是在药物治疗领域有很多不熟悉的地方，于是社会就需要一个职业将药物治疗学的动态发展及时传播给医生，并为医生提供合理用药的建议。

(3) 信息（information）　是物质运动规律总和。它是客观事物状态和运动特征的一种普遍形式，客观世界中大量地存在、产生和传递着以这些方式表示出来的各种各样的信息。在漫长的人类历史发展进化、不断积累的科学技术实践过程中，信息一开始都表现为真伪难辨的消息群，对于人类来说，认识物质世界的内部规律需要借助五官、思维以及识别监测技术手段，并且这些技术也在不断地动态发展，与时俱进；而消息只是信息的外壳，信息则是消息的内核；信息不同于信号，信号是信息的载体，信息则是信号所载荷的内容；信息不同于数据，数据是记录信息的一种形式，同样的信息也可以用文字或图像来表述；信息还不同于情报和知识。总之，"信息即事物运动的状态与方式"这个定义具有最大的普遍性，不仅能涵盖所有其他的信息定义，还可以通过引入约束条件转换为所有其他的信息定义。

在沟通中它是指信息发出者希望传达的思想、感情、意见和观点等。信息包括语言和非语言的行为，以及这些行为所传递的所有影响语言使用的音调、身体语言，如面部表情、姿势、手势、抚摸、眼神等，都是发出信息的组成部分。

(4) 信息的接收者　是指信息传递的对象，即接收信息的人。沟通必须从预定的信息接受者开始，而不是从发出者开始。如果把沟通看成是从"我"到"你"，那就不会有沟通存在。只有从"咱们"中的一个成员到另一个成员，沟通才行得通。销售人员仅仅注意倾听是不够的。还必须明白：符合信息接受者的愿望、价值观念和动机，沟通才是有力的，否则就很可能根本不被接受，甚至遭到抵制。

(5) 通道　是指信息由一个人传递到另一个人所通过的渠道，是指信息传递的手段。如视觉、听觉和触觉等。这些途径可同时使用，亦可以单独使用，但同时使用效果好些。如一部录音电话与幼儿园老师动作、声音、表情、手势配合使用相比，显然后者效果比前者好。美国护理专家罗杰斯（Rogers）在1986年作过一项科学研究，证明护士在与病人的沟通交流中，应尽最大努力，使用多种沟通途径，以便使病人有效地接收信息，促进交流。

(6) 反馈　指沟通过程中信息接受者对收到的信息所作的反应。获得反馈信息是信息发出者的意图和目的，发出反馈是信息接受者能动性的体现。有效、及时的反馈是极为重要的。所以，销售人员在与客户沟通时，要及时注意客户的反馈，并把客户的反馈加以归纳、整理，再及时地反馈给客户。医药代表的职责不仅是推销药品，还应收集临床应用过程中反馈来的各种不良反应，以及发现药品新的治疗功能，并反馈给临床医生，介绍药品性能和告知各种使用禁忌。

沟通基本要素见图3-1。

4. 语言沟通

（1）直言不讳　这看似是一种最原始、最简单的做法，但持这种看法的人却能提出令人信服的理论依据、事实依据和改良措施。

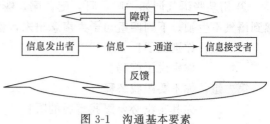

图3-1　沟通基本要素

① 理论依据　第一，只有直言，才能产生根本的效果。有句外国谚语说得好，"出自肺腑的语言，才能触动别人的心弦"。第二，只有直言，才能产生人与人之间的信任。人与人之间最大的信任就是关于进言的信任，直言是真诚的表现，是关系密切的标志。第三，直言是自信的结果，而自信是交往的基础。那种过分害怕别人的反应，说一句话都要前思后想的人是没有自信可言的。人们是不愿意同畏畏缩缩的人打交道的。

② 事实依据　第一，销售人员心诚意笃、直抒胸襟的话语虽没有什么粉饰雕琢，甚至还有点忠言逆耳，但效果常常是出乎意料地好。第二，在一些国家，人们不太习惯太多的客套而提倡自然坦诚。例如在美国，主人请你吃饭，如果每道菜上来时你都客气一番，那么，也许你会饿着肚子。

③ 改良措施　直言不讳，并不意味着粗鲁，不讲礼貌，如果在谈判桌上直言，特别是在说逆耳之言时能注意以下问题，会使直言的效果更好。第一，直言时配上适当的语调、语速和表情、姿态。你在对一群正在打扑克喧哗的人说："请别吵闹，家里有人加夜班"，语调温和，并欠身举手示意，略带抱歉的笑意，就容易使人接受。第二，在拒绝、制止或反对对方的某些要求和行为时，诚意地陈述一下原因和利害关系。例如，有人向你借照相机使用，你不太愿意借给他，你就索性向对方挑明原因："前几次就是为了这件事和妻子闹了别扭，望你谅解。"这样对方一般也就不会强人所难了。

（2）委婉　委婉表达产生于人际沟通中出现一些不能直说的情况。沟通中总会存在一些因为不便、不忍或不雅等原因而不能直说的事和物，只能用一些与之相关、相似的事物来烘托要说的本意。除此之外，也会存在接受正确意见的情感障碍，只能用没有棱角的软化语言来推动正确意见被接受的过程。

① 用相似的事物取代本意要说的事物　恩格斯《在马克思墓前的讲话》中说："3月14日下午2点45分，当代最伟大的思想家停止了思想。他在安乐椅上安静地睡着了——但已经是永远地睡着了。"显然，恩格斯在这里用了"停止思想"、"永远地睡着"来委婉地表示马克思的去世。

② 用相关事物的特征来取代本意事物的特征　1945年9月，周恩来随毛泽东主席到重庆和国民党谈判。其间，蒋介石曾邀周恩来对弈。开局蒋急于求胜，使出拿手的"大炮攻势"，"当头炮"、"沉底炮"频频进攻，一时颇见威胁。周恩来沉着应战，车、卒并进，很快化险为夷。接着蒋介石丢马损炮，进攻受挫；周恩来稳步推进，很快兵临城下。最终蒋介石未挽回败局，受围败北。周恩来一语双关，意味深长地说："蒋先生的大炮攻势很见功力，只是太轻视我的过河卒子，以致铸成败局。"蒋介石不免面呈窘色，连称："周先生棋高一筹，棋高一筹。"在这里，周恩来借棋说理，运用委婉方式借题发挥，暗示出国民党挑动内

战是没有好结局的。虽然国民党有武器之优势，但若不顾民意，小视共产党的力量，最终必败无疑。这样，在谈笑风生之间，给对方以点拨和警告，也可以说，这是谈判桌以外的另一种形式的交锋，在此时此地，这种委婉暗示，不是比锋芒毕露更胜一筹吗？

③ 用某些语气词如"吗，呀，吧，啊，嘛"等来软化语气，通过这种方法可以使对方感到语气不生硬。下列四组句子大声念出来，就可以说明问题。

第一组：你别说了！
　　　　你别说了好吗？
第二组：你不要跟我解释！
　　　　你其实没必要跟我解释的呀！
第三组：给你看！
　　　　给你看看吧！
第四组：不要吵！
　　　　你不要吵闹嘛！

④ 以推托之词行拒绝之实　如果别人求你办一件事，你回答说"办不到"会引起他人的不快。因此，你最好说："这件事目前恐怕难以办到，今后再说吧，我留意着。"又如，客户邀请你去他公司商谈业务，你觉得准备不充分，还不能去。如果直接说不来，未免有些令人扫兴。因此，你最好说："今天有个很重要的会议要参加，恐怕没有时间来了，我们再约时间吧。"

(3) 幽默　幽默风趣的语言使气氛和谐融洽，可以救人于危难，化干戈为玉帛，同时又使人在忍俊不禁、捧腹不止中体会到深刻的哲理。欲达到这样的效果，不妨试试以下几种方法：

第一，移花接木。把在某种场合下十分恰当的情节或语言，移植到另一迥然不同的场合中，达到张冠李戴、"荒唐"可笑的幽默效果。生物学家格瓦列夫在一次讲课时，一位学生学鸡打鸣，引起一片哄笑。格瓦列夫却不动声色地看了下自己的挂表说："我这只表误时了，没想到现在已是凌晨。不过，请同学们相信我的话，公鸡报晓是低等动物的一种本能。"

第二，颠倒成趣。把正常的人物关系，或者动机与效果在一定条件下互换位置。例如，曾风靡一时的舞蹈家邓肯写信向幽默大师萧伯纳求爱。她在信中说："如果我们俩结合，生下的孩子，既有我美丽的仪表，又有你睿智的头脑，这该多妙呀！"萧伯纳却风趣地回信说："如果孩子的仪表像我，头脑却像你，那该有多糟！"

第三，不合情理。从某种十分合理的逻辑中推出一种出人意料的结果，产生幽默。

(4) 模糊　模糊法就是使输出的信息"模糊化"，以不确定的言语进行交流，以不确定的语言描述事物，以达到既不伤人或为难别人，又保护自身的目的。模糊语言是人们为了克服语言表达的局限性而采用的一种语言手段，在一些特定场合，"模糊观念要比清晰观念更富有表现力"（康德）。

模糊语言也适用于外交场合，周总理在欢迎尼克松总统宴会上的祝酒词中有这样一段话："由于大家都知道的原因，两国人民之间来往中断了二十多年。现在，经过中美双方的共同努力，友好往来的大门终于打开了。""由于大家都知道的原因"这一模糊语言，很委婉地表达了我国政府的立场和原则，既有坚定的原则性又有策略上的灵活性，充分表现了周总理杰出的外交才能。

5. 非语言沟通

非语言沟通是指不以自然语言为载体进行信息传递，而是以人的仪表、服饰、动作、神情等非语言信息作为沟通媒介进行的信息传递。美国传播学家艾伯特梅拉比安曾提出一个公式：

$$信息的全部表达 = 7\%语调 + 38\%声音 + 55\%肢体语言$$

（1）目光　目光接触，是人际间最能传神的非言语交往。"眉目传情"、"暗送秋波"等成语形象说明了目光在人们情感交流中的重要作用。

在销售活动中，听者应看着对方，表示关注；而讲话者不宜直接凝视对方的目光，除非两人关系已密切到了可直接"以目传情"。讲话者说完最后一句话时，才将目光移到对方的眼睛。这是在表示一种询问"你认为我的话对吗？"或者暗示对方"现在该轮到你讲了"。

（2）衣着　在沟通过程中，人的衣着也在传播信息与对方沟通。意大利影星索菲亚·罗兰说："你的衣服往往表明你是哪一类型，它代表你的个性，一个与你会面的人往往自觉地根据你的衣着来判断你的为人。"

衣着本身是不会说话的，但人们常在特定的情境中以穿着某种衣着来表达心中的思想和建议要求。在与客户沟通中，人们总是恰当地选择与环境、场合和对手相称的服装。谈判桌上，可以说衣着是销售人员"自我形象"的延伸扩展。同样一个人，穿着打扮不同，给人留下的印象也完全不同，对交往对象也会产生不同的影响。

（3）体势　销售人员的体势会流露出他的态度。身体各部分肌肉如果绷得紧紧的，可能是由于内心紧张、拘谨，在与地位高于自己的人交往过程中常会如此。推销专家认为，身体的放松是一种信息传播行为。向后倾斜15°以上时极其放松。人的思想感情会从体势中反映出来，略微倾向于对方，表示热情和兴趣；微微起身，表示谦恭有礼；身体后仰，显得若无其事和轻慢；侧转身子，表示嫌恶和轻蔑；背朝人家，表示不屑理睬；拂袖离去，则是拒绝交往的表示。

（4）声调　恰当、自然地运用声调，是顺利交往和销售成功的条件。一般情况下，柔和的声调表示坦率和友善，在激动时自然会有颤抖，表示同情时略为低沉。不管说什么，阴阳怪气的，就显得冷嘲热讽；用鼻音哼声往往表现出傲慢、冷漠、恼怒和鄙视，是缺乏诚意的，会引起人不快。

（5）礼物　礼物的真正价值是不能以经济价值衡量的，其价值在于沟通人们之间的友好情意。原始部落的礼品交换风俗的首要目的是道德，是为了在双方之间产生一种友好的感情。同时，人们通过礼品的交换，同其他部落氏族保持着社会交往。当你生日时送你一束鲜花，你会感到很高兴，与其说是花的清香，不如说是鲜花所带来的祝福和友情的温馨使你陶醉，而自己买来的鲜花就不会引起如此愉悦的感受。

（6）时间　在一些重要的场合，重要人物往往姗姗来迟，等待众人迎接，这才显得身份尊贵。然而，以迟到来抬高身份，毕竟不是一种公平的交往，这常会引起对方的不满而影响彼此之间的合作与交往。赴会一定要准时，如果对方约你7点见面，你准时或提前片刻到达，体现交往的诚意。如果你8点钟才到，尽管你口头上表示抱歉，也必然会使对方不悦，对方会认为你不尊重他，而无形之中为销售设下障碍。

（7）微笑　微笑来自快乐，它带来的快乐也创造快乐，在销售过程中，微微笑一笑，双方都从发自内心的微笑中获得这样的信息："我是你的朋友"。微笑虽然无声，但是它说出了如下许多意思：高兴、欢悦、同意、尊敬。作为一名成功的销售人员，应该时时处处把"笑意写在脸上"。

6. 常见的沟通障碍

（1）发送者的障碍

① 目的不明，导致信息内容的不确定性。发送者在信息交流之前必须有一个明确的目的，即"我要通过什么渠道，向谁传递什么信息，并达到什么目的"。

② 表达模糊，导致信息传递错误。若发送者口齿不清、语无伦次、闪烁其词或词不达意等，都会造成传递失真，使接收者无法了解对方所要传递的真实信息。

③ 选择失误，导致信息误解的可能性增大。包括对传送信息的时机把握不准、缺乏审时度势的能力，信息沟通通道或对象选择失误，这些都会影响信息交流的效果。

④ 言行不当，导致信息理解错误。当我们使用语言和肢体语言（如手势、表情、体态等）表达同样的信息时，一定要相互协调，否则会使人感到困惑不解。

（2）接收者的障碍

① 过度加工，导致信息的模糊或失真。接收者在信息交流过程中，有时会按照自己的主观意愿，对信息进行"过滤"和"添加"。现实生活中许多沟通失败的主要原因是接收者对信息作了过多的加工，从而导致信息的模糊或失真。

② 知觉偏差，导致对信息理解的偏差。人们在信息交流或人际沟通中，总习惯于以自己为准则，对不利于自己的信息，要么视而不见，要么熟视无睹，甚至颠倒黑白，以达到防御的目的。

③ 心理障碍，导致信息的阻隔或中断。由于接收者在信息交流过程中曾经受到过伤害和不良的情感体验，因此对信息发送者心存疑惑，就会拒绝接收信息甚至抵制参与信息交流。

④ 思想观念上的差异，导致对信息的误解。由于接收者认知水平、价值标准和思维方式上的差异，往往会造成思想隔阂或误解，引发冲突，导致信息交流的中断以及人际关系的破裂。

（3）沟通通道的障碍

① 选择不适当的沟通渠道。例如有些重要的事情用口头传达，效果不佳，接收者可能不重视。如重要病情不作详细记录，只简单口头描述，就会造成病情延误。

② 几种媒介互相冲突，例如有时口头传达的精神与文件不符，造成矛盾。

③ 沟通渠道过长。沟通渠道过长，中间环节多，信息在传递过程中有了改变，甚至颠倒。

④ 不合理的组织结构。若一个组织的结构设置不合理，管理层次过多，信息传递程序及通路规定模糊，命令不统一，会导致信息沟通效率低。

三、拓展知识

1. 气质的由来

气质是由人的生理素质或身体特点反映出的人格特征，是人格形成的原始材料之一。在新生儿时期即有表现，如有的婴儿安静，有的好哭，必然影响其父母或哺育者与婴儿的互动关系，从而影响人格的形成，表现在心理活动的动力特征上，如心理过程的速度、强度、稳定性、指向性和灵活性等。具体表现为情绪体验的强弱、意志力的大小、注意力集中时间的长短、知觉或思维的快慢等，使个体的全部心理活动呈现独特的色彩。气质与人格的区别在于，人格的形成除以气质、体质等先天禀赋为基础外，社会环境的影响起决定作用；而气质是人格中的先天倾向。

现代心理学对气质的研究影响较大的有：A. H. 巴斯和普洛明提出气质的 EAS 模型，确定三种气质倾向：情绪性（emotion），指个体情绪反应的强度；活动性（activities），指个体能量释放的一般水平;交际性(socialization),指个体的人际交往特点。

A. 托马斯和切斯提出儿童气质的九个维度,即活动水平、节律性、主动或退缩、适应性、反应阈限、反应强度、情绪质量、分心程度、注意广度和持久性,并据此划分三种气质类型;易教养型、困难型和缓慢发动型。

古希腊医生希波克拉底提出"四体液学说",认为气质取决于人体内的四种液体,即血液、黏液、黄胆汁、黑胆汁的混合比例,并以何种体液占优势而把人的气质分为多血质、黏液质、胆汁质、抑郁质。这种体液说已不被采纳,但四种气质类型的名称仍得以沿用。

巴甫洛夫认为有四种典型的高级神经活动类型,即活泼的、安静的、不可抑制的、弱的,分别与希波克拉底的四种气质类型相对应,四种气质类型即四种典型的高级神经活动类型的行为表现。

2. 性格的结构及其特征

(1) 性格的态度特征　是指个体在对现实生活各个方面的态度中表现出来的一般特征。

(2) 性格的理智特征　是指个体在认知活动中表现出来的心理特征。在感知方面,能按照一定的目的任务主动地观察,属于主动观察型,有的则明显地受环境刺激的影响,属于被动观察型;有的倾向于观察对象的细节,属于分析型,有的倾向于观察对象的整体和轮廓,属于综合型;有的倾向于快速感知,属于快速感知型,有的倾向于精确地感知,属于精确感知型。想象方面,有主动想象和被动想象之分;有广泛想象与狭隘想象之分。在记忆方面,有主动与被动之分;有善于形象记忆与善于抽象记忆之分等。在思维方面,也有主动与被动之分;有独立思考与依赖他人之分;有深刻与浮浅之分等。

(3) 性格情绪特征　是指个体在情绪表现方面的心理特征。在情绪的强度方面,有的情绪强烈,不易于控制;有的则情绪微弱,易于控制。在情绪的稳定性方面,有人情绪波动性大,情绪变化大;有人则情绪稳定,心平气和。在情绪的持久性方面,有的人情绪持续时间长,对工作学习的影响大;有的人则情绪持续时间短,对工作学习的影响小。在主导心境方面,有的人经常情绪饱满,处于愉快的情绪状态;有的人则经常郁郁寡欢。

(4) 性格的意志特征　是指个体在调节自己的心理活动时表现出来的心理特征。自觉性、坚定性、果断性、自制力等是主要的意志特征。自觉性是指在行动之前有明确的目的,事先确定了行动的步骤、方法,并且在行动的过程中能克服困难,始终如一地执行。与之相反的是盲从或独断专行。坚定性是指能采取一定的方法克服困难,以实现自己的目标。与坚定性相反的是执拗性和动摇性,前者不会采取有效的方法,一味我行我素;后者则是轻易改变或放弃自己的计划。果断性是指善于在复杂的情境中辨别是非,迅速作出正确的决定。与果断性相反的是优柔寡断或武断、冒失。自制力是指善于控制自己的行为和情绪。与自制力相反的是任性。

四、相关法规

与客户沟通属于民事法律范畴,对此,《中华人民共和国民法通则》有如下规定:

第三条　当事人在民事活动中的地位平等。

第四条　民事活动应当遵循自愿、公平、等价有偿、诚实信用的原则。

第五条　公民、法人的合法的民事权益受法律保护,任何组织和个人不得侵犯。

第六条　民事活动必须遵守法律,法律没有规定的,应当遵守国家政策。

第七条　民事活动应当尊重社会公德,不得损害社会公共利益,破坏国家经济计划,扰乱社会经济秩序。

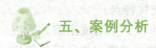
五、案例分析

小张是某医药公司的业务员,他有一个客户是闽南人,说话有点大舌头,而且普通话很不标准。有一次,小张打电话给他,问他在哪儿,中午约他一块吃饭,结果他说"我现在在'习溪'来不了"。小张听不懂,问他是哪个"习溪",因为小张没听过这个地名,后来他告诉小张"就是那个做衣服很出名的'习溪'嘛!"小张这才知道,这位客户说的是"石狮",不是"习溪"!(注:石狮市隶属于我国福建省)

思考:
1. 小张和客户为什么会出现沟通的障碍?
2. 小张应该如何克服这一沟通障碍?

六、思考与练习

(一)填空题
1. 信息在沟通中是指信息发出者希望传达的思想、_____、_____和_____等。
2. 气质是人们不依活动目的和内容转移的、_____、_____的心理活动的_____。
3. 发信者是利用_____或_____手段向预定对象发送信息。
4. 沟通的情景是指互动发生的_____或_____。
5. 民事活动应当遵循自愿、_____、_____、_____的原则。
6. 意志的主要特征是指自觉性、_____、_____、_____等。
7. 有些客户在选择医药商品时优柔寡断,十分谨慎,动作比较缓慢,挑选的时间也较长,在决定购买后易发生反复,这类客户一般具有_____的气质。

(二)单选题
1. 信息接收者在交流过程中,有时会按照自己的主观意愿,对信息进行"过滤"和"添加",这属于哪种障碍?( )
   A. 知觉偏差　　　　B. 过渡加工　　　　C. 心理障碍　　　　D. 思想观念上的差异
2. 如果企业无法满足客户的需求,而无法提供相应商品或服务时,销售人员最好用何种语言表达?( )
   A. 直言不讳　　　　B. 模糊　　　　　　C. 委婉　　　　　　D. 幽默
3. 如果该客户稳重,但灵活不足;踏实,但有些死板;沉着,但缺乏生气,那么他就是典型的( )气质类型。
   A. 胆汁质　　　　　B. 多血质　　　　　C. 黏液质　　　　　D. 抑郁质
4. 客户被销售员的热忱与敬业感动,决定购买其商品,这属于( )。
   A. 信息的发出　　　B. 信息的接受　　　C. 信息的通道　　　D. 信息的反馈
5. 声调属于( )沟通。
   A. 语言沟通　　　　B. 非语言沟通　　　C. 正式沟通　　　　D. 非正式沟通
6. 听觉属于信息传递的( )。
   A. 通道　　　　　　B. 载体　　　　　　C. 内容　　　　　　D. 转码
7. 下列个性心理中哪些最具有先天的禀赋?( )
   A. 能力　　　　　　B. 性格　　　　　　C. 气质　　　　　　D. 兴趣
8. 销售人员在与客户沟通时,客户身体后仰表示( )。
   A. 谦恭有礼　　　　B. 若无其事　　　　C. 不屑一顾　　　　D. 拒绝交往
9. 在沟通过程中,销售人员应该以( )为中心。
   A. 客户　　　　　　B. 产品　　　　　　C. 服务　　　　　　D. 价格

10. 客户沟通目标的四个层次中，哪个层次要求最高？（　　）
　　A. 沟通实现了信息被对方接受　　　　B. 信息不仅要被传递到，还要被充分理解
　　C. 所传递的信息被对方接受　　　　　D. 引起对方的反响

（三）多选题
1. 下列哪些方式不适合处理人际冲突？（　　）
　　A. 回避　　　　B. 妥协　　　　C. 对抗
　　D. 合作　　　　E. 迂回
2. 理智型客户一般具有何种气质？（　　）
　　A. 胆汁质　　　B. 多血质　　　C. 黏液质
　　D. 抑郁质　　　E. 神经质
3. 以下哪些是非语言沟通手段？（　　）
　　A. 时间　　　　B. 目光　　　　C. 衣着
　　D. 礼物　　　　E. 性格
4. 当销售人员被问及不便回答的问题时，可以采取（　　）的处理方法拒绝客户。
　　A. 模糊　　　　B. 幽默　　　　C. 抗议
　　D. 漠视　　　　E. 委婉
5. 商务沟通过程中，双方当事人应该（　　）。
　　A. 尊重社会公德　　　　　　　　　B. 不得损害社会公共利益
　　C. 不破坏国家经济计划　　　　　　D. 不扰乱社会经济秩序
　　E. 地位平等

（四）判断题
1. 礼物的真正价值是以经济价值衡量的。（　　）
2. 从某种十分合理的逻辑中推出一种出人意料的结果可以产生幽默。（　　）
3. "你其实没必要跟我解释的呀！"属于模糊的语言表达。（　　）
4. 客户沟通必须遵守法律，法律没有规定的，应当遵守国家政策。（　　）
5. 与客户沟通属于刑事法律范畴。（　　）
6. 客户给销售人员倒水时，销售人员应该连声说："好好好，谢谢，谢谢！"（　　）
7. 在一些重要的场合，重要人物应该姗姗来迟，等待众人迎接，才显得身份尊贵。（　　）
8. 修养是个人魅力的基础。（　　）
9. 性格的情绪特征是指个体在情绪表现方面的心理特征。（　　）
10. 与胆汁质气质的客户沟通时，应尽可能将谈话内容围绕主题。（　　）

（五）问答题
1. 与客户开始面谈时，应该注意哪些内容？
2. 常见的沟通障碍有哪些？

（六）分析题
案例：1960年4月周恩来总理访问缅甸时恰逢缅甸的泼水节，缅甸总理吴努便要求全体中国人员穿上缅甸民族服装参加泼水节，周总理马上表示同意。第二次是在1961年1月份，周总理率领一个400多人的访问团去缅甸。1月4日是缅甸国庆节，缅甸领导人又提出要周总理穿缅甸民族服装出席国庆活动，周总理又同意了。第二天，也就是1月5日，吴努陪周总理参观缅甸的古都曼德勒时，希望周总理还能穿一次缅甸的服装。为了曼德勒人民，总理又同意了。在这次访问期间，吴努还提出要周总理和他一起为和尚们布施。本来，我国是社会主义国家，做这些很不便，但是，总理经过考虑还是同意了，这在当地引起了很大反响，表明总理非常尊重他国的宗教信仰。

思考：
1. 周恩来总理通过什么方法，沟通了中缅两国之间的友谊？

2. 周恩来总理的外交艺术对你今后的销售工作有何启示?

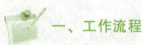

模块三　销售谈判

一、工作流程

(一) 销售谈判前的准备工作

销售谈判的各项准备工作,包括销售谈判背景调查、销售谈判目标的制定、销售谈判方案与计划的拟定及物质条件的准备。

谈判取胜的基础和关键是有的放矢的谈判准备工作。

1. 背景准备

(1) 了解国家医药商品销售的政策、法规。

(2) 了解医药商品市场的供求情况和竞争情况。

(3) 了解谈判对方的基本情况,首先,要了解对手的预算计划、经济实力、经营方式、技术装备、生产状况、产品质量、业务范围、资信状况、购货能力、市场形象等。其次,要了解对方谈判的实力及谈判风格。包括:对手的谈判目的;对方对交易条件的满意程度;对方对商情的了解程度;对方最后的谈判期限;对方对谈判技巧的运用。谈判有一定的期限,重要的结论或最终结果往往是在谈判结束前取得,因而要尽量了解对方的最后期限,以便调整己方的时间和策略,做到"知彼"。再次,要了解谈判对手个人的性格特征、兴趣爱好和擅长的谈判风格、谈判模式及谈判权限。因为不同性格的人谈判风格不同,在谈判桌上对接受别人意见的方式和敏感程度也不同,它将会影响谈判气氛和谈判进程,影响谈判时采取的策略和手段。了解这些情况,可以采取不同的谈判方法。例如:对好胜的对手可用"激将法",对性格怯懦的对手要设法增强他的自信心等,因人而异。

(4) 了解谈判者自身情况,即了解谈判者所代表的组织及己方谈判人员的相关信息,主要包括以下方面:己方的经济实力;谈判项目的可行性分析;己方谈判的目标定位及相应的策略定位;己方谈判人员的实力;己方所拥有的各种相关资料的准备状况;己方在谈判中所拥有的时间。在谈判前的准备中,不仅要调查分析谈判对方的情况,还应该了解和评估谈判者自身的状况,做到"知己"。

(5) 熟悉医药商品销售谈判内容,把握谈判的重点,预测谈判问题,考虑相应的配套措施,对谈判议程作出决策。

2. 人员准备

(1) 谈判人员的选择标准　应该从四个方面考虑:基本素质、知识结构、能力结构、年龄结构。挑选懂业务,具有相应的素质和谈判能力,又熟悉双方情况,能应付各种复杂场面的谈判人员,并确定谈判领导人,明确各自的职务范围。

(2) 谈判人员的知识结构　包括:医药商品销售基础知识、专业知识、法律法规和财务知识等。销售谈判涉及的知识是多方面的,销售谈判人员除了必须具备本行业产品、市场、用户等相关业务知识外,还必须具备经济学及相关学科基本知识,才能构成谈判人员的综合知识能力。

(3) 谈判人员的能力结构　谈判人员应具有协调能力、表达能力、分析能力、应变能力。

(4) 谈判人员的年龄结构　谈判者年龄在 30～55 岁较为合适。处于这个阶段的人员社会阅历丰富，思想比较成熟，又精力充沛，富有进取心。但具体选择时要视企业的实际情况，尽量选择经验丰富的谈判人员。

（5）谈判小组群体构成　谈判小组人员一般以3～5人为宜。人员构成一般包括经营管理人员、专业技术人员、法律人员、财务人员等，必要时还可以安排语言翻译人员。形成知识互补、性格协调、分工明确的格局。

人员构成可以分三个层次，即：①主谈人，富有谈判经验、兼备领导才能、能应付变幻莫测环境的谈判人员；②辅谈人，一般是专家或专业人员，他们凭自己的专长负责某一方面的专门工作，因此对专业知识非常熟悉；③工作人员，如速记或打字员，他们虽然不作为正式代表，但作为谈判组织的工作人员，其具体职责是准确、完整、及时地记录谈判内容。

谈判人员的性格应该互补，例如负责人由稳重型性格的人充当，活泼型性格的人主要充当调和者，暴躁型性格的人主要充当"黑脸者"，记录者由忧郁型性格的人充当比较合适。当然，在配备各种类型性格的谈判组员时，还必须根据对方人员的性格有的放矢地进行，才能收到更好的效果。例如，若对方人员中多数属暴躁型性格的话，我方则应适当地增强稳重型性格人的比例，以收到"以柔克刚"的效果；反之，若对方人员活泼型性格的人较多时，我方则须增加暴躁型和稳重型性格的人，做到双管齐下；若对方忧郁型性格的人占多数时，我方则须增加暴躁型和活泼型的人数，使对方在压力面前自动让步。

3. 物质条件准备

物质条件的准备工作主要包括三个方面：谈判地点的选择、谈判会场的布置、食宿安排。

（1）谈判地点选择　谈判地点应以通信方便、交通便利为首要条件。具体有：

① 己方所在地　选择在己方所在地进行谈判的有利条件是：第一，谈判者在自己熟悉的环境中没有心理障碍，容易在心理上形成一种安全感和优越感；第二，"台前""台后"紧密联系，谈判人员可同公司领导随时保持联络，方便获取各种资料，一旦遇到难题可动员公司的相关人员共同参与，做好工作；第三，以逸待劳，生活起居上方便，并可利用东道主的地位，主动掌握谈判的日程安排；第四，节省外出谈判的差旅费用。

② 对方所在地　选择对方所在地虽没有己方所在地方便，但也有一些有利因素：第一，谈判人员可以全身心投入谈判，免受本单位其他事物干扰；第二，当谈判遇到困难时，可以随时借口授权有限、资料不足、身体不适而拖延或中止谈判；第三，在授权范围内可以充分发挥谈判人员的主观能动性，不受企业领导的干扰；第四，无需为接待安排耗费精力。

③ 第三方所在地　选择第三方所在地进行谈判对于双方来讲条件均等，双方首先要为地点的确定进行磋商，准备也比较麻烦，因此在交易谈判中除非相互关系不融洽，信任度不高，一般情况下贸易谈判不宜选在第三方所在地。

（2）谈判场所布置　谈判场所应选择较安静宽敞、舒适、方便、有良好的通风和照明条件的地方。场所附近备有休息室便于休息；场所的布置应以暖色为主；安排秘书和工作人员在附近办公室值班，以便传递信息、打印文件等。

谈判会场的布置及座位的安排是否得当，是检验谈判人员素质的标准之一。对较大型的正规商务谈判，如果主人连谈判会场的布置及座位的安排都做不到合乎国际惯例，就很难证明主方是谈判的行家，而且，在未与客方进行正式会谈之前，谈判会场的布置往往会给客方留下一个较深的印象。一般来说，销售谈判时，双方面对面而坐，各自的组员应坐在主谈者的两侧，以便互相交换意见，加强其团结的力量。若商务谈判用长方形条桌的，则以正门为准，主方应坐背门一侧，客方则面向正门而坐，其中主谈人或负责人居中。我国及多数国家习惯把翻译员安排在主谈人的右侧,但也有少数国家让翻译员坐在后面或左侧。

(3) 食宿安排 谈判是一种艰苦复杂、耗费体力、精力的交际活动,因此如果安排在己方谈判,那么,用膳、住宿安排也是会谈的内容。东道主可按照国内或当地的标准条件来招待,食宿安排应周到细致、方便舒适。如果谈判时间较宽裕,可适当组织客人参观游览、参加文体娱乐活动等,不仅可以调节客人的旅行生活,也是增进双方私下接触、融洽双方关系的有利形式,有助于谈判的进行。

4. 谈判成本预算

谈判成本是指以货币计算的谈判活动全过程的各种消耗。包括从谈判准备开始,一直到双方产生协议签字生效与善后处理工作结束为止全过程的费用,如差旅费、通信费、资料费、谈判人员工资等。需要指出的是:衡量一次谈判成功与否,不仅要看当期的收益如何,还要看谈判所带来的长远利益和社会利益。

5. 制订谈判计划和方案

谈判计划是谈判人员在谈判前预先对谈判目标、具体内容和步骤所作的安排,是谈判者行动的指针和方向。谈判之前要预先拟定有关谈判主题、具体内容和步骤的计划书,它必须有明确的谈判目的、谈判程序、谈判目标、谈判期限、谈判人员安排、谈判地点、谈判时间等内容。计划必须具体,且必须有弹性(见表3-3)。

表3-3 谈判计划书

谈判主题		
谈判的基本目的	交易条件 A	
	交易条件 B	
谈判背景介绍		
谈判人员构成及职责	主谈人员及职责	
	辅谈人员及职责	
	工作人员及职责	
	谈判队伍工作的基本原则	
双方地位评价	我方优势	
	我方劣势	
	对方优势	
	对方劣势	
谈判日程安排	完成谈判任务的时间要求	
	各个时段谈判任务的安排	
谈判地点安排	谈判地点	
	场所布置	
谈判成本预算	货币成本	
	机会成本	
	时间成本	
谈判策略安排		
替代方案		
谈判计划说明及附件		

(1) 计划要有明确的谈判目标 谈判的具体目标可以分为最高期望目标和最低限度目标。

① 最高期望目标 就是指对谈判者最有利的一种理想目标,它在满足某方实际需求利益之外,还有一个"额外的增加值",是指谈判者希望通过谈判达成的上限目标。然而在实际的销售谈判活动中,谈判一方的最优目标一般是单方面的可望而不可及的理想点,很少有实现的可能。

② 最低限度目标 也称现实目标,是在谈判中必须达到的基本目标,是指谈判者期待

通过谈判所要达成的下限目标,是制定目标一方所要撤退的最后防线。当对方提出的条件低于这个目标时,就不能再让步了,即这种目标已毫无讨价还价的余地。

③ 可接受目标,就是在最高期望目标与最低期望目标之间的一个中间值。

例如,在两家企业的销售谈判中,产品的售价可能只要达到 60 万元,卖方便可接受。但谈判一开始,卖方可能报价 90 万元,这 90 万元就是卖方的最高期望目标。这个数字比其实际需要的成交价还高出 30 万元。如果用一个公式表达就是:

$$E = y + \Delta y$$

式中,E 就是卖方谈判代表的最高期望目标;y 是卖方实际需要争取达到的指标;Δy 是卖方代表多报的目标增量。

但是,买方绝不会如此慷慨。他会了解相关信息,如国内外同类商品的价格、售后服务方式、性能与设计等情况,愿意最高买到 70 万元;或明知对方实际只需要 60 万元,为了使谈判深入下去,使主动权掌握在自己手中,就故意压低对方报价,只同意以 40 万元成交。如此这般,几经交锋,双方列举各种理由论证,最后的结果既不是 90 万元,也不是 40 万元,而可能是 65 万元妥协方案。这其中,对卖方来说,90 万元是他的最高期望目标,60 万元是最低限度目标;而对买方来说,40 万元是他的最高期望目标,70 万元是他的最低限度目标;而可接受目标就是 65 万元。

(2) 计划要有灵活性　谈判人员必须善于领会对方的谈话意图,判断对方的想法与自己计划的出入所在,进而灵活地对计划加以调整。

谈判方案是将计划具体化,拟定谈判方针和策略,确定谈判的关键点,拟定所需谈判问题的先后顺序及谈判的具体策略。谈判方案应当简洁、明了、具体、灵活。

另外,准备好谈判合同文本,力争以己方提出的合同文本作为双方讨论签订合同的基础。

(二) 销售谈判过程

销售谈判的操作流程

销售谈判是一个循序渐进的过程,它有一个基本的谈判程序,一般包括六个阶段,即开局、摸底、报价、磋商、成交和签约。

1. 开局

开局阶段是指谈判双方第一次见面后,进入具体谈判内容之前,双方相互介绍、寒暄,以及就具体内容以外的话题进行交谈的阶段。开局是交易谈判的前奏,其主要工作是建立适宜的谈判气氛和协商谈判议程。

谈判议程是指所谈事项的次序和时间安排,议程安排将影响双方在谈判中的主被动地位,同时也决定着谈判效率的高低,是开局阶段的一项主要工作。

谈判代表各自介绍己方的基本情况,以便互相认识和初步了解。态度应热情、大方,可以说些表示问候、欢迎、感谢的客套话,也可以随便聊些新闻,创造一个轻松、和谐的谈判气氛,为双方找到共同的语言与心理沟通作好准备,但用时应极短。

商品销售谈判是一种合作性的活动,因此,所建立的谈判气氛有利于谈判的开展,总体上应该是积极、友好、轻松愉快的。

开局的瞬间要给对方形成良好的第一印象。

2. 摸底

摸底阶段是双方进入实质性谈判的开始阶段,是指在正式谈判开始以后,没有报价之前,谈判双方通过交谈,互相了解各自的立场、观点和意图的阶段。这一阶段的重要任务就是探测对方的真实意图,设法弄清对方的底牌。明确哪些是对方主要关心的问题,是否需要调整己方的谈判策略等。

双方在转入正式谈判之前，各方简洁、明了地概说总的意图与目的、想法、重点或优先考虑的问题、今后双方可能存在的合作机会等，对于某些关键性内容可暂时隐藏。这些阐述一般都是原则性的，表明己方谈判的意图即可。

3. 报价

报价阶段是谈判的一方或双方提出自己的价格和其他交易条件的阶段。价格是交易谈判核心问题，直接关系到交易双方的经济利益，所以，报价阶段对谈判来说，是至关重要的阶段。

价格应该报多高、如何报是这一阶段主要考虑的问题。价格报得过高，会吓退谈判对手或被对方指责为没有诚意；价格报得过低，会损害企业的利益，也使己方处于相对被动的地位。事实上，报价为谈判划定了一个框架，双方的谈判就是在这个框架内进行。报价应把握的基本原则就是要报一个"留有余地的最高价"，既能保证谈判的继续进行，又能最大限度地保障企业的根本利益。

按照商业惯例，一般是由卖方报价，买方还价。

4. 磋商

磋商阶段是指谈判双方为了实现各自的利益，就交易条件中不一致的地方进行切磋和探讨，以寻求双方利益的共同点的阶段，这个阶段也称为讨价还价阶段。

双方在这一阶段会充分调动各种手段来试图达到自己的目的。为了争取各自的利益，双方都会有许多的"说明"和"利益诉求"，有时甚至出现对立，这时最能体现谈判者的智慧与即兴口才。在一系列的设计、算账、磋商的过程中，双方代表都会抓住各种时机来论证己方主张的合理性，为己方争取尽可能多的利益而一展口才，有时难免语气强硬，甚至带点火药味。这一阶段要沉着、冷静，专心倾听对方发言，尽量从对方的言谈中发现问题，分析其真实意图，最好不要急于发表针锋相对的反对意见，否则会加剧紧张气氛。要用积极的思考和严谨的逻辑去判断，巧问智答，注意语言的外柔内刚和原则性。为了达到双赢，要寻求双方利益的共同点，根据互利互惠的原则，要懂得施与受兼顾，双方可多提出几个方案，耐心协商。当某些关键问题一时无法立即取得共识，则要全面权衡利弊，在不放弃己方主要利益的同时，也要兼顾对方的需求，在次要问题上作适当妥协和让步。一般让步与要求同时并提，并希望对方予以回应，作出相应的让步，以寻求原则上的基本一致。因为必要的妥协、让步是最终能够达成协议的前提条件。在经过迂回曲折的协商和讨价还价后，双方达成基本一致的意见，双方代表再对前面的谈判内容进行归纳与总结，并为正式签约的条款进行磋商、补充完善。

最终的结果可能是条件逐渐趋于一致，也可能是僵持不下或者是破裂。

磋商阶段的主要任务就是充分运用各种谈判策略与技巧，列举各种信息来说服对方接受自己的观点，当然，为了促成销售的成功，也不可避免地要作出一些妥协和让步。

5. 成交和签约阶段

成交阶段是指谈判双方经过反复磋商，对各项交易条件已达成一致的意见，拍板定案，并采取一定交易行动的阶段。

经过反复磋商和双方的妥协让步，交易中的一些重要原则问题已达成一致意见，这标志着谈判将进入成交阶段。

交易谈判在转入成交阶段后，要密切关注对方所表现出来的成交信号，及时把握成交机会，将要求与让步结合起来解决存在的遗留问题，回顾总结前面的谈判成果，表明成交的意图，促使双方尽快拍板定案。

经过交易磋商，双方达成了一致的看法，或称一方的发盘或还盘被对方有效地接受，就算达成了交易，双方之间就建立了合同关系。这种结果必须用准确规范的文字表述谈判成果，并经双方有正当权限的代表依法签字，形成具有法律效力的合同文件，即签约。

双方对所谈的内容、共同使用的概念、术语，要有一致的理解或解释，并用书面形式将双方的权利、义务明文规定下来，以便于执行。

销售谈判的控制点

（1）交易谈判是一种合作性的活动，因此，所建立的谈判气氛应有利于谈判的开展，总体上应该是积极、友好、轻松愉快的，过于严肃和拘谨不利于销售谈判的成功。

（2）一方报价后，另一方不要轻易答应，即使是在自己的计划范围内。因为这样一来，报价方既不会产生快速取得谈判结果的成就感，也不会感激你的爽快，反而会认为自己的报价太低，萌生吃亏的感觉。严重的还会因此而产生长久的困扰与自责。

（三）销售谈判结束工作

随着双方首席代表在协议上签字、盖章、成交，谈判宣告结束。双方开始握手言欢，举杯祝贺。此时气氛是友好融洽的。

购销合同作为销售谈判成果的最终反映，在整个推销活动中有着特殊的地位和作用，它既是谈判成果的综合反映，也是未来实地履行的唯一依据。按照惯例，交易双方除了及时清洁的情况以外，一般都应订立书面合同，以作为履行交割义务的依据。作为推销员，不管前期工作如何努力，水平如何，最终结果都反映在这一纸合同上。可以说，合同代表了一个推销员的全部水平，因此，正确书写合同内容，准确反映谈判结果，是推销员的一项主要工作。

1. 购销合同的基本格式

医药产品购销合同的基本格式详见项目五模块三的内容。

2. 购销合同的签署

双方首席代表在协议上签字、盖章、成交。

3. 销售谈判后的管理工作

销售谈判是企业的一项经常性的活动，为了更好地做好谈判工作，提高谈判的效率，有必要对销售谈判后的各项工作进行有效的管理。

（1）总结销售谈判情况　当己方人员在完成了与对方的直接谈判，签订商务合同后，应该认真地对谈判进行总结，以更好地指导今后的工作。总结的内容包括：①从总体上对己方谈判的方针、策略和战术进行再评价，看看哪些是成功的，哪些是失败的，哪些地方有待改进；②对己方销售谈判的组织准备工作进行评价，如谈判目标的实现情况、谈判方案及计划的落实情况等；③对己方谈判人员在谈判中的表现进行总结，如谈判成员之间的关系、谈判成员的能力及作用发挥状况、谈判人员纪律执行情况以及与后援团体的联系等，有效地培养与提高己方谈判人员的谈判能力；④对谈判对手的工作风格、谈判策略、能力、个性、相互间的配合等各方面的情况进行全面的了解和掌握，以开展好后续谈判工作；⑤对购销合同进行再审查，尽早地发现合同中的不足，主动地设想对策，采取补救措施。

（2）销售谈判资料的保存与保密　对企业每次进行谈判的资料，包括总结材料，应制作方案，很好地进行保管。这样，以后再与对方进行交易时，这些材料即成为非常有用的参考资料。如果能将这项工作长期进行下去，必定会受益无穷。

在加强保存的同时，还应注意给予一定程度的保密。如本次谈判的资料，特别是关于己方的谈判方针、策略和技巧等资料已为对方了解，那么，不仅使对方在今后的交易中更了解我方，更容易把握己方的行动，而且，有可能直接损害目前合同的履行。

二、基础知识

（一）销售谈判的基本概念

销售谈判就是指在各种销售活动中，买卖双方或多方为了达到各自的目的，协调彼此之间的关系，就交换或买卖商品的品种、质量、价格、数量、收发时间、付款方式等事项进行的洽谈和协商的过程。

（二）销售谈判的特征

销售谈判作为谈判行为的一种常见方式，不仅具有谈判的共性（目的性、相互性和协商性），还具有它的个性特征，包括如下方面：

1. 销售谈判以经济利益为目的

在销售谈判中，双方谈判的目的就是为了寻求满足自身某种经济利益的需求，而作出让步，也通常是某一方面经济利益的让步。有时销售谈判会受到各种非经济因素的影响，但谈判双方对非经济因素的重视和利用，也是为了实现各自的经济利益。

2. 销售谈判遵循价值规律，以价格为谈判的核心

价格是销售谈判的核心内容，因为价格的高低不仅最直接、最具体地反映了谈判双方的利益，而且其他许多因素，如销售的数量、质量、付款时间和付款方式等都与价格条件存在密不可分的关系，可以通过价格的变动得到体现。

3. 销售谈判以经济效益为谈判的主要评价指标

销售谈判本身是一种经济活动，因此，它与其他类型的谈判相比，更为重视谈判的经济效益。在谈判过程中，谈判者不仅要考虑从谈判中得到什么、得到多少，还要考虑付出什么、付出多少，明确所得和所付的关系，讲求经济效益。当然，经济效益包括短期的经济利益和长期的发展。

4. 销售谈判注重合同条款的严密性与准确性

销售谈判的结果是由双方协商一致的协议或合同来体现的。合同条款实质上反映了各方的权利和义务，合同条款的严密性与准确性是保障谈判获得各种利益的重要前提。因此，在拟定合同时，要注意合同条款的完整、严密、准确、合理、合法。

（三）销售谈判的构成要素

一场完整的销售谈判要受到许多方面的影响，它的构成要素也是多方面的。其中最基本的构成要素是谈判主体、谈判客体和谈判目的三项。

1. 谈判主体

所谓谈判主体，是指参与谈判的双方（或多方）当事人。谈判主体是构成谈判的基本要素，具体又分为两种：一种是关系主体，指能以自己的名义参加谈判，又能够独立承担谈判后果的法人或自然人；另一类是行为主体，指有权参与谈判并且能通过自己的行为完成谈判任务的谈判代表。

在谈判中，如果谈判的一方或双方不具备合法有效的主体资格，谈判的结果是无效的。如果谈判对方为一组织，则要注意审查对方是否具有独立的法人资格，派出的谈判代表是否得到了充分的授权。只有主体资格合法，谈判的结果才会受到法律的保护。

2. 谈判客体

谈判客体是指谈判的议题，即谈判的标的。谈判的议题是谈判各方共同关心并希望解决的问题。它往往与当事人的利益有切身的利害关系，如：商品的品质、数量、价格、装运、保证条款和仲裁方式等。谈判议题是谈判双方权利和义务的指向，一般通过合同或协议的形式表现出来。

3. 谈判目的

所谓谈判目的，是指参与谈判的各方都须通过与对方打交道或正式洽谈，促使对方采取某种行动或作出某种承诺来达到自己的目的。

（四）销售谈判的评价标准

评价一次销售谈判是否成功，通常有三个标准。一是自身的需要是否因谈判而获得了满足，即谈判的目标是否达到。二是谈判的效率如何。如果为一次谈判而投入了过多的时间、精力和资金，从谈判中所获得的收益还不足以弥补由此而付出的代价，则很难说谈判是成功的。当然，这种评价还要注重谈判所能够带来的长远利益。三是谈判之后与谈判对手之间的人际关系如何。

（五）销售谈判的原则

销售谈判的原则是指导销售人员具体从事销售谈判的准则。在销售谈判过程中，销售人员为了达到销售目的，往往采用各种方式、方法及手段推销产品，说服顾客。但无论销售人员采取何种技法，在销售谈判中都必须遵循以下原则：

1. 平等互利原则

平等是指谈判双方在地位上一律平等。参与谈判的双方或多方无论其经济实力是强还是弱，水平是高还是低，通过谈判过程，最后达成的协议中，双方的权利和义务是对等的。不允许任何一方违背对方的意志，将自己的意志强加给对方。

互利是指谈判双方都要从协议的执行中获得相应的利益。销售谈判要体现交易双方的合作性，这种合作性正是满足双方一定需要的纽带。有时利益分配的不均等之所以能为双方接受，是由于双方在谈判中所追求的目标错位引起的。卖方所追求的目标是商品的价值，买方追求的目标是商品的使用价值。只要达到双赢就是销售谈判的成功。

2. 求实守信原则

为了达到双赢的目的，在谈判中双方都应抱着求实守信的态度。求实，指的是自己提出的要求应客观、合理，对对方的要求也应实事求是地分析，换位思考问题。守信，指的是在谈判中，双方要恪守信用，这是奠定双方谈判成功的基础。要"言必信，行必果"。实事求是地向顾客传递所销售的医药商品的信息，力争取得客户信任。货真价实，不以假充真，以次充好，树立良好的推销信誉。如果双方缺乏诚意、缺乏信用，互相玩弄骗术，最终将导致谈判的失败。

3. 针对性原则

针对性原则，是指销售谈判必须服从于销售目的，具有明确的针对性。即销售谈判必须针对销售谈判的环境，针对客户的购买目的和购买动机，针对客户的个性心理，针对销售品的特点等，灵活地运用各种谈判的方式，有的放矢地推销产品。不同的客户，由于其性格、能力、兴趣、受教育程度、职业、经济条件以及人生观、价值观的不同，必然形成不同的需求，有的甚至是千差万别。故而，客户的购买目的和购买心理也各不相同。如果谈判人员不能针对不同客户进行洽谈，"千人一面"、"千人一词"是不可能取得谈判成功的。另外，谈判人员还要针对推销品的特点设计洽谈方案，展开相应的谈判语言，以突出推销品的特色，增强推销洽谈的说服力。

4. 鼓动性原则

鼓动性原则，是指销售谈判人员在销售谈判中用自己的信心、热心和诚心，以自己的丰富知识有效地感染客户，说服和鼓动顾客采取购买行动。

5. 倾听性原则

倾听性原则，是指销售谈判人员在销售谈判过程中，不要急于滔滔不绝地推销自己的商品，而是要注意倾听客户的意见与要求，并在倾听中了解客户的真正需求。然后有的放矢地进行销售洽谈。

（六）销售谈判的内容

医药商品销售谈判包括的内容非常广泛，主要包括：商品的品质；商品的价格；商品销售的服务；保证条款；合同的取消与仲裁。

详见项目五模块三相关内容。

（七）销售谈判的报价与还价

1. 报价

所谓报价，就是谈判者提出自己愿意接受的交易条件或标准。在谈判中，报价策略直接决定着谈判能否达成协议，以及达成协议后双方是否赢利，赢利多少。

（1）报价的基础条件有二：一是企业的产品成本；二是市场行情。报价的先后各有利弊，同时会影响双方的获利情况。先报价还是后报价，应视谈判的具体情况而定。如果己方对谈判准备得比较充分，对对方的情况了解得比较透彻，就可以抢先报价，以抢得先机；如果对谈判了解不足，行情不熟，则应让对方先报价，以静制动，后发制人。如果是在高度冲突的谈判场合，先报价可以使己方处于有利的地位；而在高度合作的场合，先报价还是后报价就没有什么实质性差别。如果对方是行家，自己也是行家，那么先后报价均可；如果对方是行家，自己是"门外汉"，则应让对方先报价，可以趁机扩大自己的视野，及时调整自己的报价策略；如果对方是外行，自己不论是行家还是外行，都应该先报价，因为自己的报价可对对手产生诱导作用。

（2）报价应遵循的原则

① 开盘报价必须比预期的更多。因为，在一般情况下，卖方要价较高，买方要价较低，都会造成对己方有利的结果。

② 开价要合理。开价太离谱，高得（或低得）连自己都不能自圆其说，就有可能使己方陷入不被信任的被动局面，甚至导致谈判的破裂。

③ 报价态度要坚决。报价不能有歉意的表示，对所报价格也不要主动解释和评论。对方若有不清楚之处，会主动提问，如果自己急于解释，则有可能暴露己方的意图，对方会观察到你所关心或有所顾忌的问题所在。

④ 报价内容要清晰、简明、扼要，概念正确，条理清楚。

2. 还价

还价指的是谈判一方报价之后，另一方对其进行评价，并提出自己的价格意见。

还价的形式分为逐项还价和总体还价两种。前者是针对每一项的报价提出还价，并说明还价的理由，其操作难度相对要大一些；后者不是一项一项地去比较，而是从总体上对各项价格进行平衡，这种形式操作起来相对容易一些。还价需要注意的有以下几点：

（1）认真倾听对方的报价。完整、准确地把握对方报价的内容，然后要求对方对所报价格的标准、构成及计算方法等进行详细解释，从中了解对方报价的真实意图，以便找出实施反击的破绽。

（2）切勿直接答应对方的报价。不管对方的报价多么符合你的谈判目标，你也应报出一个回价，这不仅可以使你获得更大的利益，而且能给对方留有讨价还价的空间，使其体验到经过艰苦努力实现目标的成就感。

（3）确定合理的还价价值。当谈判的一方报价之后，另一方要给出自己的还价。在谈判实践中，最常采用的方法就是参照己方的期望值，以差值均分的方法来指导还价。这种方法是假定成交条件会在己方还价和对方报价的中间值左右，计算方法是：

$$己方还价＝己方期望值×2－对方的报价$$

[**例1**]　某商品卖方开盘报价为100元，买方期望能以90元买到，则买方最初的还价应该是：

$$90元×2－100元＝80元$$

当计算结果低于己方的期望值时，就按计算结果来还价；当计算结果高于己方的期望值时，就以略低于对方的报价来还价。如果是买方首先出价，而由卖方进行还价，也同样可以使用上述公式，只是处理结果正好相反。

[**例2**]　买方对某商品首先出价100元，而卖方原本计划只要不低于90元就可以，买方的最初出价高于卖方的期望值。这时，卖方的还价应该是：

$$90元×2－100元＝80元$$

因为计算结果低于己方的期望值，因此，卖方的还价应略高于买方的出价，即105元或110元较为合理。

这种还价策略适用于绝大多数情况，在谈判实践中已被广泛采用，且取得了普遍成功。

（八）销售谈判中的让步策略运用

销售谈判是以经济利益为目的的谈判，因此，在谈判中要努力寻求双方利益的满足。但在双方就某一个利益冲突不能采取其他的方式协调时（例如价格条款问题等），恰当地运用让步策略会起到非常重要的作用。

成功有效的让步策略和技巧表现在谈判的各个阶段，要准确、有价值地运用好让步策略，必须服从以下原则：

1. 价值最大化原则

销售谈判的过程是寻求双方目标价值最大化的一个过程，但这种目标价值的最大化并不是所有目标的最大化。因为在销售谈判中有许多的分目标，有时这些分目标之间存在着冲突现象，为了遵循平等互利原则，使谈判朝着互惠互利的方向进行，在处理不同价值目标时就免不了使用让步策略。在条件允许的前提下优先解决重要及紧迫目标，保护重要目标价值的最大化，并适当争取其他目标，以保证整体利益最大化。

2. 刚性原则

让步策略的使用应该具有刚性，因为谈判中使用的让步资源是有限的。即使你所拥有的让步资源比较丰富，但是在谈判中对手对于你的让步的体会也是不同的，它具有"耐药性"，同时也应该注意到谈判对手的某些需求是无止境的，你并不能保证每一次让步都会取得预先期望的价值回报。因此，比较理想的销售谈判的让步策略运用的力度最好是先小后大，一旦让步力度下降或减小，则以往的让步价值也失去意义。并且每一次的让步只能在谈判的一定时期内起作用，而且是针对特定阶段、特定人物、特定事件起作用，所以不要期望满足对手的所有意愿，对于重要问题的让步必须给予严格的控制。同时应做到让步价值的投入小于所产生的积极效益。坚持让步的基本哲理，以小换大，以轻换重。

3. 时机原则

在销售谈判的适当时机和场合作出适当的让步，使谈判让步的作用发挥到最大。不要无条件地接受对方的首次让步，也不可一开始就在重要议题上让步，以免使自己处在危险之中。在销售谈判中，谈判者不能仅仅根据自己的喜好、兴趣、成见、性情等因素使用让步策略，应顾及所处的场合、谈判的进展情况及发展方向等。

4. 清晰原则

在销售谈判的让步策略中的清晰原则是：让步的标准、让步的对象、让步的理由、让步的具体内容及实施细节应当准确明了，并且你所作的每一次让步必须是对方所能明确感受到的，如果你的让步意图与对方的期望错位，甚至对方觉得你根本没有让步的话，你所作的让步就毫无意义。

（九）销售谈判僵局的处理

在谈判的磋商过程中，当谈判双方开出的条件存在明显的距离，却又不肯作出让步时，谈判会陷入僵局。

1. 造成谈判僵局的原因

(1) 谈判双方立场观点的分歧。
(2) 有意无意的强迫。例如：购买对方设备也要对方购买自己的某些产品。
(3) 个别谈判人员素质低下。
(4) 信息失真导致误解。
(5) 双方的期望值存在很大的差距。

2. 避免僵局的方法

(1) 以探寻共同利益为目标，选择互惠（双赢）的谈判模式，选择合作。
(2) 双方彼此尊重，不使用不礼貌或激烈的言辞，不受激烈言辞的误导，冷静、耐心地对待和处理所存在的分歧。
(3) 避免触及对方的敏感问题，避免谈论具有争论性的敏感话题，如宗教、政治、党派、种族、对方的生理缺陷及个人的不幸等。

3. 打破僵局的技巧

(1) 找出双方真正的利益需求。谈判陷入僵局并不意味着各自的利益需求无法调和，而有可能没有找到真正的利益所在。双方应重新审视各自对利益需求的理解，努力寻求挖掘双方的共同利益，从而走出僵局。
(2) 提供多种选择方案。
(3) 如果是个别谈判人员素质低下造成的僵局，则撤换谈判代表。
(4) 制造竞争的局势。让对方知晓除了达成协议以外，己方还有其他完成谈判目标的途径和手段。
(5) 揭示僵局的结果。让谈判对方清楚谈判破裂会给他造成什么样的后果，让他去权衡利弊，这也是一种促使对方让步、打破僵局的办法。
(6) 最后通牒。这种方法的成功性大，但负面效应大、风险也大。
(7) 寻求调停。所谓调停，是指通过一个为谈判双方共同接受，对矛盾处理不拥有决策处置权力的公正、中立的第三者介入谈判过程的争议，协助矛盾各方自愿达成解决方案的一种方法。
(8) 提请仲裁。仲裁者有权决定谈判的最后结果，当谈判双方要求仲裁时，都必须同意并遵从仲裁者的决定。

（十）销售谈判的基本礼仪

1. 谈判人员的基本礼仪

谈判人员的基本礼仪包括仪容、仪表、仪态。

(1) 谈判人员的仪容　在谈判中，仪容首先会通过人的感官作用于人的心理活动，形成肯定或否定的判断，并由此产生愉悦或讨厌的情感活动。仪容包括面容相貌、表情、眼神等。表情要亲切自然，眼神应炯炯有神，充满自信的目光可以有效提升自己的实力。

(2) 谈判人员的仪表　谈判人员的仪表包括服饰礼仪和修饰礼仪。雅致、端庄的服饰既表示对他人的尊重，也体现了个人的形象，同时代表着企业、公司或集团的总体形象。仪表修饰的通常原则是：自然、得体、适度。既要与个人容貌、体型、气质、整体、职业相吻合，又要与谈判的地点、时间、场合相吻合。佩饰是一种点缀，不应凌乱，要与着装、气质合拍。

(3) 谈判人员的仪态　一个人的行为仪态就好像一面镜子，能反映出他的文化蕴涵、知识水平和道德修养。谈判人员要注意行为举止的彬彬有礼、落落大方，讲究礼貌礼节，为自己和企业塑造良好的形象，为谈判的成功奠定基础。仪态包括：坐姿、走姿、站姿、动作举止等。

详见项目三模块二相关内容。

2. 谈判场合的礼仪

(1) 会见礼仪　布置好谈判会场，安排好长方形或椭圆形的谈判桌，门右手座位或对面座位为尊，应让给客方。双方谈判代表按事先约定的时间、地点准时到达，主人应在会见开始之前到达正门口迎候客人，也可以在会见室的门口迎候，主方接待人员应按礼仪接待宾客，双方人员的人数和身份，应大体相当。将翻译员和记录员引坐在主人和主宾的后面。双方其他人员各自按一定的顺序坐在左右两侧，主方为左，客方为右。宾主双方进入谈判室后，工作人员应负责关好门，并退出现场。在谈判过程中，一般不允许外人进出。

(2) 谈判礼仪　宾主双方见面时，可以是第三者作介绍，也可以自我介绍。主谈人交谈时，其他人员应认真倾听，不得交头接耳，或翻看无关的材料，不要随意打断他人的发言。双方都应抱着诚意交谈。经过一系列的磋商之后，如果双方达成了某些协议，要经过签约仪式使之形成文字，成为具有法律效力的文件。双方协商的合同条约等要最后定稿，一式两份。

(3) 签约礼仪　签约仪式一般选在宽敞的会议室进行，设一张长桌，可盖深色台布，桌后并排放两张椅子。面对门主方在左，客方在右，将事先打印好的文本放于桌上，分别放好签字用具，签字桌后墙上可贴上会标，写明"××合同签约仪式，×年×月×日"之类的标题。签约时，双方参加谈判的全体人员都要出席，共同进入会场，相互致意握手，一起入座。双方都应设有助签人员，分立在各自一方代表签约人外侧，其余人排列站立在各自一方代表身后。助签人员要协助签字人员打开文本，用手指明签字位置。双方代表各在己方的文本上签字，然后由助签人员互相交换，代表再在对方文本上签字。签字完毕后，文本即已生效，双方应同时起立，交换文本，并相互握手，祝贺合作成功。其他随行人员则应该以热烈的掌声表示喜悦和祝贺。有时，签约后还可安排礼节性的干杯礼仪，或者合影留念，以示长期合作的愿望。

3. 道别、送客礼仪

谈判结束后，要作一个有礼貌的告辞，以行动表示诚意，自始至终都留给对方完美无缺的好印象。然后主方人员应按照送客的礼仪送别客人。

三、拓展知识

(一) 谈判人员的基本素质

1. 素质的含义

素质是指人的先天解剖生理特点，即神经系统和脑的特性及感觉器官的特点，这是从生理心理角度界定的。从现代人的素质构成看，素质已扩展到人的品质和社会品格领域。要全面认识素质概念，必须从人的发展角度考察，即从人的自然化和社会化两方面考察。人在自然化和社会化同时发展的过程中，形成一系列生理的、心理的和社会的相对稳定的特性，就是素质。关于素质的定义目前有五种学说。

（1）要素学说　人的素质是由品德、智力、体力等多种要素组成的。

（2）构成学说　人的素质是由自然生理素质（先天遗传）、社会文化素质、后天习得和心理素质（个性品格）等方面构成的。

（3）发展学说　人的素质是由三个发展阶段形成的：由心智全面发展（观察、思维、想象、实践能力等）到身心全面发展（生理与心理素质的统一）到个体与社会协调发展（形成思维、能力、品格等）。

（4）能力学说　人的素质不是各因素静态的总和，而是动态性的，其中任何一个因素的变化都会影响整体素质的变化，素质就是能力。

（5）统一学说　人的素质是构成要素的"质"与"量"的统一，静态与动态的统一，具有整体性、社会性和适应性。

总之，人的素质是人在先天禀赋的基础上通过教育和社会实践活动而发展形成的人的主体性品质，即人的品德、智力、体力、审美等方面品质及其表现能力的系统整合。

2. 谈判人员的基本素质

在销售谈判活动中，谈判人员的素质是指谈判人员对与谈判有关的主观、客观情况的了解程度和解决谈判中遇到问题能力的大小。它是由谈判者的政治素质、心理素质、业务素质、文化素质等构成的。

（1）政治素质　在销售谈判活动中，谈判人员应维护国家利益和企业利益；具有较强的法律意识，尊重法律和社会公德，为人正直，廉洁奉公，平等待人；具有谦虚、协作、敢于承担责任的品德；具有高度的原则性、责任感和纪律性，有为事业献身的精神。

（2）心理素质　谈判人员的心理素质表现为在激烈的谈判中控制、调整情绪，克服心理障碍，维护组织利益的能力。在销售谈判过程中，谈判人员应尽可能保持稳定的心理状态，既要善于同己方谈判团队精诚团结合作，又要善于同来自不同文化背景的谈判对手交往，善于协调各方面的关系。

（3）业务素质　谈判人员应该具备较高的学历和相当广泛的阅历以及与谈判内容相关的专业知识，并有较强的求知欲和获取新知识的能力；熟悉本专业领域的科学、技术及经营管理的知识，能够担当专业性较强的谈判任务；能够熟练运用口头、书面、身体语言准确地向对手表明自己的意图，达到说服和感染对方的目的；善于观察对手，及时捕捉对方的信息，发掘其价值，冷静地预见谈判前景，适时地调整己方的谈判策略，促使谈判成功。

（4）文化素质　谈判者应该具有高雅的情趣、优雅的风度和良好的礼仪，注重在客户心目中建立良好的个人形象。在销售谈判中能针对不同场合、对象、内容及要求，借助于语言和非语言形式，向对方表示重视、尊敬，进而达到建立和发展诚挚、友好、和谐的谈判关系的目的。

（二）销售谈判背景调查内容

尽管销售谈判是以双方经济利益的满足为目的，但也是在一定的法律制度，特定的政治、经济、文化和社会环境中进行的，不同的背景对销售谈判的进行和结果会产生重要的影响。孙子曰："知己知彼，百战不殆。"背景调查是销售谈判前组织准备工作的重要内容，是拟定谈判策略的必要条件和争取谈判成功的出发点。它在很大程度上决定着谈判能否主动，谈判的目标能否达到，因此，在制订谈判计划和准备参加谈判时，必须充分考虑背景因素。

背景调查的具体内容如下：

1. 政策、法规情况

作为谈判人员，在医药商品销售谈判中必须熟悉与该次谈判有关的法令，国家有关经济法与贸易法、己方和对方从事该行业的有关法令及各项政策规定。

首先，谈判的内容应该合法。销售谈判人员不仅要掌握有关的现行税制，还要熟知经济法与合同法，它可以使各项交易活动有法可依。双方谈判协议的内容，必须是在国家政策、法纪允许范围内才能成立。违背了有关政策法令要求而订立的谈判协议是无效的，甚至是非法的。因此，作为谈判人员必须认真学习国家有关的政策法令，具备法制观念和必要的法律常识。

其次，对于医药行业的谈判，还必须通盘掌握该行业有关的主要法令制度，如药事法规、《药品经营质量管理规范》、国家食品药品监督管理局于2007年9月6日下发的《关于贯彻落实〈国务院关于加强食品等产品安全监督管理的特别规定〉的实施意见》等。以便在医药商品销售谈判中遵守各项法律规定，依法交易。

在国际医药贸易谈判中，应遵循国际惯例，尊重各民族习惯。

2. 财政金融情况

主要了解外汇储备情况，国际支付信誉情况，还本付息的比率如何，该国货币的兑换原则有哪些，该国的汇率水平如何，该国通用的税法是什么，特别是有哪些税收项目，公司在当地赚取的利润是否可汇出境外，如何办理，是否具有关税壁垒，该合同项目能否免税，是否具有配额、技术障碍等非关税壁垒……这里不作累述。

3. 社会文化

该地占主导地位的宗教信仰对商务活动产生的影响，服饰、谈判的时间安排、参与人员安排、礼尚往来的方式等是否合乎社会规范的标准，人们的人生观、价值观如何，以及妇女在社会上的政治和经济地位如何等。

4. 商业习惯

了解企业的决策程序经营方式以及企业的权威代表、决策程序，谈判结果具有法律效率的体现形式，谈判人员的权限，机要文件的保存方式，商务谈判的常用语种，合同文件的语言表达形式和法律效力，谈判是与进出口代理商谈还是直接与厂商谈。

上述各方面的因素直接或间接地影响着销售谈判特别是国际销售谈判工作。在实际谈判中，各种因素影响的程度有差别，所以，在谈判活动开始前制订计划时加以挑选，加以整理和排列。

5. 市场情况

要了解国内外市场分布位置、运输条件、市场辐射的范围、市场潜力和容量以及某一市场与其他市场的经济联系等；了解市场商品需求信息、本企业产品的市场覆盖率、市场占有率及市场竞争形势对本企业销售量的影响等；了解市场商品销售量、销售价格，该商品的发展趋势及市场寿命周期；了解市场竞争对手的数目、经济实力、营销能力、产品数量、种类、质量及其知名度和信誉度、消费者偏爱的品牌与价格水平、竞争产品的性能与设计、各主要竞争对手所能提供的售后服务的方式、所利用的销售组织的规模与力量、所使用的广告类型与广告支出额等。

（三）谈判背景调查的方法与手段

谈判者进行调查研究，搜集和分析有关谈判的背景资料的途径和手段有很多，包括电传、电报、传真、网络、人员互访、参观考察、举办交流会议、查阅各种刊物和档案、通过外交途径等。归纳起来主要有以下三种方法可供选择：

1. 案头调查法

这种方法又称检索调研法，它指的是谈判人员对现有己方和对方公开的资料信息，运用科学的方法系统地搜集、整理、统计和分析的研究方法。例如贸易谈判中的市场变化趋势、产品寿命周期波动、己方销售量变动及影响变化的因素、对方购买需求及谈判惯用的方法等，均可利用这种调查方法加以调查研究。

这种方法的优点是投资少、见效快、简便宜行，是进行谈判调查的一种首选方法。

2. 直接调查法

直接调查法是由谈判人员通过与有关人员的直接接触来搜集、整理情报资料的方法，具体有通信访问、电话访问、人员拜访等。谈判人员既可以向那些曾经与谈判对手有过交往的人员进行了解，也可以通过函电方法直接同谈判对手联系。对重大谈判还可安排非正式的初步接洽，使双方有机会正面观察谈判对手的意图，而且有助于对方了解己方的谈判诚意，使未来的销售谈判能够在平等、互利、互谅、互让的气氛中进行通力合作。

3. 实际观察法

这是指谈判者对谈判对手的直接观察与测度。不仅要在不同时间里对谈判对手进行分析观察，借以取得一连串连续完整的记录，供谈判决策时参考；而且要在一个特定时间和外界条件下，对谈判对手的各种活动进行观察，由点到面了解谈判对手的有关情况，揣摩对手。

谈判者也可利用谈判开局阶段所发现的问题，对谈判计划进行某种修改或加以完善，使谈判计划的安排与决策更具有针对性和有效性。

这种方法的优点是：能够根据调查的目的与要求，提供直接的经验，比较客观和正确地搜集资料。

这种方法的缺点是：只限于观察谈判对手和谈判活动的外部表现，只能间接地通过分析调查判断谈判对手及其谈判行为的需求动机。

（四）谈判对手的资信情况调查

资信情况主要是指谈判对方企业的合法资格、信用品质、偿付能力、资本、抵押等。对与己方长期合作的企业而言，因为有信誉保证，可以免去这种谈判对手资信情况的调查，但要注意他们的资信情况变化。对初次接触的企业而言，这种调查是必不可少的。通常调查的渠道有：

（1）有关的银行，主要了解商业信用及企业贷款的偿还能力。

（2）与对方有业务往来的公司或有过合作的组织，了解他们以往谈判协议的履约情况。

（3）日常资料的积累，建立本行业重要客户资信档案，需要时可通过查阅资料获得相关信息。

通过这些不同渠道、不同方面的全面了解，以做到"知彼"，对谈判对手作出正确的评估，使谈判最后达成协议具有可靠性。

四、相关法规

1.《中华人民共和国民法通则》

第八十五条 合同是当事人之间设立、变更、终止民事关系的协议。依法成立的合同，受法律保护。

第八十八条　合同的当事人应当按照合同的约定，全部履行自己的义务。合同中有关质量、期限、地点或者价款约定不明确，按照合同有关条款内容不能确定，当事人又不能通过协商达成协议的，适用下列规定：

（一）质量要求不明确的，按照国家质量标准履行，没有国家质量标准的，按照通常标准履行。

（二）履行期限不明确的，债务人可以随时向债权人履行义务，债权人也可以随时要求债务人履行义务，但应当给对方必要的准备时间。

（三）履行地点不明确，给付货币的，在接受给付一方的所在地履行，其他标的在履行义务一方的所在地履行。

（四）价格约定不明确，按照国家规定的价格履行；没有国家规定价格的，参照市场价格或者同类物品的价格或者同类劳务的报酬标准履行。

第一百一十一条　当事人一方不履行合同义务或者履行合同义务不符合约定条件的，另一方有权要求履行或者采取补救措施，并有权要求赔偿损失。

第一百一十二条　当事人一方违反合同的赔偿责任，应当相当于另一方因此所受到的损失。当事人可以在合同中约定，一方违反合同时，向另一方支付一定数额的违约金；也可以在合同中约定对于违反合同而产生的损失赔偿额的计算方法。

第一百一十三条　当事人双方都违反合同的，应当分别承担各自应负的民事责任。

2.《中华人民共和国药品管理法》

第四十八条　以非药品冒充药品或者以他种药品冒充此种药品的，为假药。

五、实训

实训一

（一）模拟谈判计划书制订

1. 谈判计划书格式参见表 3-3。

2. 谈判计划书内容

（1）谈判主题

（2）谈判人员构成

（3）谈判背景介绍

（备注：这三部分也可在模拟现场以双方合作的形式用 PPT 的形式展示给观众，以让观众对整个谈判有一个大致了解。）

3. 谈判设计

（1）我方、对方优劣势分析

（2）我方目标层次分析（最高期望目标、最低限度目标、可接受的目标）

（备注：这一部分由每一个小组的两方各自撰写。）

4. 谈判合同初拟

（备注：谈判全程结束后可能达成的协议，实质上是各方对于整个谈判结果的猜测，可以各自拿出一份合同，也可以双方商定后拿出一份统一的合同。）

（二）模拟谈判组织

1. 3~4 人组成一个谈判小组，每一小组的讨论时间为 30 分钟左右，写出谈判计划书。

2. 每两个组作为买卖双方就医药商品销售的具体交易条件进行模拟谈判,谈判时间为 45 分钟左右,谈判结束时请简要总结此次谈判达成的协议和可能遗留的问题,并拿出双方商定后的统一的合同。

实训二

同学们可以自行分为谈判的两方,对某一商品的销售进行谈判,每一方都有同样的机会获得 50 元的谈判结果。由教师暗示一方,希望他们以 75 元为谈判目标,而另一方以 25 元为谈判目标,谈判时间为 10 分钟。组织谈判,看最后谁作出的让步比较大。

思考:

1. 你是否能够灵活运用让步策略?
2. 行动建议:向有谈判经验的人请教,他一般是如何进行让步的。

六、案例分析

案例:

一家大医院要扩充设备,准备购置一台全国最好的 X 光仪器。有三家该仪器生产厂家派出谈判人员分别与该医院以负责审查 X 光仪器的 K 博士为主的有关人员进行交易谈判。谈判桌上制造商纷纷介绍自己的仪器是全国最好的,并鄙视其他公司的同类产品。唯有一家公司的销售谈判人员声称自己的仪器虽然属于全国最好产品,但仍不够完善,正在努力改进,希望 K 博士能前来公司提出改进意见,并称届时派人专程来接。

K 博士感到十分惊讶,同时也感到万分荣幸,因为从来还没有一个 X 光仪器制造商征求过他的意见,他顿时觉得自己身价倍增,觉得对方很坦诚,于是,他取消了一次应酬,决定立即前去看那部机器,然后再继续谈判……

"并没有人硬向我推销那部机器,我觉得买下那部机器完全是出于我自己的意愿。由于它的质量绝佳,我才买下了它。" K 博士事后这样说。

案例分析:

谈判桌上良好的沟通能力、坦诚的谈判心态是连接推销员与客户的桥梁,并能让谈判者走出"山重水复疑无路"的窘况,进入"柳暗花明又一村"的佳境,也是谈判人员必须具备的能力。运用良好的语言能力巧妙地达到了推销目的,很值得我们在销售谈判过程中学习、借鉴。

资料来源:张亚军,包立军,王业军. 商务谈判与推销技巧实训. 北京:科学出版社,2007.

思考:

1. K 博士最终决定购买自称仪器还不够完善的那家公司的 X 光仪器的原因是什么?
2. 通过 X 光仪器的销售谈判,你认为在实际谈判中应遵循哪些原则?

七、思考与练习

(一)填空题

1. 销售谈判重_____,不重立场。
2. 谈判的构成要素是_____、_____和_____。
3. 谈判成本是指以货币计算的谈判活动全过程_____。
4. 直接调查法是由谈判人员通过与有关人员的_____接触来搜集、整理情报资料的方法。
5. 销售谈判背景调查的具体内容有:政策法规情况调查、_____情况调查、_____调

查、_____调查以及_____调查等。

6. 销售谈判的主要评价指标是经济效益；核心是_____；销售谈判注重合同条款的_____与_____。

7. 最低限度目标是谈判人员在谈判中所要达到目标的_____。

8. 销售谈判的基本原则有：平等互利原则、_____原则、_____原则、针对性原则以及_____原则。

（二）单选题

1. 评价一次交易谈判是否取得成功有三个标准，它们是（　　）。
   A. 目标、效率和效益　　　　　　　　B. 成本、费用和利润
   C. 目标、效率和人际关系　　　　　　D. 成本、利润和人际关系

2. 下列说法中正确的是（　　）。
   A. 平等是指出席谈判活动的双方人员级别对等　　B. 平等是指双方从谈判中获得的利益相等
   C. 平等是指参与谈判的双方实力基本相等　　　　D. 平等是指双方在谈判中的地位平等

3. 在合同中加注"品质与货样大致相同"的字样，这样做（　　）。
   A. 对买方有利　　　　　　　　　　　B. 对卖方有利
   C. 对买卖双方都有利　　　　　　　　D. 对买卖双方都不利

4. 下列属于商业机密的是（　　）。
   A. 谈判目标、谈判期限、谈判地点和谈判成本预算
   B. 最低限度目标、可接受目标、谈判期限和谈判策略
   C. 谈判目标、交易条件、谈判地点和谈判期限
   D. 谈判目标、谈判期限、谈判人员和谈判日程安排

5. 下列属于商业机密的是（　　）。
   A. 谈判目标、谈判期限、谈判地点和谈判成本预算
   B. 最低限度目标、可接受目标、谈判期限和谈判策略
   C. 谈判目标、交易条件、谈判地点和谈判期限
   D. 谈判目标、谈判期限、谈判人员和谈判日程安排

6. 要想随时寻找借口中止谈判，只有谈判地点选择在（　　）才有可能。
   A. 己方所在地　　　B. 对方所在地　　　C. 第三方所在地　　　D. 无论何处都可以

7. 下列说法中正确的是（　　）。
   A. 说服就是让对方屈服
   B. 说服就是帮助对方去认识其尚未认识或尚未充分认识到的威胁和机会，促使对方接受某种观点或方案
   C. 说服就是找出各种理由去反驳对方的观点
   D. 说服就是以充分的证据来证明自己的观点是正确的

8. 供需双方就香皂进行大批量交易，在选定计量单位时，一般以（　　）作单位较为恰当。
   A. 块　　　　　　　B. 箱　　　　　　　C. 克　　　　　　　D. 吨

9. 当对方为了自己的利益向己方施加压力时，己方应当（　　）。
   A. 报高价　　　　　B. 报低价　　　　　C. 先报价　　　　　D. 后报价

10. 就供方来讲，下列表述中较为恰当的是（　　）。
    A. 需方如有异议，应自货物到站之日起一月内提出有效
    B. 需方如有异议，应自货物验收后一月内提出有效
    C. 需方如有异议，应自货物投入使用后一月内提出有效
    D. 需方如有异议，应在一月内提出有效

（三）多选题

1. 从销售谈判涉及的问题来看，主要是（　　）。

A. 生产方面　　　　B. 商务方面　　　　C. 技术方面
D. 法律方面　　　　E. 财务方面

2. 商品贸易谈判的主要内容有哪些？（　　）

A. 商品的品质、数量和包装　　　　B. 商品的价格和付款方式
C. 商品的生产和管理　　　　　　　D. 商品的运输和交接
E. 索赔、仲裁和不可抗力

3. 影响开局气氛的因素有哪些？（　　）

A. 谈判双方的关系　　　　　　　　B. 谈判双方的实力状况
C. 谈判双方的人员组成　　　　　　D. 谈判时间的安排
E. 谈判议程的安排

4. 谈判双方过去没有任何往来，是第一次接触，那么，开局气氛应当是（　　）。

A. 友好、融洽的气氛　　　　　　　B. 轻松、随和、无节制的气氛
C. 严肃、凝重的气氛　　　　　　　D. 热烈、随和的气氛
E. 真诚、友好的气氛

5. 下列说法中正确的是（　　）。

A. 服饰应与谈判对手相一致　　　　B. 服饰应与谈判者的身份相一致
C. 服饰应与谈判的性质相一致　　　D. 服饰应与谈判气氛相一致
E. 服饰应与谈判的环境相一致

（四）判断题

1. 与谈判对方的良好的人际关系确立是销售谈判成功的主要标志。（　　）
2. 销售谈判中立场最重要，应该坚持自己的立场不退让。（　　）
3. 在谈判的准备阶段，了解竞争对手的情况没有必要。（　　）
4. 对买方而言，最优期望目标就是对手提出的最高价。（　　）
5. 在谈判队伍中，主谈代表必须是某一方面的专家。（　　）
6. 在谈判开始之前，谈判的时间、地点、期限和安排都必须告知对方。（　　）
7. 要想随时寻找借口中止谈判，只有谈判地点选择在对方所在地。（　　）
8. 在谈判开局以后的摸底阶段，既要想办法探测对方信息，又要谨防对方窥测自己信息。（　　）
9. 为了与谈判对手建立良好的人际关系，便于以后的长期合作，在第一次接触时，开局就应当保持轻松、随和的气氛。（　　）
10. 形成谈判僵局的原因主要是谈判一方或双方没有谈判的诚意。（　　）

（五）问答题

1. 商务谈判的准备工作包括哪些内容？
2. 销售谈判人员的基本素质包括哪些方面？谈判人员群体构成的基本原则是什么？人员规模怎样确定？人员分工与配备方式是什么？

（六）分析题

案例：我国医药公司计划向外国订购一台医疗设备，在收到了众多的报价单后，进行了多方面的比较和权衡，最后决定邀请拥有先进设备和先进技术的某西方国家的客商前来我国进一步具体洽谈。谈判过程中，双方矛盾的焦点集中在价格问题上，对于该设备，开始我方的出价为 10 万欧元，而对方的报价则为 20 万欧元，与其报价单上开出的价格一致。在比较了第一回合双方各自的报价之后，双方都预计可能成交的价位应该在 14 万到 15 万欧元。由于都对后面几个回合的讨价还价有充分的思想准备，于是双方进行了一系列的让步过程。

面对还价的节奏和让步的幅度，我方谈判代表展开了讨论。主要的意见有几种：一是本着速战速决的原则，认为双方报价相差太多，为了取得一致和消除差距，双方最好都能够互谅互让，这样可以提出 14 万欧元的公正价格，同时还能够兼顾双方的利益，因而相对现实一些；另一种意见则认为，第一种意见是典

型的过大过快的让步方式,别说 14 万欧元,就是 12 万欧元对我们开始的报价,让步幅度都觉得过于大了,因此应该向对方表示我方愿意考虑让步不超过 5000 欧元,以 10.5 万欧元的价格购买该设备;第三种意见认为前面两种意见都不妥当,不是让步幅度过大就是让步幅度太小,或者让对方觉得我们对自己的报价缺乏信心,或者对方会因让步幅度太小而认为我方没有合作诚意,认为比较稳妥的合理让步应该是从 10 万欧元增加到 11.5 万欧元,然后再增加到 12.5 万欧元,然后再增加到 13.5 万欧元左右,这样几个回合之后,在报价与实际成交价格非常接近的时候,就非常有可能达成协议了。

双方再次坐下来进行谈判时,我方代表最终还是按照第三种原则与对方进行交涉,而对方也是由 20 万欧元逐步向下降价,双方一共进行了 4 个回合的讨价还价,每一次双方都是不约而同的采取了幅度相差不大的让步原则,结果以 13.8 万欧元达成了最后的协议。

思考与讨论:
1. 为什么我方代表最终选择了第三种意见?
2. 你认为在谈判时最佳的让步幅度和让步方式应该是什么样的?

项目四 客户管理

学习目标

1. 会收集、整理客户资料。
2. 能正确建立客户档案。
3. 会维护客户关系的基本方法。
4. 能对客户进行基本的有效管理。

模块一 客户档案建立

一、工作流程

（一）客户档案建立前的准备

1. 准备客户基础信息资料

准备客户与公司联系的所有信息资料，以及客户本身的内、外部环境信息资料。客户基础资料的准备，为建立客户档案提供最根本的保证。

包括：客户的名称、地址、电话；所有者、经营者、法人代表以及他们的个人性格、兴趣、爱好、家庭、学历、年龄、能力、经历背景；与本企业交易时间；企业组织形式和主营业务状况等，这些资料是客户管理的起点和基础，需要通过销售人员对客户的访问来收集、整理形成。

2. 准备客户特征的基础资料

包括：客户所处地区的文化、习俗、发展潜力、销售能力、经营观念、经营方向、经营政策、经营特点等。其中对外向型客户，还要特别关注和收集客户市场区域的政府政策动态及信息。

3. 准备客户财务状况资料

包括：资产负债分布，利润情况，现金流量状况等。

4. 准备客户交易现状的资料

包括：客户的销售活动状况，存在的问题，保持的优势，未来的对策，企业形象，声誉，信用状况，竞争对手状况等。

5. 准备客户业务状况资料

包括：销售业绩，经营管理者和业务人员的素质，与其他竞争者的关系，与本公司的业务关系及合作态度等。

（二）客户档案建立的过程

客户档案建立操作流程

1. 选择客户档案的表现方式

文字式客户档案或表格式客户档案。由于表格式客户档案比文字式客户档案更加清楚和直观，医药销售企业通常采用表格式客户档案来建立客户档案。

2. 设计客户档案表格

见表 4-1、表 4-2。

表 4-1　客户档案表（经营公司）

企业名称				
企业地址				
电话	电传		E-mail	Website：
主要内容				
客户姓名		职务		电话
总部所在地				
分支机构数目		雇员人数		
主要产品/服务				
主要客户				
重要的经营活动（企业和行为）				
企业的经营目标				
客户的具体需要				
目标				
行动方案				
日期	行动步骤		下一步	所需时间

表 4-2　客户档案表（零售药店）

客户姓名		年龄	性别	建档日期
客户住址			联系方式	
疾病性质				
所购药品名称		规格	单价	数量
首次购买药品时间		再次购买药品时间		
提供健康指导		医药咨询服务		
顾客要求				
				记录人：

3. 正确填制客户档案表

根据业务要求和所掌握的信息资料填写上述表格，并且仔细核对。做到表格的内容和收集的原始信息资料相符合。

客户档案建立的控制点

1. 对客户信息的采集要全面详细和准确，建档内容精确

具体的指标应该有明确的数据表示出来，表 4-1 中的雇员人数应该写具体数字，如果不明确具体数字的，应该写上大致范围，如 50~100 人。避免出现人数较少，人数适中等模糊不清的表述；表 4-2 中再次购买药品时间一栏中的时间一定要同上次购买药品时间的换算要正确，以免造成销售人员上门服务的时间不确定，而影响销售业绩和发生为客户服务不周的情况。

2. 填制客户信息表要认真、规范、简明扼要

所填写的信息应该尽量简明扼要，突出重点，使人一目了然，从而提高工作效率。比如把企业的经营目标写成"该药房的主要经营产品是各类非处方药，同时也经营常见的处方药，其次也经营一些中药饮片和薇姿之类的化妆品"，就显得十分啰嗦，看起来十分费劲。因此，可以改成"主营 OTC，兼营常用处方药，辅之中药饮片和药妆品"。

3. 填制客户档案表要书写规范

使用简化汉字书写，不要出现错别字，避免使用繁体字和异体字。如果表格是用电脑填写的，尽量使用常用的字体，如宋体、黑体、楷体等。如果表格是用手写，应该使用钢笔或水笔填写，字迹工整，不可潦草。

（三）客户档案建立的结束工作

客户档案建立后，应该进行相应的归档工作。具体的整理方法如下：

1. 装订

归档文件应按件装订。装订时，正文在前，附件在后；原件在前，复制件在后。

2. 分类

（1）按年度分类　将文件按其形成年度分类。

（2）按保管期限分类　将文件按划定的保管期限分类。

（3）按机构分类　将文件按其形成或承办机构分类。

3. 排列

归档文件应在分类方案的最低一级类目内，按事由结合时间、重要程度等排列。

4. 编号

归档文件应依分类方案和排列顺序逐件编号，在文件首页上端的空白位置加盖归档章并填写相关内容。归档章设置卷宗号、年度、保管期限、件号等必备项，并可设置机构等选择项。

（1）卷宗号　立档单位编制的代号。

（2）年度　文件形成年度，以四位阿拉伯数字标注公元纪年，如 1978。

（3）保管期限　归档文件保管期限的简称或代码。

（4）件号　文件的排列顺序号。

（5）机构　作为分类方案类目的机构名称或规范化简称。

5. 编目

归档文件应依据分类方案和室编件号顺序编制归档文件目录。

（1）件号　填写室编件号。

（2）责任者　制发文件的组织或个人，即文件的发文机关或署名者。

（3）题名　文件标题。没有标题或标题不规范的，可自拟标题，外加"[ ]"。

（4）日期　文件的形成时间，以 8 位阿拉伯数字标注年月日，如 20080724。

（5）页数　每一件归档文件的页数，文件中有图文的页面为一页。

(6) 备注　注释文件需说明的情况。

6. 装盒

将归档文件按室编件号顺序装入档案盒，并填写档案盒封面、盒脊及备考表项目。

（1）档案盒　封面应标明卷宗名称。档案盒的外形尺寸为 310mm×220mm（长×宽），盒脊厚度可以根据需要设置为 20mm、30mm、40mm 等。档案盒应根据摆放方式的不同，在盒脊或底边设置卷宗号、年度、保管期限、起止件号、盒号等必备项，并可设置机构（问题）等选择项。其中，起止件号填写盒内第一件文件和最后一件文件的件号，中间用"-"连接；盒号即档案盒的排列顺序号，在档案移交进馆时按进馆要求编制。档案盒应采用无酸纸制作。

（2）备考表　置于盒内文件之后，项目包括盒内文件情况说明、整理人、检查人和日期。

① 盒内文件情况说明：填写盒内文件缺损、修改、补充、移出、销毁等情况。

② 整理人：负责整理归档文件的人员姓名。

③ 检查人：负责检查归档文件整理质量的人员姓名。

④ 日期：归档文件整理完毕的日期。

二、基础知识

1. 客户档案的概念

客户档案是用来反映客户基本情况的基础性文件，建立客户档案就是将客户的有关信息、资料用文字（表格）的形式记载下来，经整理、分类、编目、造册，进行集中存放和管理，以备企业在需要时进行查寻和调阅。

客户信息资料的内容要进行动态管理，客户档案分年度进行清理。

2. 客户档案建立的目标

建立客户档案的目标是为了缩减销售周期和销售成本，有效规避市场风险，寻求扩展业务所需的新市场和新渠道，并且通过提高、改进客户价值、满意度、赢利能力以及客户的忠诚度来改善企业经营的有效性。

3. 客户档案建立的重要性

了解客户和了解产品一样重要。了解客户只有从点点滴滴收集信息做起。请相信一条原则，就是：如果推销只是让价格最低的人成交，那么世界上就不需要销售员了，只要电脑就够了。决定推销能否成功的关键不在投机取巧，而是人。因此，为了更好地了解客户，就必须使信息系统化，将有关客户各方面的信息进行收集、整理，并用文字（表格）进行精确描述，销售人员的工作任务就是在与客户的接触过程中尽量获取这些信息，一旦这些信息被收集整理出来，那么公司将会得到以下优势：第一，任何销售员都能在别的销售员的基础上继续发展与客户的良好关系，而不会导致销售员一旦离开公司业务就中断的情况；第二，销售员能够凭借这些资料做出一些令客户感动的事情，如果能具备一些关于客户家乡的常识，一定能使客户和你滔滔不绝地聊上半天还觉得不过瘾，这样加深了销售人员与客户之间的情感交流，为今后的合作之路打下了良好基础。永远记住：一个优秀的销售人员只有先出售自己才能成功地出售自己的产品。

当你手中有一张长期客户的名单时，你会很容易从他们的档案中找到需要的信息，这样你的业务就能有很大发展。

4. 客户档案建立和完善及利用的长远价值

企业通过建立客户档案资料，加强主要客户和潜在客户管理，其目的是为公司经营工作服务，因此，企业对客户档案的利用主要把握以下三个方面，并在利用中不断补充和完善客户资料。

第一，通过对客户档案中各类市场基础信息的利用，把握和预测企业准入新市场或扩大市场覆盖面的可行性及风险规避，对寻找、挖掘新客户起积极的参考作用。对于企业建立客户档案，在收集客户背景材料时，要充分了解客户的销售区域和法律规定；在利用客户档案时要整体评价客户的销售去向，及整体市场占有率和市场份额，以便决定企业生产技术和经营战略的整体发展方向和布局。

第二，通过对客户档案中交易状况信息的利用，把握企业自身管理程序的适应性和市场定位，挖潜堵漏，降低销售成本和生产成本，最大化整合、利用企业资源。如从订单的附加值高低、批量大小测算生产成本、设备利用率和销售费用，从订单的退赔、折价情况分析企业内部管理水平和原料供应、技术质量控制的能力，以便企业科学合理地设计管理流程，确保流程的重复性与持续性。以订单处理流程为例，包含从客户下订单，一直到他们收到所订购的产品，及完成付款为止所有活动。即"订购→现金"流程。应设法让公司所有员工知道这些重复流程，并让他们了解自己负责的工作与某些流程有何关联。因为每个流程只要一个环节不到位，就可能导致这个订单的延期或赔款损失。

第三，通过对客户档案的交易付款信息和客户背景材料的利用，把握企业销售业务中的赊销比重，同时重视应收账款管理工作，正确评估客户信用状况，减少交易风险。在判断和列入公司重要客户时，不仅要看其订单量、订单附加值，更要评价其真正的货款偿付能力。因此，需要强化信用管理职能，并将信用管理风险的权责合理地分配到公司各相关的业务职能部门中去，落实从开发客户订单到货款回收工作的全过程，解决"增加销售额和保证货款回收"这样一个两难问题。

另外，由于客户档案信息量较大，在利用中涉及企业的生产调度、技术管理、原料供应和经营、财务管理等诸多方面，数据处理的重复性、频繁性大，所以企业要积极导入客户关系管理（CRM），通过信息技术的手段集成在软件上面，组合为一体，建立一个闭合系统。

5. 客户档案资料分类

根据企业基本的经营运作程序，可以把客户档案资料分成五大类，编号排列定位并活页装卷，如表4-3。

表4-3 客户档案资料分类表

类　型	资料类别	资料内容	备　注
第一大类	客户基础资料	客户营业执照、税务登记证、法人委托书、客户背景资料等	包括对客户走访、调查报告，客户市场区域的各类经营技术法规、标准，本地区同类产品的市场比较信息
第二大类	与客户签订的合同、订单情况	历次签订合同订单登记表，具体合同订单文本	合同订单要按签订的时间先后排列
第三大类	客户欠款、还款情况	客户信用额度审批表；历次欠款、还款情况登记表；欠款、还款协议书；延期还款审批单；客户还款计划等	对于直接外销客户，还应有付款方式、授信金额抵押保证登记
第四大类	与客户交易状况	客户产品进出货情况登记表；实际进货、出货情况报表表；交易的其他资料等	对于直接外销客户，必须把每单的发货码单、报关手续、成品出厂检验报告、海关商检证明等交货资料收集齐全
第五大类	客户退赔、折价情况	客户历次退赔、折价情况登记表；退赔、折价审批表；退赔、折价原因、责任鉴定表	

以上每一大类都必须填写完整的目录，并编号，以备查询和资料定位；客户档案分年度清理、按类装订成固定卷保存。

6. 客户档案填制的主要信息资料内容

根据医药行业客户信息资料，主要包括医药公司（渠道）、药店（终端）、医院和消费者（患者）四大类型（如表4-4）。

表4-4 客户档案填制内容表

客户名称	填制内容	
	基本信息资料	动态信息资料
医药公司	名称、地址、邮政编码、电话、传真、注册资本、经营范围、上级主管、分支机构、当地排名、GSP认证、开户银行、开户账号、员工数量、掌握医院数量、掌握药店数量、掌握患者数量	药品年销售量、药品年销售额、回款及时率、下级渠道数量、药品采购周期、药品库存量等
药店	名称、地址、邮政编码、电话、传真、员工数量、营业面积、营业时间、经营药品种类、开户银行、开户账号、进药流程、专柜名称、成为客户的时间、进药周期	按药品分类平均月销售量、药店按药品分类平均每月销售额、药店专柜本企业药品所占比例、还款及时率
药店店员	姓名、籍贯、性别、出生年月、婚姻状况、文化程度、毕业院校、职务、所属部门、联系电话、住址、工作经历、电子邮件、社会兼职、兴趣爱好、职称、最佳联系时间	
医院	名称、地址、邮政编码、级别、电话、传真号码、医生数量、床位数量、开户银行、开户账号、主页、所有制形式、主任医师数量、副主任医师数量、进修医生数量	门诊量、各科室门诊量、按药品分类的处方量、床位平均利用率、药品年采购量、药品年采购额、药品采购种类、购进药品渠道、支付药品付款方式、药品采购周期、药事委员会、医疗器械委员会
医院医生	姓名、性别、出生年月、婚姻状况、文化程度、毕业院校、籍贯、联系电话、住址、配偶姓名、电子邮件、职务、所属科室、职称、学术特点、社会兼职、性格、工作经历、兴趣爱好、最佳致电时间、每月平均门诊量、本企业药品处方量、本企业药品处方比例、平均每月出诊天数	
消费者	顾客姓名、性别、生日、顾客类型、顾客来源、是否退休、职务、从事职业、健康状况、经济状况、是否公费医疗、家庭地址、家庭电话、邮编、工作单位、单位电话、主要联系方式、最佳沟通时间、爱好、城市、区域、服用何种药物	健康监测记录、健康生活行为

三、拓展知识

1. 客户信息的积累

企业对目标顾客需求与偏好的深入了解，有赖于客户信息的积累，并将客户信息转化为知识，应用到具体的营销决策中。客户信息积累是一个长期、系统的过程，企业应该根据决策需要确定客户的信息结构，并持续收集和更新客户信息。完善的客户信息有助于制定科学的营销决策。

在医药商品的实际销售工作中，主动与客户联系，询问产品需求的情况，变被动销售为主动服务，提高客户的保持率。同时，定期对客户进行拜访，把拜访的情况——记录到客户信息系统中，在此基础上进行需求分析，提供相关服务的建议，帮助分析顾客提出的异议，提醒客户应用时注意的环节，这种信息经过天长日久的积累，对销售人员了解顾客的需求及为顾客提供满意的服务提供了依据。

2. 客户信息库

完整的客户信息库是有效客户关系网络的基础。信息库（database），也称为数据库，是与计算机相关联的一个词汇。与企业营销活动有关的营销数据库最初的含义是指为实施直复营销（direct marketing）而收集的顾客和潜在顾客的姓名和地址。随着营销在企业管理活动中的地位和作用不断提高，营销数据库也逐渐发展成为营销信息系统（MIS），作为整个管理系统的核心组成部分发挥着重要作用。

营销信息系统由人、机器和程序组成，它为营销决策者收集、挑选、分析、评估和分配需要的、及时和准确的信息。客户信息库是整个营销系统的核心和精华。整个营销系统运作的目的就是为了给企业的决策者呈现顾客的"基本状态"和"基本动态"，以便进行市场分析，确定市场定位，规划和执行整体营销计划。企业可以在原有营销信息系统的基础上，按照客户信息的主旨精炼出企业所需的客户信息库，也可以围绕着收集客户信息的主旨扩建信息平台。客户信息库的构建使营销信息系统（MIS）与决策支持系统（DSS）之间的衔接更加紧密。

（1）客户信息库的内涵　客户信息库可看成是一个中央数据库系统，它运用计算机技术、通信技术和网络技术来传递和存储有关企业与客户之间关系的所有信息。其目的不在于获得或储存信息，而是用来规划个性化的沟通，创造销售业绩，具有整合与业务相关的客户所有资料，并提高客户终身价值的能力。

客户信息库包含的相关信息越多，作用也就越大，构建和维护的成本也就越高。所以科学的客户信息库应该具有结构化、明晰化、开放、动态、共享、目的明确等特征。

（2）客户信息库的作用　在现代信息技术的推动下，客户信息库的运用范围越来越广，作用越来越大。有效的客户信息库就是一座真正的富金矿。市场、客户、机会、利润都蕴藏在企业的客户信息库中。通过现代数据挖掘技术，企业可从客户信息库中提炼出准确反映客户消费特点的信息，从而有针对性地为客户提供个性化产品和专业性服务，最大限度地满足客户需求，与客户建立持久、良好的交换关系，为企业确立别人难以模仿的竞争力。

从短期来看，客户信息库给企业带来的直接效益表现在：便利性；延续性；及时性；交互性。

从长期来看，客户信息库给企业带来的直接效益表现在：有利于巩固企业的市场竞争优势地位；有利于提高企业新产品开发和服务的能力；有助于提高客户的忠诚度；有助于降低企业的运营成本，提高企业的营销效率和效果；有助于培养企业的核心竞争力。

3. 客户档案跟踪

医药企业建立客户档案的目的就是要全面了解客户的详细情况，便于随时沟通，但当前部分医药企业仍旧把客户档案当成一种形式或者成为一种"文档资料"。而针对当前市场的变化多端及其发展的快速性，医药企业有必要随时跟踪客户档案，使其具有"流动性"。

（1）客户经常性更改名称和地址应引起重视　部分不良客户随着负债的增多，他们会通过变更公司名称和地址等形式来"逃债"，尽管受法律约束，总有公司会"逃债"成功。当某公司经常性地变更名称和地址时应引起重视，客户档案也应随之"变动"，随时掌握其发展状况，当发现不良苗头时应快速反应，追讨货款，避免造成经济损失。

（2）要经常了解客户的资信情况　由于市场竞争日益加剧，当业务订单送上门来时，医药企业容易忽略客户的"资信"状况，在不是很了解客户的情况下盲目发货，此种现象在部分医药企业比较明显。因较为不现实的销售指标往往导致了销售人员忽视客户"资信"，讲求"发货量"而放松了对客户的考核。尤其是当超出双方协议期客户仍以各种理由不付款时，销售人员仍要求发货，而医药企业内部管理的松散和混乱将使货物继续流出，由此会使受损失的风险加剧。

跟踪客户档案是降低营销风险的有效方式之一，医药企业应重视客户档案的审核、管理、补充，使其具有"流动性"，从而降低风险。

四、相关法规

根据《中华人民共和国国家通用语言文字法》之规定：

第三条　国家推广普通话，推行规范汉字。

第六条　国家颁布国家通用语言文字的规范和标准，管理国家通用语言文字的社会应用，支持国家通用语言文字的教学和科研。

第八条　各民族都有使用和发展自己的语言文字的自由。少数民族语言文字的使用依据宪法、民族区域自治法及其他法律的有关规定。

五、实训

客户信息资料：

胜利大药房有限公司成立于1987年10月，是××市医药公司投资的药品零售连锁企业。立足于做大做强，立足于在发展中规范提高，迄今为止有近80家门店（市内近50家直营门店和控股30家门店）分布在本市各主要街道和社区，另外在周边城市有10家控股门店，全部经营商品达1000多种。

胜利大药房有限公司始终致力于创新企业制度和现代企业运作机制的改革，致力于在实践中探索和提升连锁管理水平，先后投资300多万元实施了内部计算机网络管理；坚持"六统一"的经营模式：统一胜利标识，统一经营理念，统一服务规范，统一采购配送，统一质量管理，统一财务结算。

胜利大药房积极配合市政府整顿和规范药品市场的工作，率先在全行业向社会提出"让市民称心、放心、高兴，塑造良好企业形象"的倡议，并作出了药品质量、规范经营、优质服务的三大承诺，取得了良好的社会反响。三年来胜利大药房抓住各种发展机遇，坚持走品牌发展的道路。以优质服务、管理创新，谋求与市内外同行各种合作，共同发展我国的药品连锁经营事业。面对我国加入WTO的机遇，不断创新、探索，立志发展成为国内领先、世界一流的特大型医药零售连锁企业。

企业地址：××省××市××路6号　　　　邮政编码：1231××

法人代表：×××　　　　　　　　　　　联系人：×××

电话：BBBBBB　　　　　　　　　　　　电传：CCCCCC

E-mail：lym@163.com　　　　　　　　　网址：www.lf××.com

实训要求： 根据上述客户信息资料内容，填写客户档案表。

客户档案

企业名称							
企业地址							
电话		电传		E-mail		Website：	
主要内容							
姓名		职务				电话	
总部所在地							
分支机构数目		雇员人数					
主要产品/服务							

主要客户	
重要的经营活动（企业和行为）	
企业的经营目标	
客户的具体需要	
目标	

<table>
<tr><th colspan="4">行动方案</th></tr>
<tr><td>日期</td><td>行动步骤</td><td>下一步</td><td>所需时间</td></tr>
<tr><td></td><td></td><td></td><td></td></tr>
<tr><td></td><td></td><td></td><td></td></tr>
<tr><td></td><td></td><td></td><td></td></tr>
</table>

六、思考与练习

（一）填空题

1. 客户财务状况资料包括_____，_____和_____。
2. 客户档案的表现方式：_____或_____。
3. 归档文件装订时要做到正文在前，_____；_____，_____。
4. 归档文件应在分类方案的最低一级类目内，按事由结合_____、_____等排列。
5. 归档章设置卷宗号、_____、_____等必备项。
6. 备考表置于盒内文件之后，项目包括盒内文件情况说明、_____、_____和_____。

（二）单选题

1. 医药销售企业通常采用（　　）客户档案来建立客户档案。
   A. 文字式　　　B. 表格式　　　C. 数字式　　　D. 字符式
2. 档案盒的外形尺寸为（　　）。
   A. 310mm×220mm（长×宽）　　　B. 320mm×220mm（长×宽）
   C. 310mm×210mm（长×宽）　　　D. 220mm×310mm（长×宽）
3. 营销信息系统由人、机器和（　　）组成。
   A. 程序　　　B. 指令　　　C. 战略　　　D. 规章
4. 客户法人代表的学历属于（　　）。
   A. 业务状况　　　B. 财务状况　　　C. 基础信息　　　D. 客户特征
5. 完整的（　　）是有效客户关系网络的基础。
   A. 客户财务报表　　　B. 客户交易记录　　　C. 客户合同　　　D. 客户信息库
6. 以下哪些属于医院的动态信息资料？（　　）
   A. 传真号码　　　B. 医生数量　　　C. 床位数量　　　D. 门诊量
7. 以下哪些属于医药经营公司的基本信息资料？（　　）
   A. 药品年销售量　　　B. GSP认证　　　C. 药品年销售额　　　D. 回款及时率
8. 健康生活行为是属于（　　）的信息资料。
   A. 医生　　　B. 药店店员　　　C. 消费者　　　D. 医药代表
9. 文件形成年度，以（　　）阿拉伯数字标注公元纪年。
   A. 二位　　　B. 四位　　　C. 六位　　　D. 八位
10. 以下哪些是规范汉字？（　　）
    A. 青梅素　　　B. 藥品　　　C. 授权书　　　D. 姓别

（三）多选题
1. 客户业务状况资料包括（　　）。
   A. 销售业绩　　　　　　　　　　B. 经营管理者和业务人员的素质
   C. 与其他竞争者的关系　　　　　D. 利润分配表
   E. 与本公司的业务关系
2. 文件分类包括（　　）。
   A. 按年度分类　　　B. 按保管期限分类　　　C. 按作者分类
   D. 按机构分类　　　E. 按客户分类
3. 从短期来看，客户信息库给企业带来的直接效益表现在（　　）。
   A. 便利性　　　　　B. 延续性　　　　　　　C. 及时性
   D. 交互性　　　　　E. 机密性
4. 以下哪些客户需要收集其银行账号？（　　）
   A. 经营公司　　　　B. 药店　　　　　　　　C. 药店店员
   D. 医院　　　　　　E. 医生
5. 以下哪些属于标准用语，用于表示客户的财务状况？（　　）
   A. 资金充裕　　　　B. 钞票老多　　　　　　C. 头寸短缺
   D. 流动性强　　　　E. 没得钱

（四）判断题
1. 填写顾客信息时，具体的指标应该有明确的数据表示出来。（　　）
2. 如果客户档案是用手写，应该使用钢笔或圆珠笔填写。（　　）
3. 文件的形成时间，以8位大写汉字标注年月日。（　　）
4. 归档文件应依分类方案和排列顺序逐件编号，在文件首页上端的空白位置加盖归档章并填写相关内容。（　　）
5. 任何销售员都不能在别的销售员的基础上继续发展与客户的良好关系。（　　）
6. 客户信息库可看成是一个中央数据库系统，它运用计算机技术、通信技术和网络技术来传递和存储有关企业与客户之间关系的所有信息。（　　）
7. 文字式客户档案比表格式客户档案更加清楚和直观。（　　）
8. 跟踪客户档案是降低营销风险的有效方式之一。（　　）
9. 客户信息资料的内容要进行动态管理，客户档案分年度进行清理。（　　）
10. 药事委员会和医疗器械委员会成员属于客户基本信息资料。（　　）

（五）问答题
1. 建立客户档案的目标是什么？
2. 客户档案资料是如何分类的？

（六）分析题
案例：
成都长城川兴酒厂是当地一家知名的酒厂，客户常年保持在50家左右，在没建立档案之前，企业吃了不少亏，在规范了顾客档案管理后，领导只要进入内部网络系统的顾客档案一栏，就可以找到顾客的相关情况，做到心中有数，既省心，又省事。顾客信息直接来源于营销人员和市场部人员，并服务于企业管理。顾客档案也记录了一些顾客的需求和产品偏好，给营销人员的分析判断起到了一个很好的参考作用，同时也使销售人员能最大限度努力工作，通过各种渠道来满足顾客要求。

思考：
1. 为什么通过客户档案的建立能够给该酒厂带来利益？
2. 医药经营企业能够由此借鉴到什么？

模块二　客户有效管理

（一）客户有效管理前的准备

（1）客户资料的准备　找到目标客户的信息资料，检查相应的记载是否完整。注意是否有关于客户购买需要、购买量、购买能力、购买权和购买资格的记载。尤其在销售麻醉药品、精神药品、医疗用毒性药品和放射性药品时，要清楚客户的购买资格，即该客户是否有资格销售相关的特殊管理药品。

（2）准备有关辅助工具　如计算机、铅笔、水笔、彩色笔、纸张、尺子、文件夹、订书机、计算器、电话等办公用品；城区交通图、交通工具等。

（二）客户有效管理的过程

客户有效管理的操作流程

1. 从细节入手

把客户有关信息资料进行梳理，记到脑子里，能灵活运用，会灵活运用，知道什么时候同哪个客户联系，通过什么手段联系哪个客户，沟通时说些什么，要达到什么效果，在一段时期内能签下多少订单。能做好这一切，即为先做人，后做生意，先做关系，后卖产品。要想更有效地管理和联系客户，产生更多的销售业绩，需要工具帮助我们有效管理客户，如Excel表格、Outlook通讯录、客户联系工具等。其实每个人管理客户的能力都是不同的，一个好的销售人员的有效客户管理最关键的是做有心人，善于观察并能揣摩客户心理，从细节上找机会，细节决定成败。

2. 做好销售计划及台账记录

（1）对每个客户制订月度销售计划，内容包括销售目标（含品种、规格、数量、单价等）、周进度计划、应急情况处理制度等，用以指导客户有效地开展销售业务。

（2）对客户销售工作每个环节作详细记录，如进货时间、品种、规格、数量、单价、金额、付款时间与进度、欠款情况等，记录应做到有明细、有合计与累计以及与销售计划的进度比较，这样可以明确掌握每个客户的销售情况和市场变化状况，有效区分客户优劣及其市场影响，从而采取相应措施，更有针对性地改进销售政策与计划。

（3）采用先进管理技术，如计算机管理、网络管理，更好地利用客户信息，增强客户信息的时效性、全面性和便捷程度。可以利用这些基础资料建立一套自动管理系统，提高客户管理的效率。

3. 做好合同管理工作

合同是企业处理与客户关系的最有约束力的法律文件，是企业管理客户的法律依据。依照规章制度在销售业务中与所有客户签订正式合同，确保合同的严肃性和科学性。依照《合同法》的规定，建立符合企业实际情况的标准合同规范文本。合同既是法律文件，又是经营企业的商业秘密，要做到专人管理，分门别类，集中建档，保证合同保管的严密性和完整性。

4. 保证沟通渠道的畅通

要与客户交朋友，就要在业务工作中以实际行动设身处地地为客户着想，解决客户遇到的问题，用诚心换来客户的工作积极性。企业在保证客户的基本利益时，也就保证了企业自己的销售市场，保证了企业的未来，在此与客户的沟通尤为重要，那么选择有效沟通渠道的方式及所达到的目的就相辅相成。以下三种形式供参考：

（1）客户业务座谈会　由企业定期召开，与客户代表面对面沟通交流，广泛听取客户意见，探讨业务合作发展思路，更好地安排以后的业务计划，达到知己知彼的目的，充分给予对方信任感和尊重感。

（2）客户访问　由销售业务领导或主管带队，对客户进行走访，了解客户与市场状况，收集客户意见，加深感情，消除隔膜，以解决问题及咨询为目的，更好地为客户提供服务，最大限度地满足客户需求。

（3）期刊联系　企业内部刊物联系制，用来发布企业销售政策，收集发布客户心声。

5. 建立客户预警机制

（1）欠款预警　为每个客户设定一个授信额度，一旦客户欠款超过此授信额度，及时发出警报，调查分析原因，督促客户及时回款。

（2）客户流失预警　对客户有一段时间不再进货了，可能要流失了，发出警报，要及时调查情况，采取对策。

（3）销售进度预警　根据销售记录，发现客户进货进度与销售计划进度、历史同期进货情况等相对比发生较大下降时，发出警报，应及时调查原因，采取对策。

（4）客户重大变故预警　当客户发生重大变故，如被盗、车祸、火灾、企业分立或合并、领导人重病等情况时，应发出警报，要提高对此客户的关注，严防出现风险。

6. 售后服务管理

（1）医药商品异议处理　对收到的货物在数量、质量等重要指标上低于合同约定或国家标准，客户会提出异议，企业必须有专门机构或专人负责处理。基本要求是"以事实为依据，以合同为标准"，有时也需要具体问题具体分析，特殊情况则例外处理，但无论如何不能推托不管或迟疑不决。

（2）医药商品退换货管理　对客户的退换货要求，在一般情况下都应满足，但要根据客户的不同情况，规定不同的退换货时间，以防止不良客户恶意退换货行为。在退换货时，要注意对药品的质量管理。药品退回时，应该存放在退货药品库（区）。经验收合格的药品应该存入合格药品库（区）；不合格药品放入不合格药品库（区）。

（3）维修或调换包装服务　在客户不具备产品维修能力时，企业应提供支援。在产品的销售过程中，会出现包装破损现象，企业应根据实际情况予以调换。如：企业可以对售出的医疗器械提供上门维修服务，并指导相应的维护与保养。又如：药品在销售过程中，如果出现包装破损，企业应该及时为客户调换，并查清原因。

（4）客户投诉管理　把客户投诉管理纳入日常工作，由专人负责，作详细记录，并进行相关调查，再由有关领导批示处理意见，最后通知客户处理结果。所有投诉记录都应保存完好，存档备查。

管理大师彼得·德鲁克曾说，企业只有一个利润中心，就是客户的钱袋；经营只有一个目标，就是造就客户。客户管理的核心是制度化、日常化、规范化、专人负责。只有这样才能落实到实际工作中去，也才能真正管理好客户，拥有美好的未来。

建立客户有效管理的控制点

1. 明确"协议"

协议条款要具备真实性。例行公事的"协议"很容易引起双方争议，原因在于双方隐瞒了部分现状。比如甲方产品存有缺陷却不告知乙方，或者乙方市场开发能力达不到某种要求而没有向甲方说明，原因是双方认为如果彼此"知根知底"，签订协议必定增加难度，甚至有不利于自己的条款，使有些虚假的协议在执行过程中就会碰到重重障碍，容易使双方产生不信任感，进而增加了营销风险。

2. 出具授权书

为了减少物流运输风险和赊销风险，要求客户出具授权书，以便于随时掌握客户收货情况，达到实施销售的目的。出具授权书有"货物接受授权书"，尤其是异地货物授权书可以降低营销风险，必要时可起到法律效应；"对方接收人的授权书"，接受货物人出现意外时可直接向公司索赔。授权书要具备一定的时效性，防止授权书因时间过长而不更换，而接受人不停地更换，导致授权书失效，风险也会随之而来。

3. 加强合同、回执管理

增强法律意识，重视发货合同和回执的管理，当出现法律纠纷时可通过有关证据保证自己的合法权益。合同填写齐全的目的就在于便于双方履行权利和义务，也可有效降低经营风险。对方接受到货物后，要在当月要求客户出具收货回执单，便于出现意外时作为依据，保存证据比寻找证据要容易得多。

（三）客户有效管理的结束工作

（1）整理客户资料，作好记录和备份，按类别存放保存。如果客户信息资料属于企业机密，应交给专人管理，以防止客户资料泄密。

（2）清理办公桌。废纸必须扔进废纸篓里。如果废纸上涉及企业机密，可将其放入碎纸机进行处理。将水笔、尺子等办公用品放回原处，不要随意放在办公桌上，以免遗失。保证计算机所储存资料的安全性，可以通过设置密码、安装杀毒软件等方法防止资料被非法窃取。

二、基础知识

1. 客户关系管理的内涵

客户关系管理（CRM），是一种旨在改善企业与客户之间关系的新型管理机制，它实施于企业的市场营销、销售、服务与技术支持等与客户相关的领域。CRM 的目标是一方面通过提供更快速和周到的优质服务吸引和保持更多的客户，更好地理解顾客的需求和偏好来增大顾客价值。另一方面通过对业务流程的全面管理来降低企业的成本。CRM 既是一种概念，也是一套管理软件和技术，利用 CRM 系统，企业能搜集、跟踪和分析每一个客户的信息，从而知道什么样的客户需要什么东西，真正做到需要与信息对应，同时还能观察和分析客户行为对企业收益的影响，使企业与客户的关系及企业利润得到最优化。

（1）客户关系管理是一种经营观念，它要求企业全面地认识顾客，最大程度地发展顾客与本企业的关系，实现顾客价值的最大化。

（2）客户关系管理是一套综合的战略方法，它通过有效地使用顾客信息，培养与现实及潜在的顾客之间的良好关系，为公司创造大量的价值。

（3）客户关系管理是一套基本的商业战略，企业利用完整、稳固的客户关系而不是某个特定的产品或业务单位来传送产品和服务。

（4）客户关系管理是通过一系列的过程和系统来支持企业的总体战略，以建立与特定顾客之间长期的、有利可图的关系。

客户关系管理能为企业赢得更多的客户，保留更好的客户，创造更大的客户价值，保持客户永久的忠诚，建立一对一市场营销，从而为企业带来更丰厚的利润和持续的竞争优势。

2. 客户管理的原则

（1）给予客户真正的尊重　尊重客户是最起码的商业道德，也是开展有效的客户管理、实现企业营销目标的前提。体现在与客户往来的每个环节与各个方面。

（2）保证客户的利益　企业与客户其实是一个利益共同体，企业在经营中不能仅考虑自身的利益而置客户利益于不顾，否则这个利益共同体的寿命不会长久。

（3）着眼于与客户的长久合作　客户稳定是企业销售稳定的前提，客户群体的稳定对企业销售政策的连贯性和市场维护是不可缺少的。

（4）对客户进行动态管理　客户资料要不断加以调整，及时补充新的资料，突出重点，灵活运用，对客户的变化进行跟踪，使客户管理保持动态性，提高客户管理的效率。

3. 客户管理的分析

进行客户管理，通过对客户信息资料的收集，还要对客户进行多方面的分析，这样才能掌握客户的态势，更好地对客户进行管理。

（1）交易状况分析　包括本公司交易状况分析，商品的销售构成分析，商品周转率的分析等。

（2）分析客户等级　客户等级ABC分析法，见表4-5。

表4-5　客户等级ABC分析表

项　目	等　级		
	A	B	C
分类依据	累计销售金额的累计构成比例达到85％的客户群	累计销售金额的累计构成比例达到75％～85％的客户群	A、B两个等级外的客户群
分析意义	占有现销售额的中心地位,企业要把这些客户群作为最重要的客户来管理,谋求销售额保持,并进一步提高	其重要程度相对次之,但也有必要对这些客户进行充分研究	在本企业销售额中所占比例很小,但也是有效销售活动中不可缺少的部分
分析特别因素	销售额发生急速增长而被划分为A等级的客户,应给予特别关注,要分析其发生异常原因,有针对性地区别对待	①刚开始建立销售关系的客户,可列为今后销售活动的重点②以前曾有很大销售额,但现在已逐渐变小的客户	①购买总量很大,只是本企业在其购买总量中占有的比例很小的客户群,必须进行强化管理②刚开始建立销售关系的客户,有必要培养成上一等级序列的客户

（3）客户信用调查分析　客户信用度、满意度分析。

（4）客户投诉处理　处理的方式、结果如何，都对客户管理起到举足轻重的效果。

4. 考察与选择客户的因素

（1）客户信誉　客户的信誉是企业与其合作的基础，客户有良好的信誉，企业完成经营目标才有基本保证。但考察客户信誉时要有发展的观点，而不能只看一时一事。

（2）客户的经销能力　客户销售能力的大小，将直接影响着企业销售业绩。这需要考察客户的经营手段、资金实力、硬件设施、分销网络、人员素质等。

（3）客户经销的积极性　销售效果与其积极性往往是成正比的。

（4）客户的社会影响　既影响着客户的销售状况，也影响着企业与客户的关系以及处理问题或纠纷时的难易程度。

5. 特殊顾客特殊对待

根据80/20原则，企业的利润80％是由20％的客户创造的，并不是所有的客户对企业都具有同样的价值，有的客户带来了较高的利润率，有的客户对于企业具有更长期的战略意义。美国《哈佛商业杂志》发表的一篇研究报告指出：多次光顾的顾客比初次登门的人可为企业多带来20%～85%的利润。所以善于经营的企业要根据客户本身的价值和利润率来细分客户，并密切关注高价值的客户，保证他们可以获得应得的特殊服务和待遇，使他们成为企业的忠诚客户。

6. 注重客户的情感交流

在信息时代，客户通过Internet等各种便捷的渠道都可以获得更多更详细的产品和服务信息，使得客户比以前更加聪明、强大、更加不能容忍被动的推销。这样，与客户的感情交流是企业用来管理和维系客户关系的重要方式，日常的拜访、节日的真诚问候、婚庆喜事、过生日时的一句真诚祝福、一束鲜花，都会使客户深为感动。交易的结束并不意味着客户关系的结束，在售后还须与客户保持联系，以确保客户的满意持续下去。由于客户更愿意和与他们类似的人交往，他们希望与企业的关系超过简单的买卖关系，因此企业需要快速地和每一个客户建立良好的互动关系，为客户提供个性化的服务，使客户在购买过程中获得产品以外的良好心理体验。

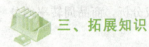

三、拓展知识

1. 顾客满意度

顾客满意是指顾客对其明示的、通常隐含的或必须履行的需求或期望已被满足的程度的感受。满意度是顾客满足情况的反馈，它是对产品或者服务性能，以及产品或者服务本身的评价；给出了（或者正在给出）一个与消费的满足感有关的快乐水平，包括低于或者超过满足感的水平，是一种心理体验。

顾客满意度是一个变动的目标，能够使一个顾客满意的产品，未必会使另外一个顾客满意，能使得顾客在一种情况下满意的产品，在另一种情况下未必能使其满意。只有对不同的顾客群体的满意度因素非常了解，才有可能实现100%的顾客满意。

顾客满意度反映的是顾客的一种心理状态，它来源于顾客对企业的某种产品服务消费所产生的感受与自己的期望所进行的对比。也就是说"满意"并不是一个绝对概念，而是一个相对概念。企业不能闭门造车，留恋于自己对服务、服务态度、产品质量、价格等指标是否优化的主观判断上，而应考察所提供的产品服务与顾客期望、要求等吻合的程度。

"顾客满意"推进的产生是在20世纪80年代初。当时的美国市场竞争环境日趋恶劣，美国电话电报公司（AT&T）为了使自己处于有利的竞争优势，开始尝试性地了解顾客对目前企业所提供服务的满意情况，并以此作为服务质量改进的依据，取得了一定的效果。与此同时，日本本田汽车公司也开始应用顾客满意作为自己了解情况的一种手段，并且更加完善了这种经营战略。

20世纪90年代中期，顾客满意度调查在中国的跨国公司中得到迅速而广泛的应用。原因之一是跨国公司总部要求按照本部的模式定期获得中国区市场的顾客信息，以应对全球化进程中的计划与挑战；二是日趋激烈的竞争中，优秀的服务成为企业获得并保持竞争优势的重要诉求；三是主管需要对员工的工作绩效进行量化评估，这需要来自顾客的评价。随着中国市场竞争的日趋白热化，企业间的较量已开始从基于产品的竞争转向基于顾客资源的竞争，顾客资源正在逐渐取代产品。

2. 培养客户忠诚度

为在竞争日益激烈的医药商品市场中取得优势，医药企业就必须通过各种手段，与客户建立、保持并发展长期的互惠关系，培养顾客成为企业的忠诚者。要建立顾客的忠诚感，需要对每一个环节进行研究，包括顾客的消费决策期、交易初始期、持续消费期、潜伏转向期和交易转向后等各个方面,要针对不同的环节,采用不同的方法和策略,直到建立顾客的忠诚感。

(1) 消费决策期　树立知名医药商品品牌,运用品牌效应吸引顾客。消费决策期是顾客消费欲望的产生时期,这一时期医药企业的行为是非常重要的,它会影响到客户对医药企业的选择。客户在面对医药企业进行购买决策时,往往会根据自己对医药企业的了解程度和自己的经验爱好来进行选择,因此,作为医药企业就必须树立一个强势的品牌,运用品牌效应来吸引顾客,同时还要运用各种营销渠道,让顾客对这一品牌有一个充分的了解。同时,品牌必须要有特色,因为在产品和服务高度同质化的今天,任何一个品牌都可以为顾客提供满意的服务,这时,就需要医药打造出独具特色的品牌,用自己的特色吸引顾客前来消费,这也是培养忠诚顾客的基础。

(2) 交易初始期　提供高质量服务,留下良好第一印象。由于医药商品的特殊性,客户购买产品的过程是决定客户是否满意的关键时期。这一时期医药企业的主要任务就是提供高质量的药学服务,树立良好的第一印象,让客户觉得物有所值甚至是物超所值。

(3) 持续消费期　运用营销手段,培养忠诚客户。客户能够再次与医药企业合作,表明对医药企业的产品和推销服务比较满意,这就为其进一步转化为忠诚客户奠定了基础。这一时期是客户稳定消费习惯的关键时期,也是培养忠诚客户的绝佳时期。

3. 成功实施 CRM 方案的程序

(1) 确立业务计划　企业在考虑部署客户关系管理(CRM)方案之前,首先确定利用这一新系统实现的具体的生意业务目标,例如提高客户满意度、缩短产品销售周期以及增加合同的成交率等。

(2) 建立 CRM 员工队伍　为成功地实现 CRM 方案,要对企业业务进行统筹考虑,并建立一支有效的员工队伍。每一准备使用这一销售系统方案的部门均需选出一名代表加入该员工队伍。

(3) 评估销售、服务过程　在评估一个 CRM 方案的可行性之前,使用者需多花费一些时间,详细规划和分析自身具体业务流程。为此,需广泛地征求员工意见,了解他们对销售、服务过程的理解和需求;确保企业高层管理人员的参与,以确立最佳方案。

(4) 明确实际需求　充分了解企业的业务运作情况后,接下来需从销售和服务人员的角度出发,确定其所需功能,并令最终使用者寻找出对其有益的及其所希望使用的功能。就产品的销售而言,企业中存在着两大用户群:销售管理人员和销售人员。其中,销售管理人员感兴趣于市场预测、销售渠道管理以及销售报告的提交;而销售人员则希望迅速生成精确的销售额和销售建议、产品目录以及客户资料等。

(5) 选择供应商　确保所选择的供应商对企业所要解决的问题有充分的理解。了解其方案可以提供的功能及应如何使用其 CRM 方案。确保该供应商所提交的每一软、硬设施都有详尽的文字说明。

(6) 开发与部署　CRM 方案的设计,需要企业与供应商两个方面的共同努力。为使这一方案得以迅速实现,企业应先部署那些当前最为需要的功能,然后再分阶段不断向其中添加新功能。其中,应优先考虑使用这一系统的员工的需求,并针对某一用户群对这一系统进行测试。另外,企业还应针对其 CRM 方案确立相应的培训计划。

四、相关法规

根据《麻醉药品和精神药品管理条例》(国务院令第 442 号)之规定:

第二十二条　国家对麻醉药品和精神药品实行定点经营制度。

国务院药品监督管理部门应当根据麻醉药品和第一类精神药品的需求总量,确定麻醉药品和第一类精神药品的定点批发企业布局,并应当根据年度需求总量对布局进行调整、公布。药品经营企业不得经营麻醉药品原料药和第一类精神药品原料药。但是,供医疗、科学研究、教学使用的小包装的上述药品可以由国务院药品监督管理部门规定的药品批发企业经营。

第二十三条 麻醉药品和精神药品定点批发企业除应当具备药品管理法第十五条规定的药品经营企业的开办条件外,还应当具备下列条件:

(一)有符合本条例规定的麻醉药品和精神药品储存条件;

(二)有通过网络实施企业安全管理和向药品监督管理部门报告经营信息的能力;

(三)单位及其工作人员2年内没有违反有关禁毒的法律、行政法规规定的行为;

(四)符合国务院药品监督管理部门公布的定点批发企业布局。

麻醉药品和第一类精神药品的定点批发企业,还应当具有保证供应责任区域内医疗机构所需麻醉药品和第一类精神药品的能力,并具有保证麻醉药品和第一类精神药品安全经营的管理制度。

第二十四条 跨省、自治区、直辖市从事麻醉药品和第一类精神药品批发业务的企业(以下称全国性批发企业),应当经国务院药品监督管理部门批准;在本省、自治区、直辖市行政区域内从事麻醉药品和第一类精神药品批发业务的企业(以下称区域性批发企业),应当经所在地省、自治区、直辖市人民政府药品监督管理部门批准。

专门从事第二类精神药品批发业务的企业,应当经所在地省、自治区、直辖市人民政府药品监督管理部门批准。

全国性批发企业和区域性批发企业可以从事第二类精神药品批发业务。

第二十五条 全国性批发企业可以向区域性批发企业,或者经批准可以向取得麻醉药品和第一类精神药品使用资格的医疗机构以及依照本条例规定批准的其他单位销售麻醉药品和第一类精神药品。

全国性批发企业向取得麻醉药品和第一类精神药品使用资格的医疗机构销售麻醉药品和第一类精神药品,应当经医疗机构所在地省、自治区、直辖市人民政府药品监督管理部门批准。

国务院药品监督管理部门在批准全国性批发企业时,应当明确其所承担供药责任的区域。

第二十六条 区域性批发企业可以向本省、自治区、直辖市行政区域内取得麻醉药品和第一类精神药品使用资格的医疗机构销售麻醉药品和第一类精神药品;由于特殊地理位置的原因,需要就近向其他省、自治区、直辖市行政区域内取得麻醉药品和第一类精神药品使用资格的医疗机构销售的,应当经国务院药品监督管理部门批准。

省、自治区、直辖市人民政府药品监督管理部门在批准区域性批发企业时,应当明确其所承担供药责任的区域。

区域性批发企业之间因医疗急需、运输困难等特殊情况需要调剂麻醉药品和第一类精神药品的,应当在调剂后2日内将调剂情况分别报所在地省、自治区、直辖市人民政府药品监督管理部门备案。

第二十七条 全国性批发企业应当从定点生产企业购进麻醉药品和第一类精神药品。

区域性批发企业可以从全国性批发企业购进麻醉药品和第一类精神药品;经所在地省、自治区、直辖市人民政府药品监督管理部门批准,也可以从定点生产企业购进麻醉药品和第一类精神药品。

第二十八条　全国性批发企业和区域性批发企业向医疗机构销售麻醉药品和第一类精神药品，应当将药品送至医疗机构。医疗机构不得自行提货。

第二十九条　第二类精神药品定点批发企业可以向医疗机构、定点批发企业和符合本条例第三十一条规定的药品零售企业以及依照本条例规定批准的其他单位销售第二类精神药品。

第三十条　麻醉药品和第一类精神药品不得零售。

禁止使用现金进行麻醉药品和精神药品交易，但是个人合法购买麻醉药品和精神药品的除外。

五、案例分析

某医药经营公司2007年累计实现销售额120万元，现在根据有关客户的资料，对客户A，客户B，客户C进行基础分析后，拿出有效管理的方案。

1. 找出并归纳目标客户交易额的数据。

客户 \ 季度	第一季度	第二季度	第三季度	第四季度
甲	18	20	25	30
乙	5	3	4	6
丙	0	0	2	3

（资料时间为2007年1月1日至2007年12月31日。单位：万元）

2. 计算客户A、客户B、客户C的交易额占累计销售额的比重

（1）客户甲在2007年度末共计成交药品：18＋20＋25＋30＝93万元

客户甲的交易占累计销售额的比重：93/120＝77.5%

（2）客户乙在2007年度末共计成交药品：5＋3＋4＋6＝18万元

客户乙的交易占累计销售额的比重：18/120＝15%

（3）客户丙在2007年度末共计成交药品：0＋0＋2＋3＝5万元

客户丙的交易占累计销售额的比重：5/120＝4.2%

3. 根据ABC分析法，将客户进行分类

（1）客户甲是A级客户，即重点客户（该客户的交易数额占累计销售额的80%左右）。

（2）客户乙是B级客户，即次要客户（该客户的交易数额占累计销售额的15%左右）。

（3）客户丙是C级客户，即普通客户（该客户的交易数额占累计销售额的5%左右）。

4. 根据客户分类的结果，对客户制定相应的有效管理方案

（1）客户甲是A级客户　与企业利润、销售员的业绩密切相关，因此一定要加强访问，交流信息，以客户为中心，了解客户需求，从而集中努力进行销售，满足该客户的市场需求，想方设法维持客户甲对医药经营公司的忠诚度。

（2）客户乙是B级客户　虽然目前交易不大，有时甚至不具备完备的购买条件，但无论是从购买的数量还是从获得利润的角度来看，都具有很大的潜力，是具有发展前途的客户，应该给予相当的关注，使其将来发展成为A客户。

（3）客户丙是C级客户　对该客户的了解还不够，尚待开发。在时间和精力允许的情况下，销售员可以去访问这类客户，但不要给自己太大的压力，应该把主要精力投入在A级和B级客户身上。

六、思考与练习

（一）填空题

1. 特殊管理药品是指麻醉药品，_____，_____和_____。
2. 合同是企业处理与客户关系的最有约束力的_____，是企业管理客户的_____。
3. 在进行客户管理前，必须要注意客户档案中是否有关于客户购买需要、购买量、_____、_____和_____的记载。
4. 客户关系管理是一种旨在改善企业与客户之间关系的新型管理机制，它实施于企业的市场营销_____、_____与_____等与客户相关的领域。
5. 顾客满意是指顾客对其明示的、通常隐含的或必须履行的_____或_____已被满足的程度的。
6. 根据80/20原则，企业的利润_____%是由_____%的客户创造的。

（二）单选题

1. 客户管理关系通常用（　　）来表达。
   A. CBM　　　　　B. CDM　　　　　C. CRM　　　　　D. CFM
2. 某客户的公司财产严重被盗，可能引发财务危机，这时销售人员应该及时发出（　　）。
   A. 欠款预警　　B. 销售进度预警　　C. 客户流失预警　　D. 客户重大变故预警
3. 医药经营企业为了减少物流运输风险和赊销风险，要求客户出具（　　）。
   A. 信用证　　　B. 营业执照　　　C. 药品经营许可证　　D. 授权书
4. 运用营销手段，培养忠诚客户用于（　　）。
   A. 消费决策期　B. 交易初始期　　C. 持续消费期　　D. 产品衰退期
5. 药品经营企业不得经营麻醉药品原料药和第一类精神药品（　　）。
   A. 原料药　　　B. 中间体　　　C. 制剂　　　D. 包装
6. "顾客满意"推进的产生是在20世纪（　　）。
   A. 60年代初　　B. 70年代初　　C. 80年代初　　D. 90年代初
7. 禁止使用（　　）进行麻醉药品和精神药品交易，但是个人合法购买麻醉药品和精神药品的除外。
   A. 支票　　　　B. 现金　　　　C. 汇票　　　　D. 本票
8. 合同填写齐全的目的就在于便于双方履行权利和义务，也可有效降低（　　）。
   A. 财务风险　　B. 经营风险　　C. 操作风险　　D. 经济风险
9. CRM方案的设计，需要企业与（　　）两个方面的共同努力。
   A. 政府　　　　B. 媒体　　　　C. 供应商　　　D. 消费者
10. 《麻醉药品和精神药品管理条例》由（　　）颁布。
    A. 全国人民代表大会　　B. 国务院　　　C. 商务部　　　D. 司法部

（三）多选题

1. 有效的售后服务管理有（　　）。
   A. 医药商品异议处理　　B. 医药商品退换货管理　　C. 维修或调换包装服务
   D. 客户投诉管理　　　　E. 时间管理
2. 区域性批发企业可以从（　　）购进麻醉药品和第一类精神药品。
   A. 大型医疗机构　　　　B. 全国性批发企业　　　　C. 国外代理机构
   D. 定点生产企业　　　　E. 区域代理机构
3. 医药商品销售目标包括（　　）。
   A. 品种　　　　B. 规格　　　　C. 效期
   D. 单价　　　　E. 数量

4. 下列哪些属于客户管理时所用的辅助工具？（　　）
A. 客户资料　　　　　B. 铅笔　　　　　C. 水笔
D. 彩色笔　　　　　　E. 计算机
5. 客户管理的分析包括（　　）。
A. 交易情况分析　　　B. 客户等级分析　　C. 信用调查分析
D. 投诉处理　　　　　E. 心理分析

（四）判断题

1. 特殊管理药品就是放射性药品。（　　）
2. 合同既是法律文件，又是经营企业的商业秘密。（　　）
3. 顾客满意度是一个不变的目标。（　　）
4. 交易的结束并不意味着客户关系的结束，在售后还须与客户保持联系。（　　）
5. 麻醉药品和第一类精神药品可以零售。（　　）
6. 所有投诉记录都应保存完好，存档备查。（　　）
7. CRM应该是一种概念，而不是一套管理软件和技术。（　　）
8. 只要客户提出退换货要求都应满足。（　　）
9. 增强法律意识，重视发货合同和回执的管理，当出现法律纠纷时可通过有关证据保证自己的合法权益。（　　）
10. 尊重客户是最起码的商业道德，也是开展有效的客户管理、实现企业营销目标的前提。（　　）

（五）问答题

1. 客户管理的原则有哪些？
2. 从哪些方面提高和培养客户对企业的忠诚度？

（六）分析题

案例：美国Hertz公司的客户服务

Hertz公司是世界上最大的汽车租赁公司。公司在1989年开发了Hertz♯1 Club Gold程序，建立了一个强大的客户数据库系统，存储客户的各种资料和消费记录。从客户租赁汽车的每一个步骤出发，从电子剪贴板到in-car浏览系统到电子签名板，最大程度地便利客户租赁汽车，从而使客户租赁汽车成为一个令人愉快的过程。自从Hertz♯1 Club Gold程序投入使用以来，Hertz♯1 Club Gold成员已达到200多万，占Hertz公司在美国汽车租赁商务的40%以上，而且到目前为止他们都是公司最忠实的客户。以下将简要介绍Hertz公司获得成功的关键性因素和从中获得的经验教训。

1. 商业目标

Hertz公司的商业目标是最大程度地便利客户，从客户的角度出发，设计客户满意的服务过程，从而获得较大的市场份额。主要包括：向客户提供始终如一的、品牌化的消费体验；节省客户的时间，避免让客户对公司的工作产生不满；缓解电话中心的压力，降低公司运营成本；扩大公司市场占有率，拓宽海外市场；为客户提供自我管理的机会。Hertz公司通过使用和不断改进Hertz♯1 Club Gold程序逐步达到公司的目标，以下将研究Hertz公司获得成功的商业秘诀。

2. 成功因素

（1）建立统一的客户背景数据库　客户不愿意每次租赁汽车时都填写详细的申请表格，告诉汽车租赁公司相同的个人情况，浪费自己的时间。为了解决客户的这个问题，Hertz公司提出了建立一个Hertz♯1 Club Gold客户背景数据库程序，通过这个数据库，Hertz公司给它的♯1 Club Gold客户提供一个一年一次的租赁协议。通过这个系统，客户不用在每次租借车时都签名，也不用在租借柜台前苦苦等待了！

Hertz公司是第一个认识到保留客户背景数据库的战略重要性的汽车租赁公司。数据库中保留每一个客户的姓名、汽车等级偏好、信用卡号码、地址、公司信息和历史租赁记录，Hertz公司在全世界范围内提供汽车租赁服务，以前客户的信息散落在不同地区的数据库之中，公司难以得到客户的完整信息，现在通过使用一个专一的全球化客户数据库，在全球范围内收集客户的信息，确保为客户提供统一、稳固的服务体系。

（2）节约客户的时间，最大限度方便客户　Hertz公司监控飞机的到达和延误，以确保在客户到达前就为他准备好汽车。当客户一下飞机，就可以看到公司的电子信号，指引客户到汽车停放点，客户所租的汽车敞开着车厢停在事先选择好的停车位置，客户的姓名显示在所租车的位置上，当客户进去后，可以到一个临时指定的♯1 Club Gold程序计数器那里，不用任何签名，只需向Hertz公司代表出示他们的驾驶执照，并取他们的车钥匙和租借记录，然后就可直接去取车。

（3）帮助客户到达目的地　Hertz公司认为仅仅为客户提供一个地图并不能帮助客户达到他们的最终目的地，Hertz公司在租赁的汽车上安装全球化的定位系统（GPS）。GPS系统输入了全美和世界一些地区的详细地图。Hertz公司与加利弗尼亚州的GPS厂商Magellan系统公司合作对Rockwell的GPS进行了改进。特征是：在汽车上设有一个便于阅读的显示屏地图；用箭头清晰地指示客户在何时和何处转弯；当司机错过了出口或转错弯时能迅速给出新路线。GPS系统同时还可以查询离客户最近的旅馆、快餐店、加油站、医院等，客户需要的场所的确切地址。Hertz公司通过地图的更新、辅助的信息和实时的交通路线来优化和改善GPS系统。

（4）合理化汽车回收程序　Hertz公司也在汽车回收程序上作了一些创新。在1997年，公司引进了Hertz及时回收程序。当客户还车时，Hertz公司的代理人在车旁向还车的客户问候，输入行车里程和油量信息，处理收回手续，并用便携式打印机给客户打印一个收据。Hertz公司同时建立了许多Hertz回收中心，回收中心的停车场上有遮雨的帐篷，当客户从车里出来，从车厢里取回行李和上车时，可以避免遭受风吹雨淋。Hertz公司在1999年末建成了40个回收中心。现在，及时回收程序已在美国和加拿大的110多个地区使用，澳大利亚和七个欧洲国家也在使用这个程序。

（5）自助式销售和旅行代理网络　Hertz公司建立了一个自动化销售网站，以满足客户和旅行代理人的查询和预定需求。网站提供客户服务和事务处理功能。客户可以输入他们要预定车的日期和地点，选择他们所感兴趣的车型，并可以得知预定是否得到确认。Hertz公司网站同时为旅行代理人提供网络预定系统。例如，旅行代理人不仅可以预定车辆，也可以获得客户的公司折扣信息和所提供的不同车辆的照片。后者是他们用标准的CRS（客户关系）系统所做不到的。这样，客户不仅可以在网络上获得信息和预定车辆，也可以通过旅行代理人获得他们所预定的车辆。这是一种Hertz公司所期望的自由争论的交互方式。

思考：
1. Hertz公司的成功之道是什么？
2. 如何借鉴这些经验用于医药商品的销售？

项目五
医药商品批发

学习目标

1. 掌握药品批发业务的一般流程。
2. 正确填制批发业务的各种票据。
3. 掌握商业合同文本填写。
4. 能进行应收账款、应付账款的处理。
5. 有效控制审货。

模块一　医药商品批发业务流程

一、工作流程

（一）医药商品批发前的准备

（1）销售员联系客户，列出购进企业提供的资料并查验。同时向购进企业提供本公司资料，见表5-1。

表5-1　医药商品批发前准备的资料

采购方	销售方
1. 营业执照 2. 药品经营许可证 3. GSP证 4. 税务登记证、机构代码证	1. 加盖本企业原印章的药品经营许可证和营业执照、税务登记证、机构代码证的复印件 2. 派出销售人员的授权书复印件。授权书原件应当载明授权销售的品种、地域、期限，注明销售人员的身份证号码，并加盖本企业原印章和企业法定代表人印章或者签名。 3. 所销售药品的产品生产批件（或药品注册证） 4. 产品检验报告（所售批次厂检报告） 5. 产品物价文件（医保产品需要区物价） 6. 商标文件 7. 药品说明书复印件 8. 产品质量保证协议 9. 产品内外包装及说明书批文 10. 产品专利证文件（有提供）

注：上述资料均为加盖本企业原印章的复印件。

（2）销售员联系客户，确定商品名称、规格、数量、单位、单价、金额、送货备注、发票类型、销售方式、结算方式等，并签署销售合同。

（二）医药商品批发业务操作过程

医药商品批发业务的操作流程

（1）销售业务员根据客户的要货计划或电话登记要货情况，签订购销合同，将合同交公司业务部门对销货合同的主要条款进行形式上和内容上的审查。依据通过审核的销货合同，填制"要货计划单",计划单和销售合同一起交业务主管审核签字、公司领导批准签章,然后将销货合同装订备查,计划单提交销售部门经理审核签章,经审核的"要货计划单"交客户服务部的销售开票员进行开票。

(2) 客户服务部的销售开票员接到审核后的"要货计划单"后,按照规定的时间进行销售开票。在开票时开票员检查信誉额度,如果超出额度,ERP 系统将出现提示,须与销售部门经理沟通决定继续开票或作废记录。可在 ERP 系统中查询超额客户记录。

(3) 开票员检查部门代理品种。在销售开票时,将对其对应的部门、客户、业务员进行检查,如检查未获通过,将不能对此品种进行开票。

(4) 开票员审核可销库存,对于可销库存不够的要货计划转入缺货登记并及时通知销售业务员,由销售员与客户沟通是否将目前库存发出或者取消要货,作废记录。

(5) 开票完成后,开票员与"要货计划单"进行核对后按照药品先进先出、近效先出的原则开票再保存确定并打印"销售清单"。

(6) 销售结算员根据"销售清单"上的销售模式项"现金/月结销售"方式,在 ERP 系统中签发物流指令准许库房配货,并在"销售清单"上加盖销售专用财务章。

(7) 库房根据加盖财务章的"销售清单"配货,办理药品出库的同时填制"出库单"。

(8) 业务部门凭"销售清单"开具销货发票,将销售方记账联同"销售清单"一起交财务部门签收。

(9) 医药商品批发业务操作流程见图 5-1。

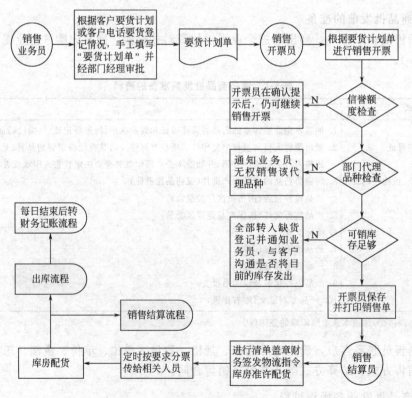

图 5-1 医药商品批发业务操作流程

医药商品批发业务的控制点

(1) 确认客户的药品经营许可证有效期与经营范围,所采购药品须在其经营范围内。

(2) 销售部门经理确认"要货计划单"中的重点项目有：

① 客户名称。如果是新客户或发生客户情况的变更，应该先按照客户管理流程办理相应的审批手续。

② 销售模式、结算方式。常见的结算模式有现金、月结和延期付款。如果采用月结或其他非现金结算，须确认客户信用额度是否足够，能否超额授信。

③ 客户要货的品种、规格、产地、数量、价格或折扣率、发货方式和运输地点。确认库存是否足够并根据送货地点确定价格是否符合公司定价，防止窜货。

(3) 销售开票员须审核"要货计划单"是否经审核，是否超出信用额度，数量是否超出可销库存，如超出须及时与销售员、销售经理联系，根据沟通结果进行后续处理。如果是部门代理品种，还要审核是否是该品种对应的部门、客户、业务员。

(4) 库房配货后，销售员要及时确认销售并上报进行销售结算。

(三) 医药商品批发业务结束工作

"销售清单"共5联，存根联销售结算员自留备查；仓库联加盖发货章后交库房配货；随货同行联由销售员转给仓库作复核出库用，并随货交客户；另两联分别交销售部门财务和公司财务做账。销售员催收货款，货款到账后财务开具销售发票。

二、基础知识

1. 药品批发业务的概念

药品批发业务是指，药品批发企业将购进的药品销售给药品生产企业、药品经营企业、医疗机构的业务活动。药品零售是指药品零售企业将购进的药品销售给消费者的行为。二者的区别在于两方面：一是销售主体和销售对象范围不同；二是药品管理法对二者的管理规定不同。

2. ERP系统的定义

ERP是英文Enterprise Resource Planning（企业资源计划）的简写，是指建立在信息技术基础上，以系统化的管理思想，为企业决策层及员工提供决策运行手段的管理平台，是现代企业管理的重要工具。

3. ERP系统在医药企业中的应用

目前医药商品经营企业已经普遍采用ERP系统进行从计划到订单到采购、从采购到销售、从业务到财务、从产品到客户的一体化管理。ERP软件都是面向用户开发，根据用户实际需要设计，所以各个医药经营企业使用的ERP软件不完全相同，但其基本功能模块没有差别，实际工作中比较容易举一反三。

4. 销售员应准备的相关文件

(1) 向采购企业了解下列情况：企业的规模、历史、经营状况、经营品种种类、信誉、是否通过GSP认证、所采购产品是否符合其经营范围等。

索取以下资料：

① 加盖有购进企业原印章的药品经营许可证（图5-2）和营业执照（图5-3）的复印件。

② 加盖有购进企业原印章的该企业GSP认证证书复印件（图5-4）。

③ 审查资料是否完备。

④ 审查资料的合法性和有效性，即审查资料是否加盖有规定的原印章或签章、所购进药品是否超出其经营范围、有期限的证件是否在有效期内。

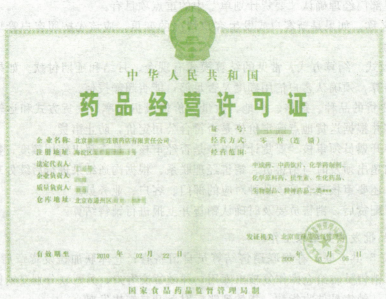

图 5-2 药品经营许可证样图

图 5-3 营业执照样图

（2）提供销售企业的证明材料，如果是派出销售人员，还须提供销售人员的证明材料。
提供以下资料：

① 加盖本企业原印章的药品经营许可证和营业执照的复印件。

② 加盖有企业原印章和企业法人代表印章或签字的企业法人委托授权书原件，委托书应明确被委托人姓名、委托授权的权限和有效期限。

③ 销售员的身份证复印件（验证原件后复印）。

④ 所销售药品的产品文件，包括生产批件（或称药品注册证）、产品检验报告（所售批次厂检）、产品物价文件、商标文件、药品说明书复印件、产品质量标准、产品内外包装及

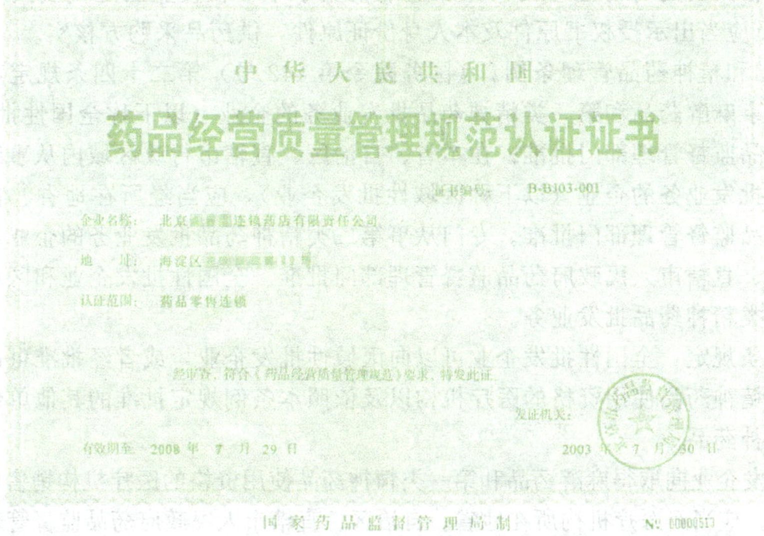
中华人民共和国
药品经营质量管理规范认证证书
证书编号：B-B103-001
企业名称：北京[illegible]连锁药店有限责任公司
地　　址：海淀区[illegible]
认证范围：药品零售连锁
经审查，符合《药品经营质量管理规范》要求，特发此证。
发证机关：
有效期至　2008 年　7 月　29 日　　　　2003 年　7 月　30 日
国家药品监督管理局制　　　　№ 00000513

图 5-4　GSP 认证证书样图

说明书批文、产品专利证文件（有提供）。

三、拓展知识

精神药品、麻醉药品和兴奋剂的经营按照《麻醉药品和精神药品管理条例》（国务院令第 442 号）和《反兴奋剂条例》（国务院令第 398 号）相关规定管理。对于特殊管理药品销售企业和购买单位的资格有严格限制，批发企业必须在食品药品监督管理局核定批准的区域内销售给获批准购买的客户。

四、相关法规

《中华人民共和国药品管理法》（中华人民共和国主席令第 45 号）第十四条规定：开办药品批发企业，须经企业所在地省、自治区、直辖市人民政府药品监督管理部门批准并发给《药品经营许可证》；开办药品零售企业，须经企业所在地县级以上地方药品监督管理部门批准并发给《药品经营许可证》，凭《药品经营许可证》到工商行政管理部门办理登记注册。无《药品经营许可证》的，不得经营药品。

《药品经营许可证》应当标明有效期和经营范围，到期重新审查发证。

《药品经营质量管理规范》（局令第 20 号）第五十条规定：企业应依据有关法律、法规和规章，将药品销售给具有合法资格的单位。

《药品流通监督管理办法》（局令第 26 号）第十条规定：药品生产企业、药品批发企业销售药品时，应当提供下列资料：

（1）加盖本企业原印章的《药品生产许可证》或《药品经营许可证》和营业执照的复印件；

（2）加盖本企业原印章的所销售药品的批准证明文件复印件；

（3）销售进口药品的，按照国家有关规定提供相关证明文件。

药品生产企业、药品批发企业派出销售人员销售药品的，除本条前款规定的资料外，还应当提供加盖本企业原印章的授权书复印件。授权书原件应当载明授权销售的品种、地域、期限，注明销售人员的身份证号码，并加盖本企业原印章和企业法定代表人印章（或者签名）。销售人员应当出示授权书原件及本人身份证原件，供药品采购方核实。

《麻醉药品和精神药品管理条例》（国务院令第442号）第二十四条规定：跨省、自治区、直辖市从事麻醉药品和第一类精神药品批发业务的企业（以下称全国性批发企业），应当经国务院药品监督管理部门批准；在本省、自治区、直辖市行政区域内从事麻醉药品和第一类精神药品批发业务的企业（以下称区域性批发企业），应当经所在地省、自治区、直辖市人民政府药品监督管理部门批准。专门从事第二类精神药品批发业务的企业，应当经所在地省、自治区、直辖市人民政府药品监督管理部门批准。全国性批发企业和区域性批发企业可以从事第二类精神药品批发业务。

第二十五条规定：全国性批发企业可以向区域性批发企业，或者经批准可以向取得麻醉药品和第一类精神药品使用资格的医疗机构以及依照本条例规定批准的其他单位销售麻醉药品和第一类精神药品。

全国性批发企业向取得麻醉药品和第一类精神药品使用资格的医疗机构销售麻醉药品和第一类精神药品，应当经医疗机构所在地省、自治区、直辖市人民政府药品监督管理部门批准。

第二十九条规定：第二类精神药品定点批发企业可以向医疗机构、定点批发企业和符合本条例第三十一条规定的药品零售企业以及依照本条例规定批准的其他单位销售第二类精神药品。

第三十一条规定：经所在地设区的市级药品监督管理部门批准，实行统一进货、统一配送、统一管理的药品零售连锁企业可以从事第二类精神药品零售业务。

五、实训

参观某药品批发企业

由企业人员讲解药品批发业务流程，包括销售员、销售经理、开票员、销售结算员分别的职责范围及相关单据、协议。

思考：

1. 如果你是销售员，在完成批发业务时重点关注哪些环节？
2. 如果你是开票员，在完成批发业务时应当做哪些工作？
3. 分成若干小组，各组成员模拟销售员、开票员、结算员、客户、销售主管、财务人员、库房管理人员，按照相应的岗位职责完成药品批发业务。

实训自我测评

角色	业务熟练程度 60分	沟通协调能力 20分	职业道德 20分	总　分
销售员				
开票员				
结算员				
客户				
销售主管				
财务人员				
库房管理人员				

六、思考与练习

（一）填空题

1. 审核采购方医药商品经营许可证时，主要是审核_____、_____、_____。
2. 对于部门代理品种，要审核该品种对应的_____、_____和_____，如果未获通过不得开票。
3. 开票员应及时与要货计划单进行核对后按照药品_____、_____的原则开票再保存确定销售清单并打印。
4. 开票时开票员检查客户_____，是否属于_____代理品种，以及_____是否足够。
5. 目前我国医药商品批发的结算模式主要有_____、_____、_____。
6. 销售部门经理确认要货计划单中商品品种、规格、产地、_____、_____或扣率、_____和_____。确认库存是否足够并根据_____确定价格是否符合公司定价，防止_____。

（二）单选题

1. 销售员须向客户索取的资料不包括下列哪一项？（　　）
   A. 营业执照　　　　　　　　　B. 采购员身份证明及授权证书
   C. 药品经营许可证　　　　　　D. GSP 证书
2. 要货计划单须经（　　）审核签章。
   A. 销售员　　　B. 开票员　　　C. 客户　　　D. 销售经理
3. 开票员进行部门代理品种检查未获通过时，应及时通知（　　）。
   A. 销售员　　　B. 销售经理　　C. 客户　　　D. 结算员
4. 开票员发现可销库存不足时应当首先（　　）。
   A. 转入缺货登记　B. 通知销售员　C. 联系客户　D. 作废记录
5. 库房根据（　　）配货。
   A. 销售员指令　B. 开票员物流指令　C. 结算员物流指令　D. 库房主管指令
6. 第二类精神药品全国批发企业不能销售到下列哪个对象？（　　）
   A. 医疗机构　　　　　　　　　B. 具备第二类精神药品零售资格的连锁药店
   C. 其他第二类精神药品批发企业　D. 药品生产企业
7. 销售清单由（　　）核对并打印。
   A. 销售员　　　B. 销售经理　　C. 开票员　　D. 结算员
8. 给客户的销售清单由（　　）转交。
   A. 销售员　　　B. 销售经理　　C. 开票员　　D. 结算员
9. 销售员须向客户提供的资料不包括下列哪一项？（　　）
   A. 营业执照　　　　　　　　　B. 药品经营许可证
   C. 企业历史与业务经营情况　　D. GSP 证书
10. 要货计划单必须包括的内容不包括（　　）。
    A. 客户名称　　B. 产品进价　　C. 产品名称　　D. 业务员

（三）多选题

1. 销售员须向客户提供的资料有（　　）。
   A. 销售人员的授权书和身份证　　B. 药品经营许可证和营业执照
   C. GSP 证书　　　　　　　　　　D. 产品生产批件或注册证
   E. 产品质量检验报告
2. 要货计划单必须包括的内容有（　　）。
   A. 产品名称　　B. 单价　　C. 数量

D. 客户名称　　　　　　　　E. 运输方式

3. 信誉额度检查时，如果超过客户信誉额度，可能的操作是（　　）。
A. 开票员作记录后，继续开票　　　　B. 经销售经理确认后，继续开票
C. 与销售员确认后，继续开票　　　　D. 直接作废记录，通知销售员
E. 经销售经理确认后，作废记录不予开票

4. 医药流通领域中使用的 ERP 系统是对（　　）的集成管理。
A. 物流　　　　　B. 资金流　　　　　C. 信息流
D. 人力资源　　　E. 社会资源

5. 销售结算员负责分单给（　　）。
A. 销售员　　　　B. 销售经理　　　　C. 开票员
D. 库房　　　　　E. 财务部门

（四）判断题

1. 开票时开票员检查信誉额度，如果超出时系统出现提示，在确定后仍可以继续开票。（　）
2. 结算员应及时与要货计划单进行核对后按照药品先进先出、近效先出的原则开票，再保存确定销售清单并打印。（　）
3. 现金销售的由开票员签发物流指令发货。（　）
4. 销售结算员收到销售清单进行审核，如发现错误项进行删除。（　）
5. 销售业务员必须在要货计划单中标明销售业务现金或月结销售。（　）
6. 对于部门代理品种，在销售开票时，将对其对应的部门、客户、业务员进行检查，如检查未获通过，经销售经理确认可以对此品种继续开票。（　）
7. 开票员填制、打印销售清单后即可凭该清单发货。（　）
8. 发货清单的质量担保联在加盖质量章后作为质量担保书用。（　）
9. 要货计划单上的品种可销库存不足时，应当及时与客户沟通，征求客户意见是否将目前库存发出。（　）
10. 销售员须将企业营业执照、药品经营许可证原件交客户审核。（　）

（五）问答题

1. 要货计划单中必须列出的项目有哪些？
2. 销售业务员的岗位职责包括哪些？

（六）分析题

根据医药商品批发业务的流程，结合与其他角色之间的关系，试分析一名优秀的销售员应具备的素质有哪些。

模块二　票据填制

一、工作流程

（一）票据填制前的准备

销售员与客户签订销货合同，将合同交公司业务部门对销货合同的主要条款进行形式上和内容上的审查。依据通过审核的销货合同填制"要货计划单"（表5-5）。

（二）票据填制的工作流程

票据填制的操作流程

1. 填制"要货计划单"

(1) 销售员填写客户名称、客户编号、销售员姓名。客户编号在ERP系统客户管理模块查询，如果是新客户，先经客户管理流程编制客户编号再进行下一步操作。

(2) 选择产品销售类型。医药商品批发企业所经营的产品销售类型可分为经销、代销、代理三种情况。

经销是指经销商与生产厂家或供货商达成协议，在规定的期限和地域内购销指定的商品。供货商和经销商之间是一种买卖关系，货价涨落等经营风险要由经销商自己承担，经销商的收入是商品买卖的差价收入。

代销是代理销售，其本质是代理，是指委托人授予代理商以"销售商品的代理权"，在销售代理权限内代理商代理委托人搜集订单、销售以及办理销售有关事务。盈亏由委托人自行负责，代销商只取佣金报酬，若销售不出产品，仍可将产品退还给委托人。

代理又称为业务介绍，委托人授权在某一区域有资格销售该产品的商家以生产企业或委托人的名义销售，按照约定比例赚取佣金。可分为地区级、国家级、省市县级等，又分为独家代理、总代理、分级代理，所有代理商家都有相应的特权，代理级别低的原则上由高一级的代理商管理。

(3) 选择发票类型。经销产品由经销商开具发票，代理、代销产品由生产企业或委托人开具发票。销售给非营利性医疗机构的开具增值税普通发票，销售给商业公司的开具增值税专用发票。

(4) 填写结算方式。一次或多次发货后在每月规定日期一次性结算支付累计货款的结算方式称为月结，是对医院、零售药店等需长期多次供货的客户最常采用的结算方式；使用支票、现汇、到期汇票在交货前或当时进行结算的属于现金结算，常用于对商业企业或新客户的单次供货；发货后分期付款、延期付款的老客户可采用汇兑，新客户通常使用汇票结算以降低风险。

(5) 填写产品通用名、商品名、生产企业、规格、剂型、数量、单位、单价、总价、扣率（有填写）、备注栏（有填写）。

(6) 填写发货方式与地点。送货和代运的要写明送货地址和运输工具、路线，如有运输费须注明。

(7) 将填制完成的"要货计划单"与销售合同一起交业务主管审核签字。

(8) 经审核的"要货计划单"转交开票员，开票员确认已经审核后，在ERP系统内录入填制"销售清单"（表5-3）。

2. 填制"销售清单"

(1) 填写客户名称、销售员。填写客户名称后系统自动显示客户编号、电话和地址，选取"要货计划单"中填写的送货地址，如果系统内没有该地址，则先在客户管理模块中进行录入并确认后再继续操作。审核该客户与销售员是否对应。

(2) 填写产品名称、规格、生产厂家、数量、扣率或实际销售价。开票员通过系统查询该产品属于经销、代销或代理，该销售员是否可以向该客户销售该产品，以及产品最低售价、可销库存，如查询结果与"要货计划单"冲突则中止开单，及时与销售员联系。

以下三种情况作废记录：该产品不得销售给该客户或区域；该销售员无权销售该产品；产品销售价格低于最低销售价。

可销库存不足时根据销售员与客户沟通结果决定，客户同意延期发货或分期发货的，先登记部分发货量，未发部分转入缺货登记。

(3) 填写发货方式。客户自提的选择自提即可，需要说明事项登记"备注"栏。销售方送货的按照"要货计划单"送货地址填写地址和路线。通常可在系统中存有的客户送货地址中直接选取。代运的要填写运输企业名称和运输方式以及送货地址、路线。通常可在系统中直接选取。

（4）完成填制后开票员经审核无误，确认并打印"销售清单"一式五联，存根联自行留存备查，仓库联交结算员，部门财务联交给销售部门财务留存，公司财务联转给公司财务部门记账，随货同行联通过销售员转给仓库作复核出库用。系统自动生成发货单号，转入待发货记录。

（5）结算员在仓库联盖发货章后交仓库配货，仓库联由仓库留存备查。

（6）销售员持随货同行联与仓库确认发货品种、数量、地址、时间和发货方式，并进行出库检验。核对无误后仓库发货，并在清单随货同行联加盖出库专用章，签发"发货单"（表5-4），随货物一起交买方。

（7）买方提货，验收无误在发货单上签章并交回销售方留存。如买方为现付或预付货款的，应同时交付发票。若为赊销，则应在规定时间内开具发票。

3. 发票填制

（1）打开防伪税控系统，进入开票电子系统、开票人确定、选择进入"专用发票（普通发票）填开"开票界面，核对纸质发票号码与页面显示当前打印发票的号码，无误后方可填写发票内容。

（2）填写客户名称、税号、账号、地址电话号码（也可以在客户编码里选）。

（3）填写商品名称（必须从商品编码中选取）、规格、数量、单价。每张票可以开具8项商品，直接点上方的"加号"为增加。填完内容后需点票面上方"对勾"标志。

（4）检查所填写的单价是否含税，如果是含税价，输入单价时必须在菜单栏的"税率"点为含税，输入完毕后再点一次使单价"不含税"。如果单价不含税，输入完成后点上方的"税率"标志即可自动生成价税款。

（5）检查发票明细项目信息是否填写完整、IC卡是否已从税控器中取出、放入打印机的发票上的发票号码是否与软件开票界面上的发票号码相同。核对无误后点击"打印"按钮进行打印。

（6）发票联和抵扣联上加盖财务专用章或发票专用章。

（7）存根联交销售部门，发票联、抵扣联、销售货物或者提供应税劳务清单（如有）交购货方，记账联留公司财务记账。

（8）票据填制与流转过程见图5-5。

票据填制的控制点

1. 填制"要货计划单"的控制点

（1）产品销售类型。产品属于代销、代理还是经销，将影响下一步操作，如果是代理、代销品种须确认客户类型和区域在销售授权范围内。

（2）结算方式决定企业风险大小和现金流，销售公司往往对风险小、回款快或现金采购的客户在总价上给予优惠折扣。

（3）销售方送货或代运的要注意送货期限和货物安全，属于危险品、毒性化学品的要按照相关法律规定包装和运送并备齐相关检验、许可单据。

2. "销售清单"填制的控制点

（1）核对客户名称与销售员是否对应。医药公司对各个销售员都划分了客户范围，通常每个客户都由固定的销售员负责，销售员不能跨区域、超范围销售产品。

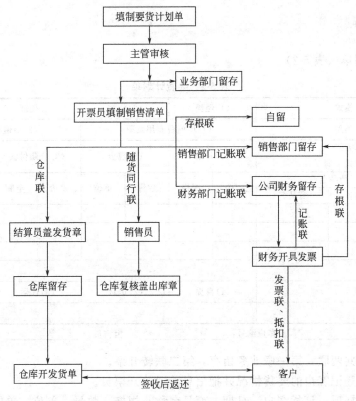

图 5-5 票据填制与流转过程

（2）核对产品销售类型，是否可以由该销售员向该客户销售。不论经销、代理还是代销品种，销售方与委托方或生产企业都有关于产品销售区域的协议，不得超范围、跨区域销售，因此开票员须审核该客户是否在本产品的可售范围内，否则不得开票。还有的大型医药批发公司由于经营产品品种非常多，按照不同品种和区域设立了多个销售部门，授权销售特定产品，其他部门不得经营该产品，称为"部门代理"品种，开票员在开票时须根据销售员所在部门进行审核。

（3）审核产品规格、价格、数量。各公司产品都有最低销售价格规定，不得低于该价格销售。要注意按照近效先出的原则安排发货。

3. 发票填制的控制点

（1）开具增值税专用发票应由经培训合格、持有防伪税控企业操作人员资格证书的人员操作；不得擅自安排其他人员开具。

（2）项目填写齐全，打印字迹清楚，不得涂改。如填写有误，应在防伪税控开票系统中进行作废，并将误填的专用发票进行剪章作废。

（3）票、物相符，票面金额与实际收取的金额相符，各项目内容正确无误。

（4）全部联次一次填开，上、下联的内容和金额一致。

（5）按照规定的时限开具发票。

（三）填制结束工作

销售完成后，销售部门凭"销售清单"进行销售结算；财务部门审核"销售清单"、发票和收款凭证，登记入账，对赊销货款及时催收；仓库凭"销售清单"、客户签收后返回的发货单进行库存管理。

二、基础知识

1. 要货计划单（表 5-2）

表 5-2 要货计划单

序号	销售模式		（1）经销		（2）代销		（3）代理	
	发票类型		（1）增值税专用发票			（2）增值税普通发票		
	结算方式 （在选定方式下划√）		（1）月结		（2）现金	（3）分期付款		（4）预付货款
序号	药品名称		生产企业	规格	数量	单位	单价	金额	备注
	通用名	商品名							
总金额（人民币元）									
发货方式与运输地点			（1）自提		（2）送货		（3）代运		
发货备注									

客户名称：_____ 客户编号：_____ 销售员：_____

（1）联次：共两联，第一联业务留存，第二联转开票。

（2）用途：登记客户的要货情况并把信息传递给开票员。

（3）主要数据项：订货客户、日期、商品名称、规格、数量、单位、单价、金额、送货备注、发票类型、销售方式、结算方式等。

2. 销售清单（表 5-3）

（1）联次：共五联，第一联存根联、第二联部门财务联、第三联公司财务联、第四联仓库联、第五联随货同行联。

（2）用途：发货清单是商业销售时的内部流转单据。销售结算员在仓库联盖发货章并进行分单。存根联留存备查，部门财务联、公司财务联转给财务记账，随货同行联通过业务员转给仓库作复核出库用。

（3）主要数据项：购货方、日期、货号、商品名称、规格、单位、数量、单价、金额、批发价、零售价、扣率、产地、批准文号、批号、效期、备注。

3. 发货单（表 5-4）

发货单又称为提货单，客户凭此单提货，经客户签收后作为货物已交割的凭据交回仓库留存备查。

4. 销售发票

必须使用防伪税控机开具发票，不得手填。销售对象是商业公司的，开具增值税专用发票（图 5-6）；销售对象是非营利医疗机构的，开具增值税普通发票。增值税发票均由国税局统一印制，纳税人须申报领用，各地使用的发票格式略有不同，但基本项目一致。

两者的比较见表 5-5。

不同税率的品种不能在同一张发票中填开。在医药商品批发中，通常每张发票只填开一个品种，如果汇总开具专用发票，必须同时使用防伪税控系统开具"销售货物或者提供应税劳务清单"，并加盖财务专用章或发票专用章。清单一式两联：第一联，销售方留存；第二联，销售方附在专用发票之后送交购买方。

表 5-3　销售清单

```
                    中国×××医药有限公司
              服务热线：8008106226 或（010）65150657
  发货单号：83155136                                页：      1
  路　线：南二环医院    B-2                         日期：7/07/08
  货　发：                      开票：
         北京市宣武区永安路　号       北京市宣武区永安路　号

  联系人：                  邮编：100050
  电　话：010-              销售人员：
  备　注：换票 83103081     手机号码：
                            WHS: XBJ    订单号：    客户号：BH0062
  紧急订单：
       D/C：
  ─────────────────────────────────────────────────────────
  库位    产品代码    产品名称,规格    批号      有效期至     数量   销售价  金额

  E-INVOICE  579001   片 0.1mg 30片(盒)  IA0007A  2008-12-31  3.0盒  200.00  600.00

  批准文号/注册证号：H20020057
            生产厂商：    （瑞典）制药公司         批发价   零售价  230.00 扣
  ─────────────────────────────────────────────────────────

  取货单号 / 箱数 / RF用户名/RF编号       总数量：3.0   总金额：600.00
     /       /
                     复核：_____  包装：_____  签收：_____
```

表 5-4　发货单

客户名称_____		发货仓库_____		发货单号_____					
送货地址_____		发货地址_____		年　月　日					
货号、品名、规格、牌号	产　地	包装件数	单　位	数　量	单　价	总　价	实发数		
危险品标志章及备注	运杂费		容器押金		合计				
	总金额（人民币元）								
					审核：		制单：		

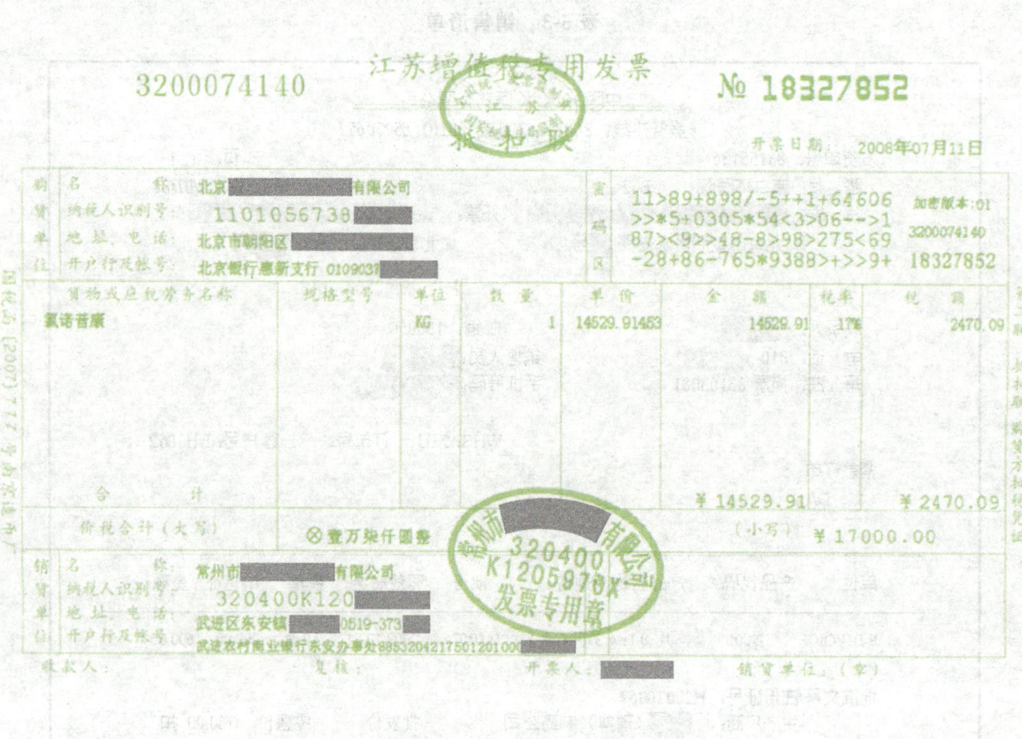

图 5-6 增值税专用发票

表 5-5 增值税专用发票与增值税普通发票的比较

项目	增值税专用发票	增值税普通发票
联次	4 联:存根联、公司财务联、客户发票联、客户计税联	3 联:存根联、公司财务联、客户发票联
用途	第一联为抵扣联,用作购买方扣税凭证;第二联为发票联,用于购买方记账;第三联为存根联,用于销售部门留存备查;第四联为记账联,用于公司财务记账	第一联为存根联,第二联为发票联,第三联为记账联
不同数据	纳税人税务登记号、不含增值税金额、适用税率、应纳增值税额	
共同数据项	购货方、日期、货号、商品名称、规格、单位、数量、单价、金额、批发价、零售价、扣率、产地、批准文号、批号、效期、备注	

三、拓展知识

1. 常见支付方式

（1）支票　本地客户多采用此法。分为现金支票和转账支票,业务中常见的是转账支票。

（2）汇票　分为银行汇票和商业汇票两种,其中银行汇票信用高于商业汇票,适用于交货付款同时进行的外埠客户；商业汇票适用于赊销等方式销售的外埠客户。

（3）汇兑　分为电汇和信汇两种,适用于先收款后发货的外埠客户,卖方风险低。

（4）异地托收承付　异地买方订货后,卖方先发货,委托银行向买方收取货款。卖方须承担风险较大,各商业公司只对老客户采用,通常用信誉额度进行管理。

（5）异地委托收款　卖方委托银行向异地客户收取款项,通常用于向异地客户托收单笔金额在 1000 元以下的货款。

2. 代理的类型

（1）总代理　在指定地区委托人的全权代理。除了有权代理委托人进行签订买卖合同、处理货物等商务活动外，也可进行一些非商业性的活动。他有权指派分代理，并可分享代理的佣金。

（2）独家代理　在代理协议规定的时间、地区内，对指定商品享有专营权的代理人（即委托人）不得在以上范围内自行或通过其他代理人进行销售。

（3）佣金代理　又称为一般代理，是指在同一代理地区、时间及期限内，同时有几个代理人代表委托人行为的代理。佣金代理根据推销商品的实际金额和根据协议规定的办法和百分率向委托人计收佣金，委托人可以直接与该地区的实际买主成交，也无须给佣金代理佣金。

3. 代销与经销的区别

（1）代销的双方是一种代理关系，而经销双方则是一种买卖关系。

（2）代销是以委托人即厂商的名义销售，签订销售合同，而经销商则以自己的名义从事销售。

（3）代销商的收入是佣金收入，而经销商的收入则是商品买卖的差价收入。

（4）从法律关系上讲，代销行为即委托人行为，代销商与第三人之间在授权范围内发生的民事行为的法律后果归于委托人（供货商），而经销商与用户之间发生的民事行为的法律后果须由其自己承担。

四、相关法规

1.《药品流通监督管理办法》（局令第 26 号）

第十一条　药品生产企业、药品批发企业销售药品时，应当开具标明供货单位名称、药品名称、生产厂商、批号、数量、价格等内容的销售凭证。

第十二条　药品生产、经营企业采购药品时，应按本办法第十条规定索取、查验、留存供货企业有关证件、资料，按本办法第十一条规定索取、留存销售凭证。药品生产、经营企业按照本条前款规定留存的资料和销售凭证，应当保存至超过药品有效期 1 年，但不得少于 3 年。

2. 国家税务总局关于修订《增值税专用发票使用规定》的通知（国税发〔2006〕156 号）

第六条　专用发票开具时限规定如下：

（1）采用预收货款、托收承付、委托银行收款结算方式的，为货物发出的当天。

（2）采用交款提货结算方式的，为收到货款的当天。

（3）采用赊销、分期付款结算方式的，为合同约定的收款日期的当天。

（4）将货物交付他人代销，为收到委托人送交的代销清单的当天。

（5）设有两个以上机构并实行统一核算的纳税人，将货物从一个机构移送其他机构用于销售，按规定应当征收增值税的，为货物移送的当天。

（6）将货物作为投资提供给其他单位或个体经营者，为货物移送的当天。

（7）将货物分配给股东，为货物移送的当天。

一般纳税人必须按规定时限开具专用发票，不得提前或滞后。

五、实训

实训项目：填制票据

仔细阅读下列药品购销合同与资料，分小组填制完成所有票据并完成票据流转。

2007年天津市医疗机构药品集中招标采购

药品购销合同

合同编号：8512670

本合同于 2007 年 10 月 22 日 由 天津市河东区××医院 为甲方和×××××× 有限公司 （投标人名称）（以下简称"投标人"）为乙方按下述条款和条件签署。

鉴于医疗机构为获得以下药品和伴随服务而进行集中招标采购，并接受了投标人对上述药品的投标（详见投标报价表）。本合同在此声明如下：

1. 本合同中的词语和术语的含义与通用合同条款中定义相同。

2. 下述文件是本合同的一部分，并与本合同一起阅读和解释：

（1）投标人提交的投标函和投标报价表；

（2）药品需求一览表；

（3）中标通知书。

3. 投标人在此保证将全部按照合同的规定向医疗机构提供药品和伴随服务，并修补缺陷。

4. 合同所涉及的药品详见附表。

5. 结算方式：甲方在收到配送药品当月 21 日以转账支票结算本月累计货款。

6. 配送：乙方负责送货上门，运输方式由乙方自行确定，交货时需实施或监督所提供药品的现场搬运或入库。

7. 供货期限：乙方应自确认甲方订单通知起 24 小时内交货，最长不超过 48 小时。

8. 本合同有效期 1 年。合同期内，如遇国家规定或新的文件决议，按国家规定和新的文件决议执行。

此合同一式四份，市药品、医疗器械（耗材）集中招标监督管理委员会，市医疗机构药品集中招标管理委员会，甲方和乙方各一份。

甲方（盖章）	乙方（盖章）
甲方代表（签字）×××	乙方代表（签字）×××
地址：天津市河东区常州道 12 号	地址：天津市和平区台儿庄路 19 号
电话：022-××××××××	电话：022-××××××××
签订日期：2007 年 10 月 22 日	签订日期：2007 年 10 月 22 日

附表：药品购销合同采购药品一览表

销售员：×××　　　编号：8512670　　　第__页

产品代码	通用名	商品名	生产企业	剂型	规格	单位	单价	数量	总价
11003	华蟾素	无	××××生化股份有限公司	注射液	5ml	支	19.79	50	989.50
11004	华蟾素	无	××××生化股份有限公司	素片	0.3g	盒	187.18	100	18718.00
16008	西索米星	利岁	××××药业有限责任公司	输液剂	100ml：0.1g	瓶	13.65	400	5460.00
1361002	克拉霉素	克尼邦	××××制药股份有限公司	颗粒剂	0.6g：0.125g	盒	14.99	500	7495.00
498002	法莫替丁	高舒达	××××制药(中国)有限公司	糖衣片	20mg	盒	43.12	100	4312.00
498003	法莫替丁	高舒达	××××制药(中国)有限公司	冻干粉针剂	20mg	支	20.12	300	6036.00
总金额									43010.50

××××有限公司要货计划单

客户名称：_____ 客户编号：CZ0012 销售员：_____

销售模式	(1)经销√		(2)代销		(3)代理	
发票类型	(1)增值税专用发票			(2)增值税普通发票		
结算方式（在选定方式下划√）	(1)月结		(2)现金		(3)分期付款	(4)预付货款
序号	药品名称		生产企业	规格	数量	单位	单价	金额	备注
	通用名	商品名							
总金额（人民币元）									
发货方式与运输地点	(1)自提		(2)送货		(3)代运				
发货备注									

××××有限公司

销售清单

发货单号：589852   页： 1
路　　线：   日期： / /
货　　发：   开票：

联系人：   邮编：100050
电　话：   销售人员：
备　注：换票589852   手机号码：
                                    订货计划单号：   客户号：CZ0012
紧急订单：
D/C: 8512670

库位	产品代码	产品名称，规格	批号	有效期至	数量	销售价	金额
E-INVOICE	11004		061005652	2008/10/05			

批准文号/注册证号：
生产厂商：   批发价   零售价

取货单号 /   箱数 / RF 用户名/RF 编号   总数量：   总金额：
         /   /   /
                                复核：_____ 包装：_____ 签收：_____

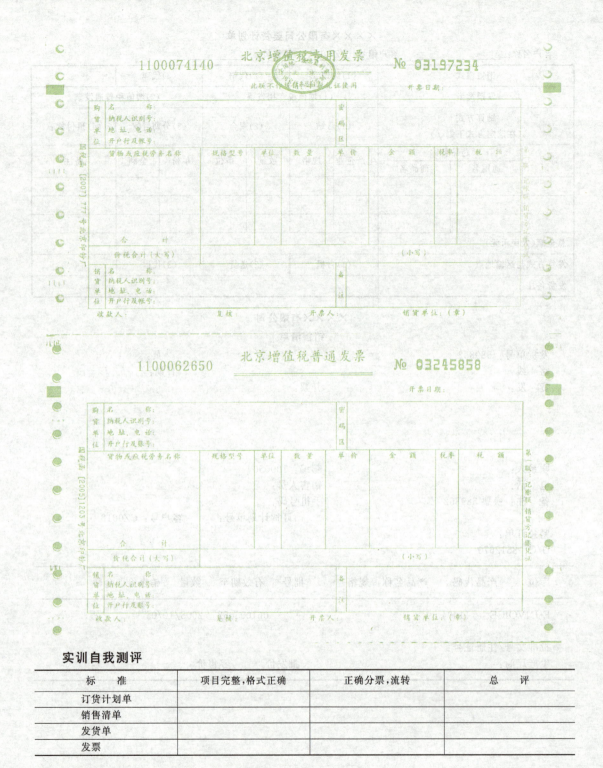

实训自我测评

标　准	项目完整,格式正确	正确分票,流转	总　评
订货计划单			
销售清单			
发货单			
发票			

六、思考与练习

（一）填空题

1. 医药商品批发企业所经营的产品销售类型可分为＿＿＿＿、＿＿＿＿、＿＿＿＿三种情况。

2. 代销的本质是_____，是指委托人授予代理商以"_____的代理权"，代理商只取_____报酬，若销售不出产品，仍可将产品退还给委托人。

3. 医药商品批发企业根据客户类型不同分别开具发票，销售给非营利性医疗机构的开具_____发票，销售给商业公司的开具_____发票。

4. 医院、零售药店等需长期多次供货的客户最常采用的结算方式是_____，发货后分期付款、延期付款的老客户可采用_____，新客户通常使用_____结算以降低风险。

5. 经审核的要货计划单转交开票员填制_____。

6. 销售清单一式五联，包括存根联、_____、_____、_____和仓库联。

7. 医药商品批发企业必须使用_____开具发票，不得手填。增值税专用发票_____联用作购买方扣税凭证，_____联用于购买方记账，存根联用于销售部门留存备查，_____联用于公司财务记账。

（二）单选题

1. 直接向供货商支付货款，与供货商之间是一种买卖关系，自己承担货价涨落等经营风险，赚取商品买卖差价的销售模式是（　　）。
   A. 代销　　　　　　B. 代理　　　　　　C. 经销　　　　　　D. 部门代理

2. 结算员在仓库联盖（　　）专用章后交仓库配货，仓库联由仓库留存备查。
   A. 合同　　　　　　B. 财务　　　　　　C. 质检　　　　　　D. 发货

3. "销售清单"的（　　）联通过销售员转给仓库作复核出库用。
   A. 随货同行　　　　B. 仓库联　　　　　C. 部门财务联　　　D. 存根联

4. "销售货物或者提供应税劳务清单"须加盖（　　）章。
   A. 合同　　　　　　B. 质检　　　　　　C. 财务　　　　　　D. 出库

5. "销售清单"的主要数据项不包括（　　）。
   A. 规格　　　　　　B. 销售模式　　　　C. 单位　　　　　　D. 批号

6. 在协议规定的时间、地区内，对指定商品享有专营权的代理人，（即委托人）不得在以上范围内自行或通过其他代理人进行销售的称为（　　）。
   A. 独家代理　　　　B. 总代理　　　　　C. 独家经销　　　　D. 总经销

7. 下列支付方式中卖方风险最大的是（　　）。
   A. 转账支票　　　　B. 汇兑　　　　　　C. 异地托收承付　　D. 商业汇票

8. 药品生产、经营企业按照规定留存的销售凭证，应当保存至超过药品有效期1年，但不得少于（　　）。
   A. 2年　　　　　　B. 3年　　　　　　C. 4年　　　　　　D. 5年

9. "要货计划单"中不必填写（　　）。
   A. 规格　　　　　　B. 销售方式　　　　C. 运输方式　　　　D. 发货单号

10. 采用交款提货结算方式的，应在（　　）开具增值税专用发票。
    A. 收到货款的当天　　　　　　　　　　B. 发货当天
    C. 客户提货的当天　　　　　　　　　　D. 约定的收款日期的当天

（三）多选题

1. 填制"要货计划单"时，遇到下列（　　）情况则肯定将记录作废。
   A. 可销库存不足　　　　　　　　　　　B. 产品销售价格低于最低销售价
   C. 该产品不得销售给该客户或区域　　　D. 该产品不得销售给该区域
   E. 该销售员无权销售该产品

2. 买方付款后提货时，随货一并收取的单据包括（　　）。
   A. 要货计划单　　　B. 销售清单　　　　C. 仓库联
   D. 发货单　　　　　E. 发票

3. 销售完成后，以下哪些票据交财务部门结算？（　　）
   A. 要货计划单　　　B. 销售清单　　　　C. 发票
   D. 收款凭证　　　　E. 发货单

4. 销售清单包括的主要数据项有（　　）。
A. 货号　　　　　B. 数量　　　　　C. 扣率
D. 批准文号　　　E. 效期
5. 送货和代运的要货计划单中须写明（　　）。
A. 运输工具　　　B. 全程时间　　　C. 运输费
D. 路线　　　　　E. 验收标准

（四）判断题
1. 客户验收货物后在发货单上签收并留存入库用。（　　）
2. 代理的双方是一种代理关系，而代销双方则是一种买卖关系。（　　）
3. 银行汇票信用高于商业汇票，适用于赊销等方式销售的外埠客户。（　　）
4. 根据销售清单开具增值税专用发票时，单张发票的商品种类不得超过8种。（　　）
5. 销售清单又称为提货单，客户凭此单提货，经客户签收后作为货物已交割的凭据交回仓库留存备查。（　　）
6. 对新客户通常要求使用支票、现汇等现金结算方式以降低风险。（　　）
7. 增值税普通发票与专用发票相比，减少了计税抵扣联，买方不能用以抵扣增值税款。（　　）
8. 增值税专用发票必须使用防伪税控系统填制，增值税普通发票手写填制。（　　）
9. 开票员在开票时要注意按照近效先出的原则安排发货。（　　）
10. 发票的开具日期按照客户要求填写，在合同生效日之后即可。（　　）

（五）问答题
1. 简述销售清单的流转过程。
2. 要货计划单的主要项目和填制时的注意事项有哪些？

（六）分析题
试分析医药商品批发业务中的票流与物流、款流的关系。

模块三　合同文本填制

一、工作流程

（一）合同文本填制前的准备
（1）对象是商业企业的，买卖双方经业务洽谈，有了明确的购买意向，且双方具备合法经营该产品资格，按照双方协商内容起草购销合同。
（2）对象是医疗机构的，按照招标采购程序与中标文件规定，就中标品种起草医疗机构集中招标采购药品购销合同。

（二）合同填制过程
合同文本填制的操作流程
1. 填写标的
医药商品可分为中西药品、医疗器械、化学试剂等若干大类，签订合同时必须填写医药商品的明细分类，并注明商标或牌号，还要填写通用名、商品名、剂型、规格。
2. 填写数量和价格。
（1）填写合同执行价格，有几种情况：双方协商价格、政府指导价格、中标价格。在商商合同中，为了尽快收回货款，往往有扣率条款，即买方在约定的时间内支付货款可获得一定比例的折扣，越早付款扣率越高。但医疗机构采购合同中不得给予扣率。

（2）商品的数量和重量必须按照统一的计量单位来计量，如以毛重还是以净重，双方要统一，合同中要明确。

（3）合同中标明数量的数字要明确，不得用模糊性数字，如"左右"、"约"。

（4）有些商品的交货数量应在合同中说明合理的正负尾差、磅差及在途自然减（增）量，当即时交货数量超过合同规定范围时，双方协商一般按实际交货数量计算，不按违约处理。

（5）对大型医疗器械，必要时应当在数量条款中写明随主机的辅机、配件、配套的产品，易损耗的备品、配件和安装修理工具等的数量。

（6）对成套供应的产品，应写明成套供应范围，并提供成套供应清单。

3. 明确质量条款

（1）对象是商业企业的，填写商品质量符合规定的质量标准和有关质量要求，商品的发运按《医药商品购销合同管理及调运责任划分办法》规定办理。

（2）对象是医疗机构的，商品质量按招标文件标准执行。

4. 确定合同期限、地点和方式

（1）交货期限，一般分为一次交货和分次交货两种，在合同中应精确到月。

（2）交货地点和方式，分自提、送货、代运三种，经协商选择其中一种。

（3）运输方式，如果由卖方送货或代运的，要明确规定运输方式，可供选择的方式有铁路运输、公路运输、水路运输、航空运输。

5. 确定商品验收方法

（1）数量验收，由卖方直接交付买方的，应当面点清；第三方物流运输的，凭托运单写明数量提验。

（2）质量，按国家规定标准提验，合同要明确采用哪种检验方法，若没有国家规定标准和方法的，由买卖双方协商确定。

6. 确定违约责任及解决合同纠纷方式

当合同当事人不履行合同义务时，应当承担法律责任，列明何种情况属于违约，以及责任方应当承担什么违约责任。主要方式有：支付违约金、支付赔偿金、继续履行合同。

解决合同纠纷方式有协商、调解、仲裁、提起诉讼。

7. 填写其他约定事项

购销双方的名称、地址、法人代表、联系方式、开户银行及账号、邮政编码、经办人、日期等，并加盖合同章。

合同样本

药品购销合同

合同编号：

甲方：＿＿＿＿＿＿＿＿＿＿＿＿＿＿＿＿＿＿（采购商）

乙方：＿＿＿＿＿＿＿＿＿＿＿＿＿＿＿＿＿＿（经销商）

合同总金额（大写）＿＿＿＿＿＿＿＿＿（币种：人民币）

合同附件数量

鉴于采购人为获得以下药品和伴随服务而接受了供应商及配送企业的相应报价（详见采购目录），明确交易双方的权利和义务，特订立本合同。

第一条　乙方在此保证将全部按照合同的规定向甲方提供药品和伴随服务，并修补缺陷。

第二条　乙方向甲方供应以下药品（附表：药品购销合同品种一览表）。

第三条　乙方所供应药品的质量应符合国家药品相关标准。乙方应保证甲方在使用药品时免受第三方提出的有关专利权、商标权或保护期等方面的权利的要求。

第四条　乙方提供的药品应使用原厂包装物且必须符合国家有关规定；全部药品均提供适当的额外包装，以防止药品在配送过程中损坏或变质，确保药品安全无损运抵指定地点；额外包装不得另行收费。

第五条　根据订单通知所明确的各项内容，由乙方负责送货上门，运输方式由乙方自行确定，交货时需提供同批号的药检报告书，并根据甲方的要求提供下列服务中的一项或全部：

（一）实施或监督所提供药品的现场搬运或入库；

（二）提供药品开箱或分装的用具；

（三）其他乙方应提供的相关服务项目。

第六条　供货期限

乙方应自确认甲方订单通知起24小时内交货，最长不超过48小时。若乙方不能在规定时限内送货，甲方有权另行选择其他经销商进行配送。

第七条　供货价格与货款结算

（一）供货价格：按双方协商价格执行，该价格包含成本、运输、包装、伴随服务、税费及其他一切附加费用；合同履行期间，因政策变化导致价格发生变动，由物价部门统一公布更新后的暂行价格，对尚未售出和在变动期间供应的药品，乙方都应相应调整供货价格。

（二）货款结算：甲方在收到配送药品之日起最迟不得超过60日进行货款结算。

第八条　药品验收及异议

乙方交货时，甲方验收药品的数量、有效期和包装，如果药品与乙方提供的药品信息不符或达不到合同的规定，甲方可要求乙方立即退货、换货、补货。对不符合质量要求的药品，有权拒绝接收，乙方应对不符合质量标准的药品及时进行更换，不得影响甲方销售。

甲方在销售中发现药品不符合质量要求（含出现严重不良反应的事件），应立即中止销售，并可在乙方提供的药品目录内另行选择其他替代药品。

发生以上不符合本合同规定的情况，甲方应在十日内向乙方提出书面异议，乙方在接到甲方异议后，应在十日内负责处理，否则，视为默认甲方提出的异议和处理意见。甲方须出具有效证明，方可拒付不符合合同规定的药品货款。甲方因使用、保管、保养不善等自身原因造成产品质量下降的，不得提出异议。

本规定的执行不免除乙方因药品质量产生的其他责任。

第九条　乙方的违约责任

（一）甲方发出订单通知后乙方拒绝供货的，甲方有权暂延付款，并视情节中止本合同。

（二）乙方所供药品因药品质量不符合有关规定而造成后果的，按相关法律规定处理。

第十条　甲方的违约责任

甲方无正当理由违反合同规定拒绝收货的，应当承担乙方由此造成的损失。

第十一条　合同当事人由于不可抗力不能履行合同时，应尽快向对方通报，提供相关证据，并应尽可能继续履行合同。不可抗力确实发生，允许延期履行、部分履行或者不履行，并根据情况免予承担违约责任。不可抗力的影响消除后，应继续履行合同。

第十二条　合同的变更、转让及解除

（一）药品生产企业关、停、并、转的，乙方应及时向甲方通报并提供省级以上药监部门证明,双方可以解除就该药品订立的成交合同。

(二)除另有规定外,本合同不得变更、转让或解除。

第十三条 因合同履行发生争议,可向甲方所在地人民法院起诉。

第十四条 本协议自双方签订之日起生效,自本协议生效之日起在合同期内发生的有关交易的各项事宜,均受本协议的约束;若甲乙双方协商将交易期延长,则本协议的有效期相应顺延。

第十五条 本合同从 年 月 日起,至 年 月 日止。

本合同一式两份,甲、乙双方各持一份。

甲方(盖章):　　　　　　　　　　　乙方(盖章):

授权代表(签名):　　　　　　　　　授权代表(签名):

地址:＿＿＿＿＿＿　　　　　　　　　地址:＿＿＿＿＿＿
法定代表人:＿＿＿＿＿　　　　　　　法定代表人:＿＿＿＿＿
电话:＿＿＿＿＿＿　　　　　　　　　电话:＿＿＿＿＿＿
邮编:＿＿＿＿＿＿　　　　　　　　　邮编:＿＿＿＿＿＿
开户银行:＿＿＿＿＿　　　　　　　　开户银行:＿＿＿＿＿
账户:＿＿＿＿＿＿　　　　　　　　　账户:＿＿＿＿＿＿
签章日期: 年 月 日　　　　　　　　　签章日期: 年 月 日

附表:药品购销合同采购药品一览表

报价人名称(盖章):＿＿＿＿＿＿ 编号:＿＿＿＿ 第＿＿页

序号	药品名称		剂型	规格与包装	单位	零售价	交易价	生产企业	配送企业	备注
	通用名	商品名								

合同文本填制的控制点

(1)有的同一厂家同样成分的产品有不同剂型、规格,价格也不同,要注意区分,必要时还要注明生产批号。

(2)数量要明确,并在合同中注明误差范围以及发生误差时的处理办法。

(3)产品的质量标准和检验办法一般按照国家标准签订,如药典标准。也可双方另行约定,以合同约定方法为准。

(三)填制结束工作

填制好的合同交公司业务部门对销货合同的主要条款进行形式上和内容上的审查。依据通过审核的销货合同,填制"要货计划单",计划单和销售合同一起交业务主管审核签字、公司领导批准签章,然后将销货合同装订备查。

二、基础知识

1. 购销合同的内容

（1）主要条款 标的、数量、质量条款、价格、付款方式、交货期限、交货地点、交货方式、运输方式、验收数量与质量检验、违约责任、纠纷解决方式。

（2）一般条款 当事人名称、地址、合同生效日期和有效期限、合同签订时间等。

2. 医药商品批发业务中主要的两种合同形式

（1）商商医药商品购销合同（如合同样本） 买卖双方按照《医药商品购销合同管理及调运责任划分办法》和《合同法》相关规定，协商签订。

（2）医疗机构招标采购合同（见附录） 非营利性医疗机构按照各地政府法规采取集中招标采购，药品经营企业按照招标文件的规定品种投标，中标后按照中标的品种和价格以及质量要求签署协议。协议的内容和格式较固定。

三、拓展知识

1. 购销合同的法律效力

购销合同是买卖双方为了实现一定经济目的，明确相互权利与义务的书面协议。购销合同一经签订，由双方加盖合同专用章后即产生法律效力，双方必须履行合同义务。

2. 医疗机构招标采购购销合同

目前我国各地医疗机构医药商品采购都采用集中招标采购方式，供货企业中标后，按照中标的品种、数量、单价签署购销合同，该合同往往作为招标文件的有效附件，合同内容简化，发货、质量条款、结算方式、纠纷解决方式等条款都按照招标文件中的约定执行。

上海市各医疗机构、药品生产经营企业在采购、经销招标药品时，使用由上海市工商行政管理局、上海市卫生局制定的《上海市医疗机构药品集中招标采购药品买卖合同》示范文本。

四、相关法规

1.《医药商品购销合同管理及调运责任划分办法》（国家医药管理局/中国工商银行颁布）

第五条 商品购销合同（以下简称合同）须经购销双方法定代表人或法定代表人委托的人员签字并盖公章（或合同专用章）后方可生效。函件、电报、电传要货，待另一方承诺后，视为合同生效，电话要货后追补正式合同。

第六条 签订合同要明确下列有关内容：

一、商品名称、厂牌、规格、含量、计量单位、包装。

二、数量、质量（包括对质量的具体要求）。

三、价格（单价或参考价格，实价或扣率）。

四、交货时间、地点（包括自提、代运、运输方式、路线、中转地点和单位、到达地点的车站、码头）。

五、结算方式（包括开户银行、账号、付款期限）。

六、其他（本办法中未列而应说明的特殊条款）。

七、违约责任

第十三条 没有效期的商品，不论有否厂方负责期，从销货方交运单标明的日期起一级站对质量负责十二个月；二级站负责八个月（地产品种，执行一级站的规定）。

2.《关于进一步规范医疗机构药品集中招标采购的若干规定》（卫规财发［2004］320号）

一、规范药品集中招标采购活动。县及县以上人民政府、国有企业（含国有控股企业）等所属的非营利性医疗机构，必须全部参加医疗机构药品集中招标采购活动。医疗机构药品集中招标采购以省或市（地）为组织单位，县（市）或单一医疗机构不得单独组织招标采购活动。

三、医疗机构与中标企业签订药品购销合同时，必须明确采购数量，并严格执行。在合同采购期内，实际采购数量与合同采购数量之间允许确定合理的浮动幅度。

七、严格按照《合同法》规定，履行中标药品购销合同。市（地）级以上人民政府、国有企业（含国有控股企业）等所属的非营利性医疗机构，药品回款时间从货到之日起最长不得超过60天，其他医疗机构的回款时间严格按双方签订的合同执行。对于纳入集中招标采购目录的药品，医疗机构必须按药品购销合同明确的品种、价格和供货渠道采购药品，不得再同中标企业进行价格谈判以扩大折扣让利幅度，不得擅自采购非中标企业的药品。中标企业要保证药品的及时配送，不得转让或者分包药品购销合同，不得以任何方式对中标药品进行回扣促销。

五、案例分析

阅读下面的购销协议，回答下列问题：
1. 合同要件还缺少哪些必备条款，请补充完整。
2. 该合同已有条款中，哪些约定不当，请找出并更正。

药品购销协议

采购方：上海市××连锁药店　（以下简称购方）　　签订日期：2008年7月8日
供货方：上海市××医药公司　（以下简称供方）　　协议签订地点：
协议编号：SLYS200807082

依据国家药品管理法规有关规定，维护供、购双方的合法权益，经供、购双方友好协商一致，达成以下协议：

一、供方有权于双方约定的付款期内取得双方按约定结算方式支付的货款，并随货同行或结算一定数额的货款后向购方提供一般纳税人增值税发票。

二、供方所提供药品的价格不得高于向其他客户订立的供货价，否则购方有权终止协议，按低于原供货价20％进行结算。

三、药品质量方面要求

1. 供方须向购方提供盖有法人章的两证一照，所供产品的批准文号复印件，产品的质量标准，企业对业务员的授权委托书等有关资料。若因有关手续不全而引起的后果由供方负责。对有质量问题的药品供方承担一切责任，对因此而影响购方销售及给消费者造成的损害和损失，供方应赔偿受损方一切经济损失。（若为进口药品，供方须提供盖有供方质量检验机构原印的"进口药品注册证"和"进口药品检验报告书"复印件。）

2. 供方所供药品质量须满足以下条件：
a. 提供的商品质量须符合相应的质量标准及其他质量要求；
b. 效期商品的发运须按《医药商品购销合同管理及调运责任划分办法》第十二条规定办理；
c. 没有有效期的商品，质量责任划分按《医经商品购销合同管理及调运责任划分办法》的第十三条规定办理；

d. 商品包装要求牢固，标志清楚，达到交通运输部门货运规定的要求；
e. 所供产品须距生产日期12个月以上；
f. 供方同意对于滞销品的药品在距失效期前6个月给予更换或退货。

四、供购双方同意按照《中华人民共和国药品管理法实施办法》第四十八条、第四十九条的规定；对假药将按其所冒充正品价格的五倍罚款，对劣药品将按相当正品价格的三倍罚款。

五、对于残损及有问题的药品，购方须在三日内及时告知供方。本地的药品供应商如在获知情况后未能在三日内退回或退换残损及有问题药品的，购方有权将此药品自行处理而不经供应商同意。外地供应商必须在获知情况后一周内退换。

六、因供方原因造成药品的调拨（5个分店以上），供方应支付一定的调拨费用，每分店收取人民币100元。

七、除非购方同意选择"自提"方式，供方应在收到购方发出的药品订购清单后，于订单上的交货期自行派卸货人员将所订药品运至购方指定地点。购方凭订单（包括传真件）、供方送货单对商品进行验收，对单据不全者可拒收商品，验收不合格的药品，购方拒收，并立即由供方退回（购方不负责保管）。经抽样验收的商品，购方保留对质量提出异议的权力。

八、在供方未承担违约责任之前，购方有权不与供方结算货款。

九、供方必须保证购方的货源，如因供方原因，造成药品断货两次以上，购方有权终止协议，并依照本协议第六条与供方结账。

十、购方有义务于双方约定的付款日内支付货款。

十一、在购方购货金额达到5万元或达到8000件时，供方应支付货款总额的5％扣率给购方。

十二、销售产品明细

名　　称	规　　格	单　　位	单价/元
阿卡波糖片	50mg×30片	盒	52.3
头孢呋辛酯	125mg×6片	盒	11.6
阿奇霉素	100mg×6片	盒	10.4

十三、争议处理办法：在双方业务往来中发生任何争议，可友好协商或由当地商业调解机构或执法机构进行调解或裁决，起诉地为购方所在地。

其他未尽事宜，届时由双方协商解决。

本协议一式二联，购方、供方各一联，签字生效。

购方：　　　　　　　　　　　　　　　　供方：
法人：　　　　　　　　　　　　　　　　法人：
委托代理人：　　　　　　　　　　　　　委托代理人：
联系电话：　　　　　　　　　　　　　　联系电话：

2008年7月8日

六、思考与练习

（一）填空题

1. 药品经营企业销售合同常见的两种合同形式是_____合同和_____合同。
2. _____是买卖双方为了实现一定经济目的，明确相互_____与_____的书面协议。购销合同一经签订，由双方加盖_____后即产生法律效力，双方必须履行合同义务。

3. 交货方式有_____、_____、_____三种。
4. 由卖方送货或代运时可供选择的运输方式有_____、_____、_____、_____。
5. 买方收货时要对商品的_____和_____进行检验，若不符合合同规定，卖方须承担_____责任。
6. 目前我国各地医疗机构医药商品采购都采用_____方式，供货企业中标后签订_____合同，作为招标文件的有效_____，发货、质量条款、结算方式、纠纷解决方式等条款都按照_____中的约定执行。

（二）单选题
1. 下列哪一项不是合同标的条款中必须填写的？（   ）
   A. 药品通用名　　B. 药品质量标准　　C. 药品说明书　　D. 药品规格
2. 购销合同的一般条款不包括（   ）。
   A. 产品名称　　B. 销售方名称　　C. 采购方名称　　D. 日期
3. 解决合同纠纷方式不包括（   ）。
   A. 协商　　B. 终止合同　　C. 调解　　D. 仲裁
4. 属于合同一般条款的是（   ）。
   A. 交货期限　　B. 合同签订日期　　C. 运输方式　　D. 结算方式
5. 承担违约责任的主要方式不包括（   ）。
   A. 支付运输费用　　B. 支付违约金　　C. 支付赔偿金　　D. 继续履行合同
6. 交货期限在合同中应精确到（   ）。
   A. 年　　B. 月　　C. 日　　D. 以上均可
7. 销售方必须免费提供（   ）服务。
   A. 送货　　B. 办理托运　　C. 必需包装　　D. 买方入库时质量检验
8. 商品质量标准和检验方法应当依据（   ）执行。
   A. 法律法规　　B. 中国药典　　C. 行业标准　　D. 合同条款
9. 购销合同上加盖（   ）有效。
   A. 财务章　　B. 销售主管签章　　C. 代理人印章　　D. 合同专用章
10. 运输方式为第三方物流代运，卖方支付运费，运输途中的正常损耗应当由（   ）负担。
   A. 买方　　B. 卖方　　C. 第三方物流　　D. 上述三方分摊

（三）多选题
1. 医药商品可分为（   ）。
   A. 医疗器械　　B. 中药材　　C. 中成药
   D. 西药　　E. 生物制品
2. 在双方业务往来中发生任何争议，可通过（   ）解决。
   A. 友好协商　　　　　　　　B. 国家食品药品监督管理局裁定
   C. 到人民法院起诉　　　　　D. 本省（直辖市）食品药品监督管理局裁定
   E. 商业仲裁委员会仲裁
3. 实际交货数量与合同约定数量不符，但未超过合同允许的减（增）量范围时（   ）。
   A. 卖方违约，追究违约责任　　B. 买方可拒收货，中止合同
   C. 卖方违约，但不追究违约责任　　D. 买方继续收货
   E. 卖方未违约，买方不得拒收
4. 购销合同的主要条款包括（   ）。
   A. 付款方式　　B. 质量条款　　C. 交货期限
   D. 运输方式　　E. 纠纷解决方式
5. 运输方式有（   ）。
   A. 铁路运输　　B. 公路运输　　C. 航空运输
   D. 自提　　E. 船舶运输

（四）判断题

1. 购销合同一经签订，即产生法律效力，双方必须履行合同义务。（　）
2. 合同中标明数量的数字要明确，不得用模糊性数字，如"左右"、"约"。（　）
3. 实际交货质量必须与合同约定一致，否则将追究卖方违约责任。（　）
4. 合同生效日期是购销合同的主要条款。（　）
5. 合同约定价格包含产品的包装、装卸费，不得另行收取额外费用。（　）
6. 实际交货数量必须与合同约定一致，否则将追究卖方违约责任。（　）
7. 合同签订日期是购销合同的一般条款。（　）
8. 合同生效后，双方不得变更或撤销合同。（　）
9. 无有效期限制的产品在合同中不限制产品生产日期。（　）
10. 医疗机构与中标企业签订药品购销合同时，必须明确采购数量，不得浮动。（　）

（五）问答题

1. 医药商品购销合同的主要条款包括哪些？
2. 合同中产品名称和数量应当怎样填写？

（六）分析题

医疗机构和药品批发/零售经营企业是药品批发企业的两大类客户，在销售过程中针对这两类客户的合同内容有什么不同？

附录

上海市医疗机构药品集中招标采购药品买卖合同

合同编号：

买受人（买方）：

签订地点：

出卖人（卖方）：

签订时间：　　年　月　日

买方自愿购买卖方提供的上海市医疗机构药品集中招标采购中标的药品，为明确双方的权利和义务，现根据《中华人民共和国合同法》等法律法规、《上海市医疗机构药品集中招标采购实施办法》和招投标文件的规定，本着平等协商的原则，就有关事宜达成如下协议：

一、概况（见附表：药品购销合同采购药品一览表）

1. 数量：所需药品的实际数量。买方需要临时增加药品数量的，须在用药 24 小时前书面提出。

2. 价格：

① 卖方提交药品的价格必须同中标成交通知书中确认的价格一致；

② 买卖双方在合同约定的交付期限内遇政府价格调整的，重新协商并签订补充条款。

二、质量标准

卖方交付的药品必须符合药典或国家药品监督管理部门规定的标准，并与投标时的承诺相一致；药品不符合质量标准的（以药检部门的检验结果为准），买方有权在其他中标的药品中选择替代药品，同时在 3 天内报上海市医疗机构药品集中招标采购管理办公室备案。

三、有效期限

1. 卖方交付药品有效期必须与招投标文件中规定的有效期一致。

2. 卖方所提供药品距有效期不得少于 6 个月。

3. 特殊品种双方另行协商。

四、包装标准
1. 卖方提供的药品必须按标准保护措施进行包装，以防止药品在转运中损坏或变质，确保药品安全无损地运抵指定现场，否则其所造成的一切损失均由卖方负责。
2. 每一个包装箱必须附一份详细装箱单和质量合格证。
3. 特殊要求：_____
_____

五、配送
1. 配送由卖方委托的药品经营企业负责。每次配送的时间和数量以买方的采购计划及合同为准。
2. 配送时必须提供同批号的药检报告书（进口药品附注册证）。

六、伴随服务
如果卖方对可能发生的伴随服务需要收取费用的，必须在报价时注明，并作如下约定：
_____
_____

七、双方的义务
1. 卖方应按照合同中买方规定的时间，配送药品并提供伴随服务。
2. 买方在使用成交药品时，如遇第三方提出侵犯其专利权、商标权或保护期的，其责任由卖方承担。
3. 买方应购买本合同项下的成交品种。卖方无违约行为的，买方不得以任何理由购买其他品牌的药品替代本合同成交品种。
4. 买方应完成本合同的药品采购量。
5. 买方应按照合同规定结算货款。指定结算银行的买方，不得以任何理由干涉结算银行的正常结算行为。

八、履行期限双方约定本合同履行期限为　　天（不得少于一季），自_____年__月__日起至_____年__月__日止。
本合同履行期满前十天，一方当事人就续约一事提出书面异议的，本合同履行期满终止。双方均未提出异议的，则本合同自动续约。
续约的新合同中双方权利义务、履行期限等与本合同相同，数量根据实际情况由双方另行协商。

九、结算方式及期限
1. 双方约定通过下列第____种方式结算。
① 转账支票
② 代记凭证
③ 电汇
④ 汇票
⑤ 其他
2. 结算期限

十、违约责任
1. 卖方未按合同规定履约（包括质量、价格、服务等），买方可收取违约金，违约金为_____。卖方迟延履行的，每延误1天，违约金为迟交药品货款的___%，直至履约为止。

违约金的最高限额是合同总价的10％，一旦达到违约金的最高限额，买方即可终止本合同。

2. 买方未按合同规定履约（未完成药品采购量等），卖方可收取违约金，违约金为_____。买方延迟履行的，每延误1天，违约金为拖延药品货款的____％，直至履约为止。违约金的最高限额是合同总价的10％，一旦达到违约金的最高限额，卖方即可终止本合同。

十一、合同争议解决方式

本合同在履行过程中发生争议，由双方当事人协商解决。协商不能解决的，选定下列第____种方式解决（不选定的划除）

① 提交上海仲裁委员会仲裁。

② 依法向人民法院提起诉讼。

十二、合同效力

本合同及补充协议与招投标文件的规定不一致的，以招投标文件的规定为准。

十三、附则

1. 本合同如有未尽事宜，双方可通过协商签订补充协议，补充协议与本合同具有同等效力。

2. 本合同（包括续约合同）履行期限均不能超出招标周期（即自合同签订生效之日始，至下一轮招标结束通知发布之日止）。

3. 本合同一式两份，双方各执一份。

买方（盖章）	卖方（盖章）
地址：	地址：
法定代表人：	法定代表人：
委托代理人：	委托代理人：
电话：	电话：
邮编：	邮编：
开户银行：	开户银行：
账号：	账号：
日期： 年 月 日	日期： 年 月 日

附表：药品购销合同采购药品一览表（略）

模块四　应收账款、应付账款的处理

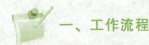

一、工作流程

（一）应收账款、应付账款处理前的准备

1. 应收账款处理前的准备

（1）编制销货通知单　负责处理订单的销售部门收到顾客订货单后，应先进行登记，审核订单的内容和数量，确定能够如期供货后，编制销货通知单和销售发票通知单，作为信用、仓储、运输、开票和收款等有关部门履行职责的依据。

（2）批准赊销　赊销批准应由信用管理部门根据管理当局的赊销政策，以及对每个顾客已授权的信用额度来进行。信用管理部门收到销货通知单，应区分新老顾客进行信用调查。对老顾客只要记录良好，订货数量要求正常，在已授权的信用额度内，信用部门可以进行常规处理。而对新顾客，应进行信用调查，审查该顾客的会计报表，或通过社会的信用评审机构或金融机构获取有关信用资料，了解该顾客的信用状况，从而决定能否批准赊销。无论是否批准赊销都应在销售通知单上签署意见。

（3）发货 仓储部门根据运输部门持有的经信用部门核准后的销货通知单来发货。

（4）运货 运输部门运送货物时应填制发货单等运送文件并送往开票部门。货运文件应顺序编号，并计入送货登记簿。发货单是货物出库的依据，用于仓库和财务部门的存货记录，也是开具销货发票的依据。

（5）开具销售发票 财会部门根据顾客订货单、销售通知单、销售发票通知单、发货单，经审查无误后开具统一格式的销售发票，列明实际发货的数量、品种、规格、单价、金额和增值税税额。价格要根据单位的价目表填写，对需要经特别批准的价格应由有关人员批示。销售发票需预先连续编号，有专人管理，尤其是增值税专用发票。销售发票一式数联，分别转给顾客、仓库、销售、财务等部门，并保存好存根联备查。

（6）记录销售业务 会计部门根据销售发票的记账联进行账务处理，区分赊销或是现销，决定编制转账凭证还是收款凭证，据以登记销售账和应收账款明细账或现金、银行存款日记账。根据发货单等结转销售成本，并冲销库存。

2. 应付账款处理前的准备

（1）请购 根据生产经营需要和储备情况，由仓储或需用部门提出请购单，经领导批准后，交采购供应部门办理。

（2）订购 采购供应部门收到批准的请购单后，应与采购计划进行核对，并深入车间、仓库或销售部门进行调查，确定采购的具体品种、规格、数量，指定采购人员组织采购，大宗货物采购应与供货单位签订合同，并将合同副本分送会计、会计控制以及请购部门，以便检查合同执行情况。为了防止盲目进货，计划外进货、合同外进货应严加控制，另行批准。

（3）验收 采购合同签订后，应建立催收制度，督促供货单位按期交货。采购的货物运达后，须由仓储部门对照购货发票、合同副本等清点数量，检查质量。根据点验结果填写入库单一式数联，除自存一份外，其余各联应分别送给采购供应部门、会计部门，以分别登记业务账、会计账和保管账。在验收时，如果出现品名、规格、花式、数量等不符合合同的，应如实作出记录，并填写书面报告；如有严重不符，应提出拒绝验收。

（二）应收账款、应付账款处理操作过程

应收账款、应付账款处理操作流程

1. 应收账款处理操作流程

（1）收款

① 设置应收账款台账，编制应收账款账龄分析表，对应收账款进行追踪分析。

② 定期分析应收账款账龄，及时收回应收账款。

③ 制定逾期应收账款的催收制度，制度包括落实责任、选择催收手段、制定催款政策和策略、实施依法清收手段四个方面。

（2）记账

（3）应收账款处理的操作流程图（见图5-7）

2. 应付账款的处理操作流程

（1）付款 财务部门收到供货单位转来的发票结算联及银行的结算凭证后，应送给采购供应部门复核，并与入库单、采购合同核对无误后，办理结算付款手续；同时在发票结算联上加盖"付讫"戳记。

（2）记账 财务部门根据上述有关原始凭证，编制记账凭据，以登记明细账、总分类账

及其他有关账簿。

3. 应付账款的处理操作流程（见图 5-8）

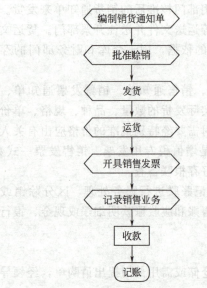
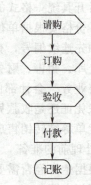

图 5-7 应收账款处理的操作流程　　图 5-8 应付账款处理的操作流程

应收账款、应付账款处理的控制点

1. 应收账款的控制点

① 在审批时，审批人应当充分了解和考虑客户的信誉、财务状况等有关情况，降低账款回收中的风险。

② 会计主管应根据销售（付款）凭证及时入账，并应详细核算至每一客户，月度、季度、年度及时对每一客户余额进行分析。

③ 企业应当建立应收账款账龄分析制度和逾期应收账款催收制度。销售部门应当负责应收账款的催讨，财会部门应当督促销售部门加紧催收。对催收无效的逾期应收账款可通过法律程序予以解决。

2. 应付账款的控制点

① 业务经理建立请购制度、询价制度、合同管理制度、验收制度，按照请购、审批、询价、确定供应商、订立采购合同、审计、采购、验收、会计记录、付款审批、付款执行等规定的程序办理采购与付款业务，并在采购与付款各环节设置相关的记录，填制相应的凭证，建立完整的采购登记制度，加强请购手续、采购订单（或采购合同）、验收证明、入库凭证、采购发票等文件和凭证的相互核对工作。

② 财务经理建立严格的付款控制制度、授权审批制度，加强应付账款和应付票据的管理，建立退货管理制度，对退货条件、退货手续、货物出库、退货货款回收等作出明确规定。

（三）应收账款、应付账款处理结束工作

企业应当定期与往来客户核对应收、应付账款及票据，预付账款等往来款项如有不符，应查明原因及时处理。

二、基础知识

1. 应收账款、应付账款的基本概念

(1) 应收账款 是指企业因销售商品、产品或提供劳务而形成的债权。
(2) 应付账款 是指企业在正常经营过程中，因购买材料、商品和接收劳务供应等而应付给供应单位的款项。

2. 收款控制

(1) 收款业务的内部会计控制

① 单位应当按照《现金管理暂行条例》、《支付结算办法》和《内部会计控制规范——货币资金（试行）》等规定，及时办理销售收款业务。

② 单位内部的销售与收款职能应当分开，销售人员应当避免接触销售现款。

③ 销售部门应当设置销售台账，及时反映商品的开单、收款、发货情况，为收款业务做好基础工作。销售台账应当附有客户订单、销售通知单、客户签收回执等相关的客户购货单据。

④ 明确客户信用评级方法和客户信用授信表。严格执行应收账款信用政策。

⑤ 落实催款责任，销售人员负责对应收账款的催收，对于到期未收回的应收账款，财会部门必须提出报告，督促销售部门加紧催收。

⑥ 销售收入及时入账，不得设立账外账，不得擅自坐支现金，需要坐支现金的单位需报经开户银行审批。坐支是指将单位的现金收入直接用于支付。坐支违反了《现金管理暂行条例》关于开户单位收入现金应当于当日送存银行的规定。

⑦ 单位应当加强收存现金和银行存款的控制，保证已经收到的现金与银行存款能够及时入账，确保货币资金的安全与完整，严防收到现款而不入账的现象发生。

(2) 销售部门对应收账款的收款控制

① 建立和健全销售与收款一体化的应收账款收款的控制制度。

② 实行合同条款控制。

③ 应收账款结算选择坚挺货币。

(3) 应收账款记录的内部会计控制

① 按照客户设置应收账款台账，及时登记每一客户应收账款的余额增减变动情况和信用额度使用情况。定期编制应收账款余额核对表或对账单，每年至少一次向欠款客户寄发账单。编制该表人员不能兼任记录和调整应收账款的工作。

② 设置应收账款总账和明细账进行核算。应收账款总分类账和明细账应有不同的人员根据各种原始凭证、记账凭证或汇总记账凭证分别登记。

③ 应收账款必须根据经过销售部门核准的销售发票和发货凭证加以记录。

④ 单位对长期往来客户应当建立起完善的客户资料，并对客户资料实行动态管理，及时更新。

(4) 应收账款账龄分析制度 在实施对应收账回收情况的监督时，需要采用应收账款账龄分析制度。应收账款账龄分析是通过编制应收账款账龄分析表进行的。账龄分析表是一张显示应收账款在外天数（账龄）长短的报告。利用这种账龄分析表，单位可以了解下列情况：

① 有多少欠款尚在信用期内，这些尚在信用期的欠款是未到偿付期的欠款，欠款是正常的。但这种欠款到期后能否收回，尚要待时再定，因此，对它进行及时监督是十分必要的。

② 有多少欠款超过了信用期，超过信用期长短的款项各占多少，有多少欠款会因拖欠时间太久而可能成为坏账。对不同拖欠时间的账款，单位应采取不同的收账方法，制定出经

济、可行的收款政策；对可能发生的坏账损失，则应提前作出必要的准备，充分估计这一因素对损益的影响。

(5) 逾期应收账款催收制度

① 落实逾期应收账款催收的责任。销售部门应负责具体的催收，财务部门应当督促销售部门加紧催收。

② 选择逾期应收账款催收手段。逾期应收账款催收手段有四种：动之以情，晓之以理，辅之以利，诉之以法。

③ 制定催款政策和策略。对各种不同的逾期应收账款应当制定不同的催款政策，在催款时也要具体问题具体分析，审时度势，对症下药，讲究策略，以免造成两败俱伤，得不偿失。

④ 实施依法清收手段。依法清收手段包括选择法院管辖、申请财产保全、申请支付令、申请法院执行、办理债权文书公证和责任延伸等。

(6) 坏账损失的控制

① 坏账确认控制。

② 坏账处理的控制。

3. 付款控制

(1) 付款控制应遵循的法规　单位应当按照《中华人民共和国会计法》、《内部会计控制规范——基本规范》、《现金管理条例》、其他有关的银行结算管理办法等办理采购付款业务。

(2) 采购付款内部会计控制　采购付款业务与企业采购业务密切相关，采购付款的内部会计控制也相应涉及采购、验收与储存、财会等部门。包括以下内容：

① 采购、验收储存、会计与财务部门在人员安排及职责分工等方面应相互独立，实行不相容岗位的相互分离。采购付款应经上述部门进行相应确认或批准。

② 一切购货业务，应编制购货订单，购货订单通过采购及有关部门（如生产部门、销售部门等）签单批准。订单副本应及时提交会计、财务部门。

③ 收到货物并验收后，应编制验收报告，验收报告必须顺序编号，验收报告副本应及时送交采购、会计部门。

④ 收到供方发票后，应及时送给采购部门，采购部门将供方发票与购货订单及验收报告进行比较，确认货物种类、数量、价格、折扣条件、付款金额及方式等是否相符。

⑤ 会计部门应将收到的购货发票、验收证明、结算凭证与购货订单、购货合同等进行复核，检查其真实性、合法性、合规性和正确性。

⑥ 实行付款凭单制。有关现金支付须经采购部门填制应付凭单，并经各有关部门及人员授权批准后方可支付货款。

⑦ 已确认的负债都应及时支付，以便按规定获得现金折扣，加强同供应商的良好关系和维持单位信用。

⑧ 应付账款总分类账和明细分类账应按月结账，并且互相核对，出现差异时应编制调节表进行调节。

⑨ 按月向供货方取得对账单，将其与应付账款明细账或未付凭单明细表互相调节，并查明发生差异的原因。

⑩ 应当建立预付账款和定金的授权批准制度，定期对预付定金、预付贷款实行核对。如有不符查明原因、及时处理。

(3) 付款控制中单据的审核　单位财会部门在办理付款业务时，应当对采购发票、结算凭证、验收证明等相关凭证的真实性、完整性、合法性进行严格审核。

（4）建立退货的管理制度　单位应当建立退货管理制度，对退货条件、退货手续、货物出库、退货回收等作出明确规定，及时收回退货货款。

（5）应付账款、应付票据和预付账款的内部会计控制　单位应当加强应付账款和应负票据的管理，由专人按照约定的付款日期、折扣条件等管理应付款项。已经到期的应付款项须经有关授权人员审批后方可办理结算与支付。

三、拓展知识

1. 医药企业销售收款难及其职务犯罪发生的企业内部原因

第一，国有医药企业销售收款难及其职务犯罪发生的重要原因是内部管理漏洞大，监督制度不健全，企业高层对此没有引起足够重视。

第二，合同审查不严。由于医药行业管理部门对医药企业资信能力、信誉度、资格审查等方面的信息收集不全，买方信息透明度低，客观上使医药企业陷入"无知之幕"，需要其建立严密合同审查制度。但是当前医药企业并非都具备这样的意识和能力，因此合同把关不严带来医药公司、医院赖账等诸多问题，其中还夹杂了销售人员违法、犯罪问题。

第三，发货体制缺乏监控。按惯例，医药企业通常是先发货，后收款。不少医药企业自身在发货对象、收款时间到期后的监督上措施不力，存在发货账目不清、收货程序不全等问题。

第四，由于销售人员的收入主要靠销量提取报酬，企业对销售人员造成药品销售不回款缺乏约束，给不诚信的买方以可乘之机，有的甚至处心积虑策划违法犯罪。

第五，内部销售人员截流。有的销售骨干人员蜕变为不法分子，其懂行、聪明，利用法律漏洞和混乱市场钻空子，为牟取非法利益实施犯罪。

2. 医药企业销售收款难及其职务犯罪发生的外部原因

第一，医药商品买方实施合同诈骗导致药品销售收款成坏账。有的医药公司搞合同诈骗，恶意签定本来就不想履行的合同，欠债上千万后卷款逃跑，使卖方医药企业成为受害者。

第二，作为买方的医药公司破产、改制，导致作为卖方的医药企业收回销售药款困难，其中的职务犯罪也难以查清。老公司债务多了，有的医药企业就破产、改制，搞金蝉脱壳，成立新公司并架空老公司；有的企业由于未经 GSP 认证而破产，其债务成为无头债。医院欠医药企业药品款，成为医药企业之间三角债、销售货款收不回及职务犯罪难以查清的主要原因之一。由于医院欠账太多，使部分医药公司破产，债务就转嫁到医药生产企业。

第三，司法机关执法中的问题给医药企业销售收款带来困难，也使其中职务犯罪的查办极其困难。

第四，法院审判受到地方保护等行政干预后，异地医药企业权利不能得到保障。

第五，由于立法存在空白，医药企业的部分权利主张不能实现。

四、相关法规

1. 《中华人民共和国会计法》
2. 《内部会计控制规范——基本规范》
3. 《现金管理条例》
4. 其他有关的银行结算管理办法等法律法规

项目五　医药商品批发　**135**

五、实训

下面是××制药集团股份有限公司2004年年度报告。

1. 本公司本年度向浙江××药业有限责任公司销售药品3 365 531.50元（含税），该交易以市场价格结算。

2. 本公司本年度向昆明××××药业有限公司出租生产用房，按双方协议收取租金968 000.00元。

3. 本公司本年度向重庆××××制药有限公司采购青蒿素，本期采购33 739 400.00元（含税），该交易以市场价格结算。

4. 本公司本年度向北京××××医药有限公司销售药品15 451 600.00元（含税），该交易以市场价格结算。

思考：

1. 如果你是销售员，在完成应收账款处理时重点关注哪些环节？
2. 如果你是采购员，在完成应付账款处理时应当做哪些工作？
3. 如果你是财务人员，请确定公司的应付账款和应收账款分别是多少金额？
4. 分成若干小组，各组成员模拟销售员、采购员、开票员、客户、销售主管、财务人员、库房管理人员，按照相应的岗位职责完成应收、应付账款的处理。

实训自我测评

角　　色	业务熟练程度 60分	沟通协调能力 20分	职业道德 20分	总　　分
销售员				
采购员				
开票员				
客户				
销售主管				
财务人员				
库房管理人员				

六、思考与练习

（一）填空题

1. 应收账款处理前的准备有编制销货通知单、批准赊销、_____、_____、_____、_____。应付账款处理前的准备有_____、_____、_____。

2. 业务经理建立请购制度、询价制度、合同管理制度、验收制度，按照_____、_____、确定供应商、订立采购合同、审计、采购、验收、会计记录、付款审批、付款执行等规定的程序办理采购与付款业务。

（二）单选题

1. 销售部门收到顾客订货单后，应先进行（　　）。
A. 发货　　　　　　B. 登记　　　　　　C. 开票　　　　　　D. 编制销货通知单

2. 运输部门运送货物时应填制（　　）。
A. 发货单　　　　　B. 发票　　　　　　C. 订购单　　　　　D. 销货单

3. 财务部门收到供货单位转来的发票结算联及银行的结算凭证后,应先送给哪个部门复核?(　　)
   A. 采购供应部门　　B. 运输部门　　C. 仓储部门　　D. 销售部门
4. 赊销批准应由(　　)根据管理当局的赊销政策,以及对每个顾客已授权的信用额度来进行。
   A. 信用管理部门　　B. 仓储部门　　C. 财务部门　　D. 生产部门
5. 销售与收款职能应当分开,销售人员应当避免接触(　　)。
   A. 销售现款　　B. 销售发票　　C. 转账支票　　D. 销售清单
6. 应收账款的记录必须经过(　　)核准的销售发票和发货凭证加以记录。
   A. 信用管理部门　　B. 仓储部门　　C. 生产部门　　D. 销售部门
7. 应收账款账龄分析表是一张显示应收账款(　　)的报告。
   A. 在外天数(账龄)长短
   B. 在外有多少欠款
   C. 在外有多少坏账
   D. 在外有多少货物
8. 落实逾期应收账款催收的责任,哪个部门应负责具体的催收?(　　)
   A. 销售部门　　B. 财务部门　　C. 生产部门　　D. 检验部门
9. 对于医药商品买方实施合同诈骗导致药品销售收款成坏账的应采用的催款方式是(　　)。
   A. 动之以情　　B. 晓之以理　　C. 辅之以利　　D. 诉之以法
10. 对于中间商因经营不佳暂时无力偿还的逾期货款,可以采用(　　)。
    A. 分步分批催讨　　B. 不要货款　　C. 强行逼债　　D. 暂缓催讨

(三) 多选题

1. 负责处理订单的销售部门收到顾客订货单后,应先进行登记,审核订单的内容和数量,确定能够如期供货后,编制销货通知单和销售发票通知单,作为下列哪些部门履行职责的依据信用?(　　)
   A. 财务部门　　B. 保卫部门　　C. 运输部门
   D. 仓储部门　　E. 生产部门
2. 应收账款处理前的准备有(　　)。
   A. 编制销货通知单　　B. 批准赊销　　C. 发货
   D. 运货　　E. 开具销售发票
3. 应付账款处理前的准备有(　　)。
   A. 请购　　B. 订购　　C. 验收
   D. 付款　　E. 记账
4. 财会部门在办理付款业务时,应当对采购发票、结算凭证、验收证明等相关凭证进行严格审核,主要审核它们的(　　)。
   A. 真实性　　B. 完整性　　C. 合法性
   D. 合规性　　E. 价格合理性
5. 医药企业销售收款难及其职务犯罪发生主要有以下几个内部原因(　　)。
   A. 内部管理漏洞大　　B. 合同审查不严　　C. 发货体制缺乏监控
   D. 对销售人员回款监管不力　　E. 内部销售人员截流

(四) 判断题

1. 负责处理订单的销售部门收到顾客订货单后,应先进行开票。(　　)
2. 在审核订单的内容和数量,确定能够如期供货后,通知仓库发货。(　　)
3. 赊销批准应由信用管理部门根据管理当局的赊销政策来进行。(　　)
4. 仓储部门根据运输部门持有的经信用部门核准后的销售通知单来发货。(　　)
5. 运输部门运送货物时应填制发货单等运送文件并送往开票部门。(　　)
6. 财会部门根据顾客订货单、销售通知单、销售发票通知单、发货单,不需审查马上开具统一格式的销售发票。(　　)
7. 根据生产经营需要和储备情况,生产部门填写请购单后交采购供应部门办理。(　　)
8. 采购供应部门收到批准的请购单后,应马上指定采购人员组织采购。(　　)

9. 采购的货物运达后，须由采购部门对照购货发票、合同副本等清点数量，检查质量。（　　）

10. 财务部门收到供货单位转来的发票结算联及银行的结算凭证后，必须马上付款。（　　）

（五）问答题

1. 收款业务的内部会计控制有哪些？
2. 采购付款内部会计控制有哪些？

（六）分析题

案例：

A 公司为一家医药企业，前些年由于产品推销宣传不力，销售政策研究得不深，销售方式运用得不灵活，导致产品销售不景气。于是 A 公司管理层对中层干部进行调整，选拔了新的销售经理，改组了销售部门，重新设立了销售的基层单位——销售部，增加了销售力量。新的销售经理新官上任三把火，马上召开销售会议，布置了 4 个销售部的销售任务，要求每个销售部每月完成销售额 100 万元，并与各个销售部门签订了承包合同。为了激励大家努力完成和超额完成销售目标，销售经理经公司董事会的批准，承诺凡是销售额超过承包基数以上的部分，按照 2% 的比例兑现奖金；完不成任务的不发奖金。会后，销售政策确实取得了明显成效，不仅销售额直线上升，而且随着销售的增长，利润也上去了。

然而公司的财务经理却高兴不起来，一方面销售上去了，但销售收入中的一大部分并没有形成现实的现金流入而是形成了应收账款；另一方面，销售的增长导致了生产的增长，而生产的增长导致了原材料供应的增加，进而导致了现金支付的压力。于是，财务部门向公司董事会告急，要求销售部门立即展开应收账款的催收和清理工作，加速资金回笼，满足公司当前的资金需要。

销售部的销售业务人员积极开展应收账款的催收和清理工作，取得了一定的成效，收回了不少应收账款，但是也发现不少问题：①某客户所欠货款 150 万元，因其财务状况不佳，应收账款催收无效而一拖再拖，现正准备协商债务重组的事宜；②销售部的销售业务人员张某具体接头的某项销售业务，已发去商品 30 万元，客户只付来货款 2 万元，现在该客户已无法找到，有诈骗嫌疑；③销售部的销售业务人员王某具体接头某项销售业务，已发去商品 40 万元，客户交来了一张面值 40 万元的商业承兑汇票，因该客户财务拮据，很可能无力支付；④通过银行办理委托收款的货款 100 万元，遭到购货方无理拒付，协商未果。

由于巨额款项被客户拖欠，A 公司在销售繁荣的情况下陷入了财务困境。

思考：

A 公司在销售繁荣的情况下陷入财务困境，从内部控制的角度分析，给了我们什么重要的启示？

模块五　医药商品窜货处理

一、工作流程

（一）医药商品窜货处理前的准备

（1）巡查人员必须定期到市场巡视，进行明察暗访，了解市场操作情况，同时对药品流向进行统计。

（2）大区督察经理要对各办事处物流型医药公司药品销售流向进行催收，并确认、核查真伪。

（3）大区督察经理协助办事处调查取证其他区域医药批发公司冲窜过来的药品。

（二）医药商品窜货处理操作过程

医药商品窜货处理的操作流程

（1）监管人员首先进行市场调研、统计，在确定某分公司或代理商有窜货情况时，向上一级大区督察经理汇报请示，并提交调查报告供上一级大区督察经理参考。

（2）由大区督察经理对于市场营销（办事处）监管人员所提供的资料进行审核、调查，对于证据确凿者上报市场督察部，内勤人员根据办事处所报内容于当日内查找、核实，确认该货物所属办事处销售区域及所属医药批发公司。市场督察部内勤人员将初步调查结果报大区督察经理处，由大区经理审核后转内勤转市场督察总监签字，财务部按相应规定处理，并通知办事处。

（3）医药商品窜货的处理流程见图5-9。

第一，办事处或内勤将品名、规格、批号、小包装盒上的喷码及已发现的具体货物数量准确地报到大区督察经理处，由大区督察经理审核后转市场督察部内勤。

第二，市场督察部内勤人员根据办事处所报内容于当日内查找、核实，确认该货物所属办事处销售区域及所属医药批发公司。

第三，如为某办事处区域所发药品，市场督察部内勤人员通知办事处经理；如为其他区域所发货物，市场督察部内勤人员将初步调查结果报大区督察经理处由大区经理审核后转内勤转市场督察总监签字，财务部按相应规定处理。

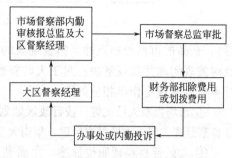

图5-9 医药商品窜货的处理流程

第四，市场督察总监将签署意见交财务部，按规定进行相关费用扣除及补偿，并通知办事处。

第五，市场督察部内勤人员做好冲窜货调查，处理记录，存档备案。

医药商品窜货处理的控制点

1. 制定合理的奖惩措施

在招商声明和合同中明确对窜货行为的惩罚规定，为了配合合同有效执行，必须采取一些措施，包括：

（1）交纳保证金　保证金是合同有效执行的条件，也是企业提高对窜货经销商威慑力的保障。如果经销商窜货，按照协议，企业可以扣留其保证金作为惩罚。这样经销商的窜货成本就高了，如果窜货成本高于窜货收益，经销商就不轻易窜货了。

（2）对窜货行为的惩罚进行量化　企业可选择下列模式：警告、扣除保证金、取消相应业务优惠政策、罚款、货源减量、停止供货、取消当年返利和取消经销权。同时奖励举报窜货的经销商，调动大家防窜货积极性。

2. 建立监督管理体系

（1）把监督窜货作为企业制度固定下来，并成立专门机构（如图5-10所示），由专门人员明察暗访经销商是否窜货。在各个区域市场进行产品监察，对各经销商的进货来源、进货价格、库存量、销售量、销售价格等了解清楚，随时向企业报告。这样一旦发生窜货现象，市场督察部就马上可以发现异常，企业能在最短时间对窜货作出反应。

① 市场督察管理机构组织结构　见图5-10。

设立市场督察总监，建立大区督察经理巡察工作制度，把市场价格混乱及冲窜货现象作为日常工作常抓不懈，形成对市场的监管制约机制。

② 市场总监职位描述　对营销中心总监负责，制定企业年度市场督察营销目标和任务，并制订可行的年度工作计划；市场监督队伍的建设（大区督察经理选聘，培训、日常管理

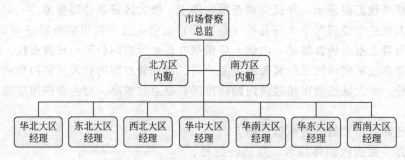

图 5-10 市场督察管理机构组织结构

等);药品的市场价格及冲、窜货现象的直接管理者;带领大区督察经理经常性地检查市场,及时发现问题并加以解决;对于大区督察经理及办事处上报的药品市场价格、冲货、窜货进行审核并按规定作出相应处罚。

③ 市场督察人员配置　按行政区域划分:华北大区督察经理,东北大区督察经理、西北大区督察经理、华中大区督察经理、华南大区督察经理、华东大区督察经理、西南大区督察经理。

④ 大区督察经理职位描述　隶属营销管理中心,对市场督察总监负责;分管区域市场的日常巡察(协同办事处拜访重点的全国性物流医药公司和区域性物流医药公司);对医药批发公司供货价及出货价的日常督察及确认。重点监控冲、窜货物流医药公司,负责对各办事处物流型医药公司药品销售流向的催收、确认、核查真伪;与办事处调查取证其他区域医药批发公司冲窜过来的药品;建立健全物流型医药公司客户档案。

(2) 企业各部门配合防止窜货的发生。比如,企业可以把防窜货纳入企业财务部门日常工作中。财务部门与渠道拓展人员联系特别紧密,多是现款现货,每笔业务必须经过财务人员的手才能得以成交。因此,财务人员对于每个区域销售何种产品是非常清楚的。所以只要企业制定一个有效的防窜流程,将预防窜货工作纳入财务工作的日常工作中,必然会减少窜货现象的发生。

(3) 实行医药批发公司销售明细流向办事处月报机制。医药批发公司销售明细流向反馈到企业后,企业可以把产品编号和经销商进行对照,如果不对应就判断为窜货。

(4) 利用社会资源进行防窜货:方式一,利用政府"地方保护行为",与当地工商部门联系,合作印制防伪不干胶贴;方式二,组成经销商俱乐部,不定期举办沙龙,借此增进经销商之间的感情;方式三,采取抽奖、举报奖励等措施;方式四,也是最好的方式,即把防伪防窜货结合起来,利用消费者和专业防窜货公司协助企业防窜货。

3. 减少渠道拓展人员参与窜货

(1) 建立良好的培训制度和企业文化氛围。企业应尊重人才、理解人才、关心人才,讲究人性化的方式方法,制定人才成长的各项政策,制定合理的绩效评估和酬赏制度,真正做到奖勤罚懒,奖优罚劣。公正的绩效评估能提高渠道拓展人员的公平感,让员工保持良好的工作心态,防止渠道拓展人员和经销商结成损害企业的利益共同体。

(2) 内部监督渠道拓展人员,同时不断培训和加强对市场监督人员管理。

4. 培养和提高经销商忠诚度

随着行业内技术的发展与成熟,产品的差异化越来越小,服务之争成为营销竞争一个新的亮点。完善周到的售后服务可以增进企业、经销商与顾客之间的感情,培养经销商对企业的责任感与忠诚度。企业与渠道成员之间的这种良好关系的建立,在一定程度上可以控制窜货的发生,经销商为维系这种已建立好的关系,轻易是不会通过窜货来破坏这份感情的。有条件地或无条件地允许经销商退货，尽量防止经销商产品出现积压而窜货。

5. 实行药品代码制

代码制是指给每个区域的药品编上一个唯一药品生产批号、箱号，印在药品的内外包装上，采用代码制可使药厂在处理冲窜货问题上掌握主动权。首先，由于药品的代码制，使企业对药品的去向了如指掌，避免医药批发公司有恃无恐，使其不敢贸然采取冲窜货行动；其次，即使发生冲窜货行为，药厂也可以搞清楚药品的来龙去脉，有真凭实据处理起来相对容易。

 二、基础知识

1. 窜货的基本概念

窜货：是经商网络中的公司分支机构或中间商受利益驱动，使所经销的产品跨区域销售，造成市场倾轧、价格混乱，严重影响厂商声誉的恶性营销现象。

2. 窜货的类型

类型 I

① 恶性窜货：经销商为了牟取非正常利润，蓄意向非辖区倾销货物。

② 自然性窜货：一般发生在辖区临界处或物流过程，非供销商恶意所为。

③ 良性窜货：经销商流通性很强，货物经常流向非目标市场。

类型 II

① 同一市场内部的窜货：甲乙互相倒货。

② 不同市场之间的窜货：两个同一级别的总经销之间相互倒货。

③ 交叉市场之间的窜货：经销区域重叠。

3. 窜货的原因

① 多拿回扣，抢占市场。

② 供货商给予中间商的优惠政策不同。

③ 供应商对中间商的销货情况把握不准。

④ 辖区销货不畅，造成积压，厂家又不予退货，经销商只好拿到畅销市场销售。

⑤ 运输成本不同，自己提货，成本较低，有窜货空间。

⑥ 厂家规定的销售任务过高，迫使经销商窜货。

⑦ 市场报复：目的是恶意破坏对方市场。

4. 窜货的表现

① 分公司为完成销售指标，取得业绩，往往把货销售给需求量大的兄弟分公司，造成分公司之间的窜货。

② 中间商之间的窜货：甲乙两地供求关系不平衡，货物可能在两地低价抛售走量流转。

③ 为减少损失，经销商低价倾销过期或即将过期的产品。

④ 更为恶劣的窜货现象是经销商将假冒伪劣商品与正品混同销售，掠夺份额。

5. 窜货的危害

① 一旦价格混乱，将使中间商利润受损，导致中间商对厂家不信任，对经销其产品失去信心，直至拒售。

② 供应商对假货和窜货现象监控不力，地区差价悬殊，使消费者怕假货、怕吃亏上当而不敢问津。

③ 损害品牌形象，使先期投入无法得到合理的回报。

④ 竞争品牌会乘虚而入，取而代之。

6. 窜货的有效控制

窜货的发生需要具备三个条件：窜货主体、环境、诱因。所以，要想从根源上解决窜货问题，就必须从以下三点入手：

（1）选择好经销商　在制定、调整和执行招商策略时要明确的原则就是避免窜货主体出现或增加。要求企业合理制定并详细考察经销商的资信和职业操守，除了从经销的规模、销售体系、发展历史考察外，还要考察经销商的品德和财务状况，防止有窜货记录的经销商混入销售渠道。对于新经销商，企业不是太了解他们的情况，一定做到款到发货。宁可牺牲部分市场，也不能赊销产品，防止某些职业道德差的经销商挟持货款进行窜货。此外，企业一定不能让经销商给市场拓展人员发工资。

（2）创造良好的销售环境

① 制订科学的销售计划。企业应建立一套市场调查预测系统，通过准确的市场调研，收集尽可能多的市场信息，建立起市场信息数据库，然后通过合理的推算，估算出各个区域市场的未来进货量区间，制定出合理的任务量。一旦个别区域市场进货情况发生暴涨或暴跌，超出了企业的估算范围，就可初步判定该市场存在问题，企业就可马上对此作出反应。

② 合理划分销售区域，保持每一个经销区域经销商密度合理，防止整体竞争激烈，产品供过于求，引起窜货；保持经销区域布局合理，避免经销区域重合，部分区域竞争激烈而向其他区域窜货；保持经销区域均衡，按不同实力规模划分经销区域、下派销售任务。对于新经销商，要不断考察和调整，防止对其片面判断。

（3）制定完善的销售政策

① 完善价格政策　许多厂家在制定价格政策时由于考虑不周，隐藏了许多可导致窜货的隐患。企业的价格政策不仅要考虑出厂价，而且要考虑一批出手价、二批出手价、终端出手价。每一级别的利润设置不可过高，也不可过低。过高容易引发降价竞争，造成窜货；过低调动不了经销商的积极性。价格政策还要考虑今后的价格调整，如果一次就将价格定死了，没有调整的空间，对于今后的市场运作极其不利。在制定了价格以后，企业还要监控价格体系的执行情况，并制定对违反价格政策现象的处理办法。企业有一个完善的价格政策体系，经销商就无空可钻。

② 完善促销政策　企业面对销不动的局面，常常是促销一次，价格下降一次。这就表明企业制定的促销政策存在着不完善的地方。完善的促销政策应当考虑合理的促销目标、适度的奖励措施、严格的兑奖措施和市场监控。

③ 完善专营权政策　在区域专营权政策的制定上，关键是法律手续的完备与否。企业在制定专营权政策时，要对跨区域销售问题作出明确的规定：什么样的行为应受什么样的政策约束，使其产生法律约束力。

此外，还应完善返利政策。完善的营销政策可以从根本上杜绝窜货现象。

三、拓展知识

1. 冲、窜货形成的诱因

冲、窜货，一个在市场营销学中没有的概念，却是一个在销售实践中让公司管理人员头痛不已的问题。有人说，没有窜货的销量，是不红火的销量，但事实证明：大量窜货的销量，是危险的销量，足以让公司一蹶不振。现实社会中，利润分配权几乎都掌握在了制造商与渠道的多个环节之中，形成了不确定性，在制造商与渠道间、不同渠道之间，大家为争夺利益自然而然就形成了冲、窜货。

(1) 制造商埋下的祸根
① 模式多元化。
② 扁平化管理弊端。
③ 制造商急功近利。
④ 制造商支持不力,政策失控。

(2) 渠道变化的诱因　渠道本身存在的一些发展和变化,也是冲、窜货的诱因:①渠道商(零售企业)规模越来越大;②渠道商数量越来越多;③专业冲、窜货渠道商逐渐形成。

2. 冲、窜货的有效控制

对于制造商来说,要有效控制冲、窜货,对不同的市场管理模式要有针对性地制定应对策略。目前主要有三种经营模式:第一是制造商实力强大,在全国自建办事处,当地渠道商只负责渠道流通的协销工作;第二是公司在全市场不自建办事处,完全招渠道商,低价拿货,渠道商自行做市场推广;第三是全国一部分市场自建办事处,另一部分完全交给渠道商自行运作。针对这三种经营模式来制定应对冲、窜货的策略。

(1) 完全自建网络营销

① 严格实行级差价格体系　制造商制定出包括总经销、出厂价、批发价、零售价的综合价格体系,然后在通路中将渠道商划分为总经销、二级批发商、零售商等。在市场运营中为保障总经销商的利润,制造商必须要求总经销商以出厂价供货;为保障二级批发商的利润,制造商必须要求总经销对二级批发商执行出厂价,对零售商执行批发价,对消费者执行零售价;为保障零售商的利润,制造商必须要求总经销与二级批发商对消费者执行零售价。

② 试行"大区+特区"管理制度　在全中国市场设置若干大区(如东北、华北、华东)与特区(如北京、上海或一些重点培养的市场),下面设若干小区或省区。细分后的大区与特区相对独立,并且由主管对绩效负责,同时拥有一定的战略和运营决策权。下辖城市中经销商的利益可以区内平衡,有效防止恶性竞争和冲、窜货。

③ 制定完善的渠道管理制度　制造商对于渠道商源头的控制只能是制定严密管理制度,用制度去管理与约束渠道商网络,目的在于协调制造商与渠道商创造平等的经营环境。在拟定合同时,首先界定各渠道商的销售区域,同时写清楚级差价格体系,要求严格执行,禁止超范围浮动价格,另外将市场促销物料支持、各阶段返利、下年度合同签订权等均与是否严格遵守渠道管理制度相结合。

④ 建立有效的货物预警机制　自建网络营销基本做不到先款后货,通常采用批结、滚结或月结等方式,各市场营销人员在执行公司货物预警机制政策下,根据市场每一个渠道商的市场组织能力、分销周期、商业信誉、支付习惯、经营走势及现实容量、竞争程度等多项综合指标,制定应收账款警戒线,防止渠道商存货太多形成冲、窜货。

⑤ 实行产品代码与专卖标识双保险　现今许多制造商在产品上都印刷或打印有生产批号和小号(每件货一个号码),基本根据生产日期来编码,每件货一个号码,这样也能使制造商在处理冲、窜货时掌握主动,常规情况下能对产品的去向进行准确的监控,避免渠道商有恃无恐,同时出现窜货时也能查出产品的源头。但一些渠道商能用小砂轮把印刷的小号打磨掉。因此,不但在产品外面印刷有生产批号与小号,同时在包装盒内打印与小号一样的号码,这样使窜货商处理的成本远远高于其赚取的利润;另外在各大区的货品上帖专卖标识,这种专卖标识本身就有防伪作用,窜货商想要盗用基本不可能。

⑥ 强化营销队伍建设管理　很多市场冲、窜货都与市场营销管理人员相关,要么是前期调查不够,要么是后期市场监管不力,实际上都是责任心不强。要防止市场人员的技术性窜货,首

先制造商应建立良好的企业文化环境，尊重人才，理解人才；其次要为每一个营销人员设计一个完善的事业发展规划；同时要制定合理的酬赏制度，还要有一个合理的淘汰机制。首先给他们灌输营销行业是当今最好的行业，公司的平台能让营销人员离成功更近，公司的产品能让营销人员加速成功；其次让每一个人都能看到光明的前景，只要努力就能从员工—主管—销售部长—市场部经理—总部高管到更高的职位；还要加强人性化管理，让营销人员没有后顾之忧；同时强调经理一定是干出来的，在平时的管理中灌输"能者上、平者让、庸者下、腐者惩"的思想。

（2）完全招商代理制营销

① 严格冲、窜货惩罚制度　根据市场实际情况，把全国分成 N 个区域，拟定每个区域保证金数量、首批提货量，拟定冲、窜货定义以及市场冲、窜货管理程序，界定恶性、良性的限度，规定处罚依据（比如样品、发票或拍照等有效证据），拟定处罚额度（制造商给受害区赔偿，一般有货物抵押或任务量降低或促销支持等形式，制造商处罚冲、窜货渠道商，一般是罚没保证金，扣罚货款直至解除经销权）。

② 严格选取渠道中间商　在签订合同之前必须详细了解渠道商情况，避免选择不当后患无穷，既做不好自己"一亩三分地"，又给其他区域造成损失。要求招商人员必须先了解渠道商商品代理的成功案例，证明他能操作市场；第二，了解其网络影响范围，以便确定合作区域的大小；第三，资金实力大小，可以决定渠道商操作市场时压力负担与操作力度；第四，从侧面了解其信誉，以便决定支持力度的大小。

③ 严格控制经销商　与渠道商打交道，不是你控制他，就是他控制你，一旦被渠道商牵着鼻子走，整个市场就会走样，甚至失败。在市场运作中，首先制造商要能给渠道商成功指导性方法，帮助渠道商解决市场运作的疑难问题，让渠道商对制造商由信服转变为信任。与渠道商交朋友，即使退出也好合好散！同时要充分运用好制造商手中的奖惩权与货物控制权，平常发货量可以低于保证金额，针对市场容量可以分 N 次发货。此外，还要定期对渠道商进行奖励与惩罚。市场营销管理人员必须定期到市场巡视，一方面了解市场操作情况，同时对货物流向进行统计，也可以联系市场上的其他渠道商，手中随时要有后备名单。

（3）自建网络＋招商代理并存营销

① 分区打造产品品牌，但突出整体品牌形象　其实许多消费品都在实行，他们在不同区域同时推广不同的产品，但整体是公司的形象。时机成熟时，再在每个区域扩散其他产品。

② 包装差异化　因为此种模式决定了价格差别很大，单纯在两种完全不同模式的市场间控制冲、窜货难上加难，而通过不同的产品包装则可以有效控制冲、窜货。如山西"络欣通"一开始就实行自建办事处销售产品的包装盒为白色，渠道商代理产品则为蓝色，效果很不错。当然，并不是所有的窜货都有危害性，也不是所有的冲、窜货现象都应及时制止。在企业发展之初，有主导品牌控制市场时，适度的窜货对提高市场占有率很有帮助。适度就是制造商能控制住局势，对于一些不太严重的冲、窜货行为，制造商只需关注即可。

四、相关法规

《中华人民共和国合同法》规定：制造商与经销商一旦在销售合同里约定好对窜货行为的奖惩，合同生效后，就具有法律效应。

五、案例分析

某报记者揭开了地下疫苗市场交易内幕——以《不问资质随意出售疫苗》为题发表文章：

据了解，东北三省、山东、河南、山西、湖北等地的医院、防疫部门、县级甚至镇级防护站都在5月底收到了××生物制品研究所销售公司发出的宣传广告单。在该宣传单上，记者赫然发现，"人用狂犬病纯化疫苗"每人份（每个人必须注射的数量）开出的供货价仅有20元，而后面显示的零售价则为150元！

记者随后拨通了宣传单上显示的销售电话0431-×××××××。记者以个体药店负责人的身份与对方进行业务接洽。下面是记者和接电话小姐的对话。

记者：我想买两件（80人份为一件，每人份5支，共计400支）水痘疫苗，有吗？

小姐：你是哪里的？

记者：我是湖南湘潭的。

小姐：你可以留下你的联系方式，我们领导会跟你联系的。

记者：你能不能将你们领导的电话给我，我直接跟他联系？

小姐：不行，按规定，我们只负责登记的。

记者：那你们的价格是多少？

小姐：你有没有收到我们的单子？

记者：收到了。

小姐：那就是上面的价格。

记者：那最快什么时候你们领导会跟我联系？

小姐：最快下周吧。

而记者随后与该公司另一地区销售业务人员通电话。接电话的男子表示"目前缺货"。当记者再三表示"我是急用"后，该男子同意"你把你的联系方式和姓名、地址发到我的手机上"。据透露，湖南一直是该企业疫苗"窜货"最严重的地区，狂犬疫苗和水痘疫苗都是如此。以湖南的人口推算，一年能卖到十几万人份已经很不错了，但是实际上该公司在湖南的销售点一年却可以卖到50万人份狂犬疫苗！据其透露，其中多出来的大部分是卖给根本不具有经营资格的企业或个人了，在这种情况下，疫苗的冷链运输和疫苗的质量很难保证。

请分析一下造成窜货的原因是什么，应该如何处理。

原因：××生物制品研究所管理混乱，没有专门的市场督察治理机构，没有健全的关于药品价格及冲窜货的市场治理体系，没有选择好经销商，一些销售部经理的职业素质过差，在任期内对自己的权力过分使用或者盲目使用，在利益及销售业绩的驱使下，使得他们不顾企业、市场长远利益和品牌持续良性的发展，勾结经销商形成冲、窜货联盟，赢得短暂的不合理利润，不是通过自身努力而实现的销售业绩。

处理：××生物制品研究所应该对销售部进行整顿，聘请职业素质高、能力强的销售总监，重新组建销售中心，成立专门的市场督察治理机构，健全药品价格及冲窜货的市场治理体系，选择好经销商，合理划分销售区域，重新树立企业的形象。

六、思考与练习

（一）填空题

1. 窜货的发生需要具备三个条件：_____、_____、_____。
2. 窜货按性质分类有_____、_____、_____、_____。
3. 对窜货行为的惩罚进行量化。企业可选择下列模式_____、_____、取消相应业务优惠政策、_____、货源减量、停止供货、取消当年返利和取消经销权。同时_____举报窜货的经销商，调动大家防窜货_____。

4. 对冲、窜货形成的诱因中，制造商埋下的祸根有模式多元化、_____、_____、_____。渠道变化的诱因有_____、_____。

（二）单选题

1. 为了有效控制窜货的发生，在招商声明和合同中需要明确约定的是（　　）。
   A. 对药品质量的规定　　　　　　　　B. 对退货的规定
   C. 对窜货行为的惩罚规定　　　　　　D. 对返利的规定
2. 对医药商品窜货处理进行审批的责任人是（　　）。
   A. 办事处巡查人员　　　　　　　　　B. 大区督察经理
   C. 市场督察总监　　　　　　　　　　D. 市场销售部总监
3. 经销商流通性很强，货物经常流向非目标市场属于（　　）。
   A. 恶性窜货　　B. 自然性窜货　　C. 良性窜货　　D. 正常销售
4. 对于完善的促销政策，企业不常考虑的是（　　）。
   A. 促销一次，价格下降一次　　　　　B. 合理的促销目标
   C. 适度的奖励措施　　　　　　　　　D. 严格的兑奖措施和市场监控。
5. 许多厂家在制定价格政策时由于考虑不周，隐藏了许多可导致窜货的隐患。企业价格政策不需要考虑的价格是（　　）。
   A. 出厂价　　B. 批发价　　C. 零售价　　D. 特价
6. 企业制定出合理的任务量，通过什么就可初步判定某市场存在问题？（　　）
   A. 区域市场进货暴涨或暴跌，超出了的估算范围　　B. 区域市场进货平稳
   C. 区域市场进货逐渐增加　　　　　　　　　　　　D. 区域市场进货逐渐减少
7. 在区域专营权政策的制定上，关键是法律手续的完备与否。要对跨区域销售问题作出明确的规定，此外，还应完善（　　）。
   A. 返利政策　　B. 退货政策　　C. 培训政策　　D. 荣誉政策
8. 为保障区间商的利润，总经销、批发商、零售商对消费者都要执行（　　）。
   A. 零售价　　B. 出厂价　　C. 一级批发价　　D. 二级批发价
9. 自建网络营销制定应收账款警戒线，防止渠道商存货太多形成冲、窜货。基本做不到的收账款方式是（　　）。
   A. 先款后货　　B. 批结　　C. 滚结　　D. 月结
10. 决定对窜货商进行处罚时具有审批资格的是（　　）。
    A. 区域办事处人员　　B. 大区督察经理　　C. 内勤人员　　D. 市场督察总监

（三）多选题

1. 为了配合合同的有效执行，对于窜货须要采取一些措施，包括（　　）。
   A. 交纳保证金　　　　　　B. 对窜货行为的惩罚进行量化
   C. 寻求法律支持　　　　　D. 请求仲裁
   E. 放任自流
2. 医药商品窜货的处理流程图中涉及的部门及人员有（　　）。
   A. 办事处或内勤人员　　B. 大区督察经理　　C. 市场督察总监
   D. 财务部　　　　　　　E. 董事长
3. 市场督察人员在各个区域市场进行产品监察，对各经销商需要了解清楚的是（　　）。
   A. 进货来源　　B. 进货价格　　C. 库存量
   D. 销售量　　　E. 销售价格
4. 制造商在实行级差价格体系时，制定出的价格有（　　）。
   A. 总经销价　　B. 出厂价　　C. 批发价
   D. 零售价　　　E. 特价
5. 对窜货行为的惩罚进行量化。企业可选择的模式有（　　）。

A. 警告　　　　　　B. 扣除保证金　　　　C. 取消相应业务优惠政策
D. 罚款　　　　　　E. 停止供货

（四）判断题
1. 市场督察部内勤人员做要好冲窜货调查，处理记录，存档备案。（　）
2. 大区督察经理要对各办事处物流型医药公司药品销售流向进行催收，不需要确认、核查真伪。（　）
3. 窜货是经商网络中的正常行为，对制药企业没有什么影响。（　）
4. 为减少损失，经销商在本辖区内低价倾销过期或即将过期的产品就是窜货。（　）
5. 市场督察部内勤人员根据办事处所报内容于一月内要查找、核实，确认该货物所属办事处销售区域及所属医药批发公司。（　）
6. 经销商将假冒伪劣商品与正品混同销往非经销区属于恶性窜货。（　）
7. 对于专门进行货物倒卖的公司，药品包装上有没有防窜货标记都一样。（　）
8. 对于新经销商，企业不是太了解他们的情况，一定做到货到付款。（　）
9. 选择经销商时，企业只要详细考察经销商经销的规模、销售体系就可以。（　）
10. 合理划分销售区域，保持每一个经销区域经销商密度合理，防止窜货。（　）

（五）问答题
1. 窜货的原因有哪些？
2. 窜货的危害有哪些？

（六）分析题
案例：
　　A产品是由某公司独家开发的新药，其疗效明确，用药面广，用药时间长（3个月左右）。经2年多的努力，在X区和Y区成为治疗该病的一线用药，销售情况良好。
　　在A产品上市之初，该公司为迅速打开局面，以追求在最短的时间内占取市场和达到最大量的销售，采取了混合制的销售模式。
　　在这种模式下，全力重点开发X区、Y区，对这两个区域以及其下的二、三级市场均采用了底价包干的策略，收取保证金，对人员和货物的流向有着严格的管理办法，用一支队伍两个项目组来协调管理医院和零售终端。可以说，在现有的情况和模式下，其营销管理手段较为完备，执行能力也较为完善。但是，今年9月下旬，在X区的终端发现有大量Y区的产品。经追踪是Y区下辖一个二级城市的货物，是销往该区域多家民营医院，从2月至9月的产品，累计有30余件1万多盒。而且A产品在这些医院中一直也保持着不小的正常销售。事后经调查，这一万多盒是在半年多时间里，由其主管不断向医院以换货的办法，从每一个医院，每个月几十盒收回积存而成，其量大约是该医院每月正常销量的10%左右。
　　民营医院的进价一般为3折，由于不做临床工作，这样有差不多近30个点以上的窜货空间。而且，民营医院是现款现货，不做临床工作，一般也不让其他人员查取产品的消化量，这样就有监控上的盲点，造成机会。该主管有心利用这个机会，以5.5～6折的价格发往X区的终端，终端再以7.5折左右的价格销售。虽然一经发现，公司采取了收货的措施，但还是对X区的市场产生了较大的冲击。为此，Y区成员承受近40余万元的直接损失，造成了两个重点产出区的不稳定。

思考：
　　请分析引起这种窜货的根源是什么？

项目六
终端推广与服务

学习目标

1. 掌握终端销售流程。
2. 会运用终端销售的基本方法。
3. 会进行产品演示与宣讲。
4. 会改变客户态度。

模块一 终端销售（医药代表）

一、工作流程

（一）医药代表工作前的准备

1. 医药代表心理准备

熟悉公司情况，保持好全力以赴的准备。熟悉产品情况，明确目标，作好计划，了解客户情况。有高度进取心，有坚忍不拔的意志，有高度的自信心，有高度的纪律性。

2. 设定走访目标

药品销售人员应制订每月、每周的访问计划，然后再根据计划的内容制作每日拜访顾客计划表。访问顾客的计划，应在前一天制订好，最好养成就寝前订计划的习惯。走访客户应考虑拜访的目的、理由、内容、时间、地点、面谈对象及拜访的方法。

3. 推销辅助工具

（1）工作包：包内东西要整理清楚，将产品目录和推销手册收集齐全，并放入订货单、送货单或接受单等。

（2）与顾客洽谈时必备的推销工具：名片、客户资料、访问准备卡、价目表、电话本、身份证明书、介绍信、地图、产品说明书、资料袋、笔记本、药品一证一照。

（3）促进销售的工具：计算器、样品、相关报刊、广告和报道材料、优惠折扣材料、其他宣传材料等。

（二）医药代表工作的过程

医药代表工作的操作流程

医药代表基础工作流程图（4D流程）如下：

展示自我 → 展示企业 → 展示新概念 → 展示产品

医药代表工作对象的特殊性，决定了对方对医药代表及其推出的产品都会在一个较高的层次上用挑剔的眼光给予评定，因此也决定了医药代表各方面的知识及个人素质须有更高与更严格的标准，把握与动用基础工作的流程，对医药代表的业绩有至关重要的作用，归纳起来有四个方面，即4D流程。

1. 展示自我（display myself）

① 从充沛的精神，整齐合体的仪表及对人彬彬有礼的态度之中显示自己良好的气质与风度。

② 从对人真诚、友善、豁达、乐观、善解人意中展示自己良好的教养。

③ 从交谈中的机智、对机会把握的敏锐以及对各种交谈技巧运用的娴熟程度中展示自己的精明才干。

④ 从各种知识范围的涉猎及医药专业知识的掌握上展示自己的知识含量与专业化的水准。

良好的自我展示，是让对方接纳你、你的企业及你的产品的基础和首要条件。展示不是自我吹嘘、自我标榜，展示的是自己潜意识所表现出来的自我拥有并成为习惯的东西，展示自己的根本，是从以上几个方面不断地加强修养。不断从生活与学习中完善自己的人格人品，不断把前期有意识的行为变为无意识的习惯。

2. 展示企业（display corporation）

① 全方位了解与认识自己的企业，充分理解自己企业的经营理念、经营原则与价值观。

② 认真分析、提炼、归纳自己企业的优势。

③ 正确对待企业内部管理及运行机制中不尽如人意的地方。

④ 充分认识自己在企业的工作目的及企业为实现你的目的能提供的支持与帮助。

医药代表的工作不是独立的，是企业整合营销的有机组成部分。企业形象与品牌在医生心中的信任程度，在很大程度上决定着产品的使用程度。医药代表在充分展示自我的同时，实际也在从另一个局部展示着企业。医药代表在工作中将自我与企业紧密结合起来，通过自己将企业展示给医生，并给医生信心，是良好促销的重要保障。只有自己对企业建立了充分的信心，才能由衷表现出对企业的赞誉与自己对企业的信心，才能感染对方。"只有从内心深处发出的赞誉，才是可信的。"

3. 展示新概念（display new concept）

① 围绕该品种的理论及临床的发展背景。

② 该药及相关品种的发展历史及相互比较。

③ 该药在临床应用中实际效果的理论基础。

④ 该药在临床验证或实际应用中的具体情况。

医药代表宣传、推广的药品一般是新药，另有部分是新剂型或老药品的新用途，围绕这些都有许多新理论及新的应用概念，完整准确展示你所推广药品的新理念是让医生接纳药品的关键。熟悉以上的知识，从各方面都可回答医生可能的疑问，也是对医药代表知识的检验。医药代表必须不断通过各种途径，利用既往扎实的医药基础知识及临床经验，不断有目的地去检索、收集有关最新资料，并应用于推广之中。

4. 展示产品（display product）

① 推广产品的特性（先进性、科学性、适用性）。

② 推广产品与其他同类产品的差异性、优越性。

③ 推广产品的质量可靠性与保证体系。

所有的展示都是为了结果，展示自我、展示企业、展示新概念的最终目的是为了促销产品，医药代表在做好前面 3 个 D 后，还需要做的是差异经营或优势经营，这是医药代表击败竞争对手的法宝，是必须掌握的。

4D 的综合运用也就是医药代表的基础工作流程或基本工作方式。

4D 基本流程的运用：

医药代表拜访客户，按照 4D 流程，通过五次拜访，就可以确定准客户了（表 6-1）。

表 6-1　按照 4D 流程的五次拜访

拜访次数	第一次	第二次	第三次	第四次	第五次
地点	科室	科室	家庭	科室	不定
类型	学术型	学术型	情感型	学术型 情感型	学术型 情感型
目的	认识并了解客户	加深印象，探寻处方	加深感情，确定处方	增加处方量	确认成为目标客户。告诉客户公司有一些政策支持。讨论长期用量问题
拜访前	准备好公司及产品资料，了解客户的个人资料	新的客户资料针对上次拜访问题的解决方案，小礼品，电话预约	先电话联系，确定时间		
拜访中	先介绍自己、公司、产品，了解公司及产品在其心中的印象，观察他是否有兴趣。探寻一下处方量。请求留下联系方式	提解决方案时语气委婉，态度诚恳，送小礼品要郑重，谈一些客户感兴趣话题。得知他的家庭住址。提出去家里拜访他的愿望	对自己到访带来不便表示歉意。要用赞美语言。简单说明选择礼品用意。不主动谈产品。不要待太久，告别时感谢	感谢客户对工作支持。探寻现药品的用量，要求加大加量(注意方式方法)	
拜访后	针对客户提出问题，找到解决方案。再制定下一次行动方案	准备礼品，不必太贵重	三次下来，客户会开始用你的产品了		

案例：第一次拜访（陌生拜访）

医药代表的角色：只是一名学生和听众。

客户的角色：一名导师和讲演者。

前期准备工作：有关本公司及业界的知识、本公司及其他公司的产品知识、有关本次客户的相关信息、广泛的知识、丰富的话题、名片、电话号码簿等。

拜访流程设计

1. 打招呼

在客户未开口之前，以亲切的音调向客户打招呼问候，如："李主任，早上好！"

2. 自我介绍

秉明公司名称及自己姓名，并将名片双手递上，在交换名片后，对客户有时间接待自己表达谢意，如："这是我的名片，谢谢您能抽出时间让我见到您！"

3. 破冰阶段

营造一个好的谈话气氛，以拉近彼此之间的距离，缓和客户对陌生人来访的紧张情绪，如："李主任，我是您医院的××科刘主任介绍来的，听他说，您是一个很随和的领导。"

4. 开场白的结构

（1）提出议程。

（2）陈述议程对客户的价值。

（3）时间约定。

（4）询问是否接受，如："李主任，今天我是专门来向您了解你们医院对××产品的一些需求情况，通过知道你们明确的计划和需求后，我可以为你们提供更方便的服务，我们谈的时间大约只需要五分钟，您看可以吗？"

5. 巧妙运用询问术

（1）设计好问题漏斗　通过询问客户来达到探寻客户需求的真正目的，这是医药代表最基本的销售技巧，在询问客户时，问题面要采用由宽到窄的方式逐渐进行深度探寻。如："李主任，您能不能介绍一下贵医院使用××类产品的情形？"

（2）结合运用扩大询问法和限定询问法　采用扩大询问法，可以让客户自由地发挥，让客户多说，使我们知道更多的东西；而采用限定询问法，则让客户始终不远离会谈的主题，限定客户回答问题的方向，在询问客户时，医药代表经常会犯的毛病就是"封闭话题"。

如"李主任，贵医院的产品需求计划是如何报审的呢？"这就是一个扩大式的询问法；如"李主任，刘主任说我们的××产品很有临床推广意义，但是需要通过您的审批后才能有推广的可能？"这是一个典型的限定询问法。医药代表千万不要采用封闭话题式的询问法，来代替客户作答，以造成对话的中止。

（3）对客户谈到的要点进行总结并确认　根据会谈过程中所记下的重点，对客户所谈到的内容进行简单总结，确保清楚、完整，并得到客户一致同意。如："李主任，今天我跟您约定的时间已经到了，今天很高兴从您这里听到了这么多宝贵的信息，真的很感谢您！您今天所谈到的内容一是关于……二是关于……三是关于……，是这些，对吗？"

6. 结束拜访时，约定下次拜访内容和时间

在结束初次拜访时，医药代表应该再次确认一下本次来访的主要目的是否达到，然后向客户叙述下次拜访的目的、约定下次拜访的时间。如："李主任，今天很感谢您用这么长的时间给我提供了这么多宝贵的信息，根据你今天所谈到的内容，我回去会好好的准备更详细的资料，然后再来向您汇报，如果我下周二上午将资料带过来让您审阅，您看可以吗？"

医药代表工作的控制点

1. 遵守医药职业道德。
2. 要准确把握产品特性与可适用医院及科室的关系。
3. 要具备分析价格与地域、医院、科室的承受度的关系。
4. 医药代表还兼有商务代表的职能，要有选择正确渠道的基本能力。
5. 要掌握国家医药产品法律法规的规定。

（三）医药代表工作的结束工作

1. 整理拜访后客户的资料，并分析、归纳、存档。
2. 进一步细分客户，找出重要客户、一般客户。
3. 回顾和总结本次拜访的成功与败笔之处，确定下一次拜访计划或目标。
4. 保持良好心态，形成积极、努力、进取的工作心境。

二、基础知识

1. 医药代表的含义和特性

（1）含义　是指受过医、药学专门教育，具有一定临床理论知识及实际经验的医药专业人员，经过市场营销知识及促销技能的培训，从事药品推广、宣传工作的市场促销人员。

（2）特性　医药代表是特殊行业的市场促销人员。医药代表的促销对象是医院的临床医、药人员，这些医院的临床医、药人员具有较高的文化知识层次，具有较严谨的科学态度，在药品消费中起主导作用。医药代表促销的产品是关系人的生命与健康的药品。

2. 医药代表具备的基本条件

(1) 医学或药学中专以上学历，有一定临床理论知识及实际经验。
(2) 有对人的生命与健康负责的严谨科学态度。
(3) 有较强的敬业精神及较好的文化素养。
(4) 有作为市场促销人员较好潜质。

3. 医药代表工作的基本职责

(1) 达到个人的营业目标并完成每一产品的目标。
(2) 完成推广计划并使投入取得最大效益。
(3) 进行有计划的行程拜访，提高工作效率。
(4) 对客户中的关键人物进行有效说服及定期拜访。
(5) 确保对每一位客户的服务符合公司的标准并保持适当的库存。
(6) 计划准备每一天每一次的拜访，确保公司及个人目标的设定。
(7) 确保回款及赊账符合公司的要求程序。

4. 医药代表基本工作方法及工作原则

(1) 工作方法
① 组织各种形式的产品推广会。
② 对临床医、药人员进行专业化的面对面拜访。
(2) 工作原则
① 以勤奋的工作态度及敬业精神为基础。
② 增强与发展产品的促销对象，核心工作为不断建立、扩大并稳固良好客情关系。
③ 加强自我修养，提高个人综合素质与能力，以不断增加个人的专业及社会知识为根本。
④ 以不断娴熟的推广技巧为手段。

5. 医药代表销售拜访的对象和目的（表 6-2）

表 6-2 拜访的对象和目的

拜访的对象	拜访的目的
医生	介绍产品；了解竞争产品；建立友谊；扩大处方量；与药房联系；售后服务
医院药房/零售药店	介绍产品；进货；查库存；销货库存；建立渠道；竞争品种
商业公司	了解公司；促成进货；查库存；催款；竞争产品；售后服务；保持友谊；协议
药店店员	了解动销情况；了解竞争对手促销手段；库存量；处理异议；培训产品知识、销售技巧；兑现奖品或提成；终端宣传品的摆放；沟通感情，增进友谊

6. 医药代表的积极心态及能力

(1) 良心　医药代表从事的工作是药品销售商业行为中的一部分。他们也是一种特定含义下的"商人"。"重利轻义"的商业陋习，在医药代表行业是绝对禁止的。医药代表的基本职业道德准则：不夸大所推广药品的功效及适用范围；不隐瞒所推广药品的不良反应；不为伪劣药品作宣传；充分考虑病员使用药品的有效性及经济承受能力，不对医生作无原则使用或增加使用药物方面的误导。充满爱心、做事讲良心、推广宣传实事求是，也是赢得医生广泛信任并建立良好关系的重要方面。

(2) 信心　只有相信自己的人，才能获得成功。医药代表初入道者，往往表现出对自己没有信心，怀疑自己的能力。与医生、专家见面胆怯，见面后不能坦然相对，直言陈述，常显得战战兢兢。克服这种不信任自己的心理，可从以下几点着手：

① 从既往经历中寻找让自己很自豪、很有成就感的事，无论大小，然后分析成功的原因及自己的优点，并告诫自己：我有能力，我行，只要我努力，也一定能成功。

② 应该明白,到医院推广、宣传药品,是传达新的医药信息,促进医生将新的科技成果尽快用于临床,以保护与维护人的健康,使自己及自己的企业为之多作贡献。

③ 给自己定一些小的、短期的目标,甚至可以小到今天我去拜访5位医生,有3位能听我讲完话,就是成功。实现这个目标,你会多一份自信。然后不断提高自己的目标值,不断去拥有成就感,很快,你就会相信自己。

④ 充分认识、掌握所促销产品及相关的知识,逐渐深入广泛,并成为这方面的"专家",你的自信心会随之增加。

(3) 积极心态 一个人心态积极乐观地面对人生,乐观地接受挑战和应付麻烦事,那就成功了一半。医药代表是做人的工作,人是最复杂动物,相处较多必会遇到许多的困难。自己企业的内部环境或多或少有不尽如人意的地方,同时市场竞争因素、产品自身的因素,甚至医药代表自己的生活与工作环境都会给医药代表带来一些消极的影响。在这种情况下,应多从好的方面去思考、去看待可能改善现状的希望点,多从自己的主观上认识自我的不足,并积极改善自我不妥之处,积极去创造与争取能看得到的希望。

7. 医药产品进入医院的方式

(1) 新产品医院推广会

① 对整个区域内所有医院推广会的组织 由企业先派医药代表到所要开发市场的区域对当地的药学会、医学会、卫生局等部门进行公关联络,以"××新产品临床交流会"形式举办推广会。邀请当地比较有名的专家教授、相应临床科室的主任在会上讲话以示权威性。时间、地点确定好以后,将该区域内医院院长、药剂科主任、采购、财务科长和相对应科室的主任、副主任以及有关专家请到,进行产品的交流,以达到产品进入医院的目的。

② 对具体医院的产品推广会的组织 企业通过对医院相关人员的公关后和医院联合召开产品介绍会,向药剂科人员、临床科室人员、药事委员会成员介绍产品,使他们认识产品,从而使产品顺利进入医院。

(2) 医院代理单位协助 生产企业和医院之间的关系没有医药代理单位与医院的关系好,医院代理单位由于是医院的长期供货单位,业务多,人员熟,通过医药代理单位来做医院工作,产品能比较顺利地进入医院。

(3) 参加相应的学术会议推介产品 药学会、医学会、卫生局等部门,每年均要组织多次学术会议、培训之类的活动,企业可通过这些机关部门事先了解到组织相应活动的时间、地点、内容,主动去联络,出一定的赞助费用,成为协办单位。企业在会上可请一位或几位专家教授对产品进行介绍推广,以便进入部分医院。

(4) 医院的药事委员会或相关成员推荐 医院的药事委员会是医院为完善进药制度而成立的专门机关,由主任和多名成员组成。新产品进入医院必须经药事委员会批准方可。因此应先调查清楚药事委员会成员的情况,再由医药代表具体联络,以新产品推广研讨会的名义邀请他们参加企业组织的座谈会。

(5) 医院临床科室主任推荐 医药代表在做医院开发工作时,可先找到临床科室主任,进行公关联络,临床科室主任点名要用的药,药剂科及其他部门一般是会同意的。

(6) 医院的知名专家、教授推荐 医药代表可先沟通较好接触的专家、教授,让他们接受产品,接受医药代表,接受企业,进而向其他部门推荐。

(7) 地方医学会、药学会推荐或相应的成员推荐 地方的医学会、药学会均与当地的医院有着广泛联系,可对这些社团进行公关或对其内部的某些成员进行公关,然后由他们将企业的产品推荐给医院。

(8) 广告强迫形式　是指先用各种广告轰炸，使医院里来看病的病人指名向医生要产品，从而达到进入的目的。

(9) 医药产品试销　先将产品放到医院下属药店或专家专科门诊部试销，从而逐步渗透最终得以进入。

 三、拓展知识

1. 终端销售医药商品的模式（表6-3）

表6-3　终端销售医药商品的模式

产品类型	新特药、医疗仪器	普药	OTC、保健品
销售模式	医药代表进行医院推广和医生教育，由商业公司配合进行销售	委托其他医药公司进行终端操作，追求利润与效益	分销渠道委托其他医药公司进行终端操作，追求利润与效益
销售过程	长	短	短
销售特征	关注市场占有率及增长、重点医院客户中占有率、重点推广产品指标完成	关注总体销量、总体费用、每个客户每笔交易的利润等	通过市场营销手段进行推广，对消费者行为进行细分，寻找出自己的目标消费群体
销售目标	医院、医生	合作伙伴	消费者

2. 医药代表的时间及目标管理

合理地安排时间，以争取最多的销售时间来提高销售完成率。

(1) 保存并整理客户的记录与每日拜访计划。

(2) 记录和客户约定的拜访时间及拜访路线。

(3) 确定需要电话拜访的时间和其他辅助活动。

(4) 掌握客户一切能掌握的消息。

(5) 细分客户，所列的客户名单以重点产品来排列。

(6) 善于使用备忘录。

(7) 对目标医院、科室、医生建立目标档案系统。根据接触的情况确定类别，有层次地进行管理，并动态调整类别，实行各类别向良性方面的转换，逐渐以目标对象为基本点扩散覆盖面，建立较稳固的网络系统。

3. 医药产品进入医院的形式

(1) 产品代理形式　医药生产企业委托某家医药经销单位，由其作为产品代理。可分为全代理形式和半代理形式。

① 全代理形式　是指由医药代理单位完成产品到医院的进入、促销以及收款的全部过程。这种方式，生产企业将合适的底价开给代理单位并签好合同，以足够的利润空间刺激其经销的积极性。

② 半代理形式　是指由医药代理单位仅完成产品到医院的进入和收款工作，产品在医院的促销工作由企业人员完成。这种方式，有利于企业直接掌握产品在医院的销售动态，把握各种市场信息，对销量全面提升有较大的帮助，但企业工作量大。

(2) 医药生产企业直接派出医药业务代表去医院做开发工作，从而完成产品进入、促销、收款的全过程。

① 企业注册有销售公司并以销售公司的名义将产品直接送进医院而进行临床使用。

② 通过医药经销单位以过票形式进入医院，企业要为经销单位留一定的利润；一是企

业未注册自己的销售公司,要有相应的医药经销单位过票,以使产品进入医院合法化;二是企业虽注册有自己的销售公司,但由于医院所在的地方保护本地医药经销单位的利益,因而须通过地方医药经销单位过票,方能进入医院;三是企业虽有自己注册的销售公司,但由于要开发的目标医院有长期业务往来的固定供货单位,因而不愿更换或接触更多的业务单位,这样企业亦须通过其固定的业务单位办理过票手续。

4. 医院产品进入医院临床使用一般程序

(1) 医院临床科室提出用药申请并写申购单。

(2) 医院药剂科领导对临床科室的用药申请进行复核批准。

(3) 主管进药医院领导对申请进行审核。

(4) 医院药事委员会对欲购药品进行论证并同意。

(5) 企业医院产品进入医院药库。

(6) 企业医院产品由医院药库发药人员将医院产品送到医院药房。

(7) 医院临床科室开始临床用药。

5. 医药代表的收款工作

正常情况下,公司的收款工作由商务代表来完成。商务代表在本书中统称为医药代表。

(1) 直接收款 是指医院有规定必须按照合同规定的回款日期付款,医院开具转账支票,医药代表提供发票及账号、开户行名称给医院财务人员,办理收账手续。

(2) 间接收款 指有故意拖欠药款的现象时,可通过医院领导或药剂科主任的关系去帮助收款。在收款时,把发票、账号、开户行名称直接交给关系人,或者医药代表和关系人一起到财务部收款。

6. 医药代表与医生面对面拜访技巧

(1) 激发技巧 从开场白到整个交谈过程中,不断寻求能吸引对方的注意、引起对方兴趣的话题与方式,并以此作基础进行交谈的扩展与延伸。

(2) 陈述技巧 将产品的特性及特性所转化的临床实际使用中的利益提供给医生。

(3) 引证 适时地对陈述的内容用可信的资料加以证明,消除医生的疑问,增加对产品深度的了解。

(4) 成交 获得一种承诺,哪怕仅仅是认可你下一次再来拜访的承诺。

(5) 讨论 诱导医生与你对某一问题进行讨论,使拜访成为互相交流,从互动中使交流高度和谐。

四、相关法规

1. "医药代表资格内部认证"项目加深医药代表对"药品推广行为准则"重要性的理解,并自觉执行,使医药代表能够较为全面地掌握基本的医学和药学知识,促使医药代表了解中国医疗卫生体制和制药行业的现状和历史,继而推动整个制药行业引入类似的"医药代表资格认证"制度。

2.《中华人民共和国药品管理法》第五十九条规定:

禁止药品的生产企业、经营企业和医疗机构在药品购销中账外暗中给予、收受回扣或者其他利益。禁止药品的生产企业、经营企业或者其代理人以任何名义给予使用其药品的医疗机构的负责人、药品采购人员、医师等有关人员以财物或者其他利益。禁止医疗机构的负责人、药品采购人员、医师等有关人员以任何名义收受药品的生产企业、经营企业或者其代理人给予的财物或者其他利益。

五、实训

案例：医药代表拜访药剂科主任

人物：1. 人民医院的药剂科张主任
　　　2. 健康公司医药代表张媛媛

时间：某天下午3:30

情景：药剂科主任办公室，主任一个人坐在办公桌旁，正在看文件。医药代表手提公文包，走近办公室门口。门开着，她用手连续敲了两下，药剂科主任没有反应，又连续敲了两下。

主任：（不耐烦地抬起头）请进！

情景：医药代表很自信地走到办公桌旁。

代表：（双手递上自己的名片）张主任，您好！我是健康公司的医药代表，我也姓张，叫张媛媛，这是我的名片。

主任：健康公司？没听说过。你找我有什么事吗？

代表：健康公司是××药业公司的子公司。我今天准备向您介绍我公司的新产品——六味地黄软胶囊。

主任：我们医院已经有了同类产品，按照医院规定，不能再进同类新产品，你还是到其他医院去看看吧！

代表：谢谢您的关照。不过呢，我公司新产品很有特点，请允许我向您介绍一下，好吗？

主任：我马上要去开会，你下次再来吧！

代表：真的不好意思，这时候来打扰您！不过，我就打扰您一分钟，行吗？

主任：好吧！你可得抓紧点。

代表：我可以坐下来与您讲话吗？

主任：可以。

情景：小张的双手利索地打开公文包，迅速地取出产品说明书和一支笔。主任像往常一样准备去接产品说明书，可是，小张并没有把说明书给她。小张一手拿着说明书，另一只手拿着笔，开始简要介绍产品的特征。主任的身体不由自主地向前伸了一下。

代表：张主任，说明书的距离似乎远了点，对您很不方便。我可以坐在这个座位上吗？

主任：可以。

情景：小张把座位移到办公桌旁边的座位上坐下，然后，把说明书递到离主任很近的地方，手中的笔在说明书上流畅的移动。

代表：六味地黄软胶囊与六味地黄丸相比，有四大特点：一是它的有效成分含量高、疗效好，软胶囊的主要成分——丹皮酚含量大于0.3%，熊果酸含量大于0.03%，均大于其他同类剂型；二是它的崩解速度快，软胶囊的平均崩解时限为10分钟，崩解速度明显快于其他同类剂型；三是易吸收，起效快，生物利用度高，软胶囊内容物是采用水提醇沉、水蒸气蒸馏等先进提取工艺，并利用指纹图谱分析精制而成的一种油状液（脂溶性物），不含生药粉；四是服用量少，服用方便，3粒/次，2次/日。

主任：看你说得这么好，医药代表都会吹牛。

代表：您说的很有道理，现在有些医药代表在介绍自己产品的时候，总是喜欢夸大其词，这种做法违背了科学。

情景：主任很自然地点头，表示赞同。

代表：我们公司在培训的时候反复强调，介绍产品一定要讲究科学，实事求是，让相关的医生在开处方时，能作一个准确的判断。

主任：这种产品多少钱一盒？
代表：28元一盒。
主任：这么贵！六味地黄丸才十几元一盒，这种产品在我们地区肯定不好销。
代表：是的，以前，我们也这样认为的。所以，今年我们才下决心开发这片市场。
主任：这种产品在我们地区的前景不太光明。我认为，贵公司在这儿投资不值得。
代表：我们在开发市场之前，在附近的市场作了一次调研，数据表明，有83.7％的病人不太关心产品的价格，而更关心它的疗效。再说，现在的患者比较富裕，讲究药品的疗效和环保，我们的产品经过特殊的加工，不含残留的农药。
主任：你说的有点道理。
代表：张主任，是否进几盒货，试用一下？
主任：现在不是进新药的时间，如果需要进新药，必须经过药事委员会讨论。
代表：谢谢您的关照。请问张主任，贵医院的药事委员会都由哪些专家组成的？
主任：这是医院的秘密，不能随便告诉人的。
代表：张主任的职业道德真好。那么，在开会之前，我要做哪些工作呢？
情景：张主任似乎有点为难。小张见到这情形，马上改变策略。
代表：我是否可以先去拜访一下内科主任，以便取得他的理解和支持，好吗？
主任：你自己看着办吧！
代表：请问，内科主任姓什么？
主任：内科主任姓李。
代表：谢谢张主任！

思考：
1. 小张是如何进行开场白的？
2. 小张是如何进行产品解说的？
3. 小张讲话有哪些语言技巧？

六、思考与练习

（一）填空题
1. 医药代表基础工作流程包括：_____，展示企业，_____和展示商品。
2. 开场白的结构包括：提出议程，_____，时间约定和_____。
3. 医药代表的拜访对象包括：_____，医院药房/零售药店，_____和药店店员。
4. 医药代表与医生面对面拜访的技巧包括：_____，引证，_____，讨论和_____。
5. 医药产品试销可以先将产品放到医院_____或_____试销。

（二）单选题
1. 医药代表的工作不是独立的，是企业（　　）的有机组成部分。
A. 关系营销　　　　B. 整合营销　　　　C. 绿色营销　　　　D. 网络营销
2. 医药代表宣传、推广的药品一般是（　　）。
A. 普药　　　　　　B. 新药　　　　　　C. 麻醉药品　　　　D. 精神药品
3. 医药代表到卫生局或政府部门进行公关，从而使他们出面使产品打进医院属于（　　）。
A. 法律手段　　　　B. 经济手段　　　　C. 行政手段　　　　D. 市场手段
4. 普药的终端销售目标是（　　）。

A. 医院 B. 医生 C. 消费者 D. 合作伙伴

5. 新产品进入医院必须经（　　）批准。
A. 药事委员会 B. 药剂科 C. 临床科室 D. 医务科

6. （　　）是指先用各种广告轰炸，使医院里来看病的病人指名向医生要产品，从而达到进入的目的。
A. 广告促销 B. 营业推广 C. 广告强迫 D. 人员推销

7. 医药生产企业可以委托（　　）作为产品代理进入医院。
A. 医药批发企业 B. 零售药店 C. 卫生局 D. 药学会

8. 医药代表还兼有（　　）的职能，要有选择正确渠道的基本能力。
A. 企业代表 B. 客服代表 C. 商务代表 D. 销售代表

9. 发生医院财务部门故意拖欠药款的现象时，可通过医院领导或（　　）的关系来帮助收款。
A. 主任医师 B. 主管药师 C. 公司领导 D. 药剂科主任

10. 医药代表第二次拜访医院的目的是（　　）。
A. 探寻处方 B. 确定处方 C. 增加处方 D. 撤销处方

（三）多选题

1. 医药代表的收款方式有（　　）。
A. 直接收款 B. 间接收款 C. 行政收款
D. 公关收款 E. 协议收款

2. 药品进入医院过程中需要和哪些部门发生关系？（　　）
A. 药剂科 B. 临床科室 C. 医院药库
D. 医务科 E. 医院药房

3. 以下哪些医药商品主要在医院终端进行推广？（　　）
A. 新药 B. 特药 C. 普药
D. 医疗仪器 E. OTC

4. 医药代表基本工作方法包括（　　）。
A. 产品推广会 B. 面对面拜访 C. 营业推广
D. 广告宣传 E. 药学服务

5. 以下哪些机构经常组织医药学术会议？（　　）
A. 零售药店 B. 药学会 C. 医学会
D. 卫生局 E. 医药批发公司

（四）判断题

1. 医药代表基础工作流程也称4Ps。（　　）
2. 医药代表不能推广老药品的新剂型或新用途。（　　）
3. 一般由医院药库发药人员将医院产品送到医院药房。（　　）
4. 医药代表是也是普通的市场促销人员。（　　）
5. 全代理形式是指由医药代理单位完成产品到医院的进入、促销以及收款的全部过程。（　　）
6. 医药代表需要确保回款及赊账符合公司的要求程序。（　　）
7. 医院的药事委员会是医院为完善进药制度而成立的专门机关。（　　）
8. 个人名片需要医药代表单手递上。（　　）
9. 医药代表第三次拜访医院属于学术型拜访。（　　）
10. 《中华人民共和国药品管理法》第五十九条规定：禁止药品的生产企业、经营企业和医疗机构在药品购销中账外暗中给予、收受回扣或者其他利益。（　　）

（五）问答题

1. 医药产品进入医院有哪些形式？
2. 简述医药代表工作的基本职责。

(六) 分析题

案例：为销售药品，销售商向医院支付巨额回扣，结果被法院判刑。近日，郑州市一药品销售商薛某被郑州市二七区人民法院以"对单位行贿罪"判处有期徒刑6个月。据悉，这是郑州首起医药购销领域行贿人被判刑的案件。

郑州市二七区人民检察院查明：1996年年初，薛某开始向郑州某公司医院（国有性质）供应药品。2001年，薛为达到销售自己药品的目的，应医院的要求向该医院开具高出实际供药价的发票，在收到发票所列金额的药款后，将高出部分的款项以"返利款"的形式支付给该医院。该医院收到"返利款"后，将该部分款项存入"小账"，用于职工福利及其他支出。2001～2003年间，薛某共分8次支付郑州该医院回扣款21万余元。

二七区人民法院审理认为，薛某为谋取不正当利益，在与郑州某公司医院的医药购销经济往来中，违反国家规定，给予该医院以"返利款"为名义的回扣，其行为已构成对单位行贿罪，遂作出上述判决。

思考：
1. 结合药品管理法，谈谈为什么郑某给医院回扣会被认为构成行贿罪？
2. 结合案例，你认为医药代表应该具有怎样的素养？

模块二 产品演示与宣讲

一、工作流程

(一) 产品演示与宣讲前的准备

（1）会场选择：会场大小、桌椅摆放及会场、灯光、音响、电源等是否符合要求。

了解演示现场情况、设备状态、设备摆放布局等客观情况，如供电、采光、空间大小、现场已提供的可利用的设备等。检查设备的软件、硬件状态。注意设备的摆放，尽可能地模拟真实，避免演示中让用户产生不必要的误解。注意设备间的连线要整齐有序，这既关系到公司形象，也便于用户一目了然，还方便自己在演示结束后的整理。设备摆放还要考虑演示的实际，避免在演示中无谓的走动或造成的一些不便；当然还要注意设备摆放的安全问题，尽可能地避免或减少演示造成的设备损坏。

（2）时间安排：保证主要邀请对象能到会。

（3）会议设施的调试与准备：幻灯机、投影机、投影屏幕、接线板、备用灯泡、教鞭、样品、签到处设定等。

（4）资料的准备。

（5）应邀人员请束的发送及会前一天的确认。

（6）熟悉演示内容。

(二) 产品演示与宣讲的过程

产品演示与宣讲操作流程

1. 演示方案

在充分沟通、分析需求、把握客户心理的基础上，制定有针对性的、重点突出的演示方案。产品演示一定要体现针对性。

有时候，我们的产品可能是一套完整的系统方案，涵盖的方面非常广，内部功能模块多，而且随着后期研发的不断进行，系统更加完善和完整，涵盖面会越广，组成会越多，在每次演示中，不可能把整套系统面面俱到地介绍给客户。从客户本身而言，很少有客户愿意或有足够的时间去了解系统的所有细节，客户关心的是自己急于要解决的问题和这个问题所涉及的细节，这是最普遍的一种消费心理。因此，在给客户介绍时，必须做到重点突出，有针对性，取舍得当，既要突出系统的完整性，更要有针对性地在某一点或某几点上展开细致的分析和讲解。注意不要忽视细节，细节往往是很能打动人心的，细节的东西不一定有直观的表现，但是细节可以分析出来，可以讲出来，可以让客户感受到，这里有语言艺术的成分，但更多的是在对产品充分理解基础上的针对客户的一种提炼，一种升华。

如何让客户认可你的产品？如何让客户通过演示对你的产品有深刻的印象？就是要把话说到客户心里去。每一次成功的销售，一定是以成功地把握客户心理为前提的。每次演示前，应尽可能地去和客户沟通，和相关的业务人员或者代理商沟通，最大程度上获取信息，注意客户能提供的只有需求，我们还要分析，提炼，制定相应的演示方案。

2. 演示内容

通过演示，将产品、对产品的理解、准备、信心，用演讲的方式传递给客户。

产品演示的目的是把产品介绍给客户，但演示过程绝不是简单的机械式的说教，而是通过演讲技巧把制定的演示方案的内容传输给客户，让客户明白你演讲的内容，从而达到演讲的目的。

3. 与客户互动

产品演示的目的就是要客户接受我们的产品，讲客户想听的东西，解决客户需要解决的问题，这就必须考虑如何把握现场气氛，如何与客户互动来达到我们的最终目的。

（1）注意观察客户的现场反应，加强与客户的眼神交流　这样做的目的是保证随时把握客户的状态，只要注意观察，现场会提供许多可以利用的资源，以便于及时调整演示策略，充分发挥演示作用。作为主讲人，在任何时刻必须明白你在讲什么，你需要讲什么，时刻注意把握现场，利用现场一切可以利用的信息来为演示服务。

（2）注意回答客户疑问　疑问可以来自客户，也可来自业务人员或代理商，还可以来自现场观察和分析。这样做的好处，就是能够有效地打消客户疑虑，坚定客户信心，这种潜移默化的过程可能比客户提出问题后再回答更加容易打动人心。要掌握好回答疑问的技巧，如可以自问自答。

（3）注意前后呼应　在演示时，宣讲前面的内容时可以为后面内容作些铺垫；宣讲后面的内容时，可以重温一下前面所讲的内容，前后之间注意衔接、呼应，注意承上启下，这样的演示相互联系，形成一个整体，让客户对系统有个全面的认识，便于客户理解，更能加深产品形象在客户心中的印象。

（4）注意与现场结合　要尽可能多地收集现场的信息，这些信息在演示过程中要充分利用起来。比如和某高校目前某种药品应用结合讲述，和现场出现的某种情形结合讲述等，注意结合的目的是突出产品的应用特性，千万不能适得其反。这种结合不一定要多，但这种努力却可增强演讲人和产品对客户的亲和力，进而增强产品的说服力。

（5）注意避免让人容易产生误解的环节　在演示中，尽量少说废话、大话，语言精练、用词恰当，在演示中有时会有一些等待的时间，比如变换运用设备时，演讲者切记不可一言不发地等待，而应利用这段时间把前面的内容进行大体概括，或为接下来要演示的内容作个简要的铺垫说明。

（6）注意语言的运用　在演示过程中，要做到语言的抑扬顿挫，快慢结合，千万不要用一种语调来讲解产品，这样会让客户感到乏味。要通过调整语调、语速，不断抓住客户分散的注意力，同时这种调整对自己也是一种调节，促进思考，激发热情，用你的情感去感染客户。

（7）注意处理意外情况　在演讲中，意外情况的出现是不可避免的，千万不能紧张，否则这种紧张可能会成倍地变成客户的疑问和不信任，一定要冷静地处理意外情况，需要冷静的态度、准确的判断和聪明的应对。还需要诚实，切记诚实的话语一样可以闪现智慧。

（8）给客户提问和答疑的机会　演示讲解结束后，一定给客户留出提问和答疑的机会。一方面继续排除客户疑虑；另一方面对讲解也是一种补充，可以借这个机会更加明确地分析和辨别客户的需求，补充讲解过程中遗漏的内容，实质上也是增加和客户情感交流的机会，转变客户原有的态度，使客户对产品形成良好的评价。

产品演示与宣讲的控制点

（1）要有针对性，针对不同需求，不同客户，不同环境，不同现场。
（2）演示内容符合药品的法规。
（3）语言精练，声音洪亮，吐字清晰，避免口头禅。
（4）重点突出，注意概括整理，整个过程中注意不断调节语速和音调。
（5）多媒体内容与演讲的口头表达部分必须密切配合，互相补充。
（6）熟练使用演示设备、设施。

（三）产品演示与宣讲的结束工作

（1）整理并放置好演示设备、设施。
（2）整理记录。
（3）整理客户有关问题及处理意见。
（4）总结本次活动的成果，并为下次活动提供信息。
（5）调整工作心境，保持良好心态。

二、基础知识

1. 医药产品演示的含义

医药产品演示具有极强的目的性。演示要在有限的时间内，面对一群不同心态或者不明心态的客户，快速把自己所在公司、公司产品和服务（包括自己）最大范围内推销出去。

演示过程中随时准备开始各种技术答辩，应付各种刁难。演示是主动影响客户的过程，更是个人魅力展现的过程，要在短短的演示时间里抓住客户的心。

产品演示不是演讲，也不是答辩，更不是培训。

演讲更侧重对某一个问题看法的陈述，主要是交换观点，允许争鸣，听众可以不同意你的观点，但一定要捍卫发言的权利。演讲的过程一般也是比较连续，不会被随意打断的。

答辩更侧重对话双方的交互，具有很强的考核目的，通过对答辩问题的反应，答辩主持方主动判断他想获取的信息。答辩的过程一般是不连续的，随时都可以中断响应不同的问题，答辩的节奏和压力也更为紧张，时间非常紧凑。

培训更侧重于传授操作，此时被培训者已经认可培训者所在公司和产品，在过程中更多的是教学相长，形式可以多种多样，根据不同培训层次灵活组织。

2. 医药产品演示方案的确定

明确演示目标和听众需求后，就可以对演示方案进行确定。在演示策划阶段就要决定由谁来讲，演示时机，演示定位，讲哪些素材，演讲多长时间以及演讲采取的逻辑顺序。这个环节是整个演示准备过程中最重要的一环。大部分项目演示的技术部分可以针对常见的企业业务类型系统地总结形成一些固定的模式，在具体项目中根据实际情况略加调整即可，在演示过程中突出客户感兴趣的内容即可。只有遇到一些难度很大或者具有挑战性的项目，演示技术内容要结合项目全面策划，形成新的模式，再加以推广。

在决定如何进行演示之前，应该先确定一个初步演示方案。初步演示方案包括确定合适的演示人员，落实演示时机，定位演示主题，准备演示内容，选择演示方式，考虑意外风险预案，规划演示后续内容安排。这些内容策划不但要针对每个项目情况详尽规划，而且能从根本上保证演示效果。初步演示方案可以帮助建立一个框架，在此框架下，演示支持人员可以有效地准备数据环境、准备演示图表、开发定制功能，尽量准备充分的材料让演示者取舍组合。

演示方案是实现演示目标的有逻辑的行动指南。必要时，为了做好一次演示策划，应该想办法请教各方面专家资源或客户，以确保方案策划的质量。

3. 做好医药产品演示工作必须积累的知识

（1）医药产品知识积累　医药产品是不断发展完善的，合格的医药代表需要不断调整对产品的认识和理解，哪怕一点点微小的变化，只要是和应用相关联的，必然会激发客户的兴趣，产生卖点。怎样把这种变化和整体结合起来，体现出来，这便是一个积累的过程。不要忽视和客户的交流，许多对医药产品的深刻理解都是在这样的交流中灵感迸发的。

（2）关联知识积累　医药产品往往是基于一种行业、一种技术领域的，它有许多的关联知识：软件的、硬件的、数据库的、网络的、系统的等。这些知识的积累直接影响到医药代表对产品的理解和表述，进而也影响到客户从某个角度对产品的认识。

（3）现场演示经验积累　每一次实战都是一次锻炼、一次提高、一次获取知识的机会。每次医药产品演示都要注意总结，总结演示中成功的方面，也要总结不足的地方，不断提高自己把握现场的能力、应变的能力、沟通的能力，不断掌握技巧性的东西，提高自己的概括分析能力，全面提升产品演示的能力。

4. 医药产品演示时需要注意的几个方面

（1）确保产品演示 100% 成功

① 必须非常熟悉要演示的医药产品。

② 有固定的演示流程——可以将之作为产品演示的基本框架，再根据不同客户的需求进行修改，也可以加入即兴的表演。

③ 不断练习，保证你的产品演示成功。

（2）产品特性利益是医药产品演示的重点　确保医药产品性能和未来客户所确定的要求之间的精确匹配应该成为产品演示的焦点，不要忘记产品演示的目的是为了向客户证明产品的优势，而这个优势和利益也恰恰是客户所需要的。

（3）让客户参与到演示中

① 让客户作一些简单的演示，避免出差错。

② 使客户参加到你要强调的产品特性那部分演示中。

③ 通过提问，从客户那里获得对演示的正面的反馈。

（4）产品演示必须是互动的　客户需要感受对医药产品演示进程有一定的控制，不能死板地按照演示流程来演示，直到结束才允许提问。在整个过程中需要与客户互动，有问必答。有时候推迟回答某个问题会更好些，尤其当答案是某个还没有介绍到的特性时。也许我们不能回答客户每个问题，可以与客户约定个时间，告诉他将会在何时以书面形式回答这些问题，然后遵守承诺。

（5）戏剧化的效果增进销售机会　利用戏剧性的演示方法，可以使客户从每天看到的众多医药代表中脱颖而出，但必须首先确定戏剧化能够起到积极的效果。

(6) 不适合现场演示的产品用间接演示的办法

① 让事实说话：图片、模型、VCD、DVD等都是最好的选择方法。
② 让专家说话：权威机构的检测报告或专家的论据。
③ 让数字说话：产品的销售统计资料及与竞争者的比较资料。
④ 让公众说话：来自媒体特别是权威报刊、杂志的相关产品报道。
⑤ 让顾客说话：客户推荐函以及一些实际使用的实例等。

5. 医药产品演示的方式

演示方式要根据听众人数调整。

听众人数极少，不到3人，这个时候可以考虑不采用投影演示，用样品面对面辅助交流，这样可以保持听众的注意力，就关键问题形成深入沟通的氛围。

听众人数少，不到15人，在投标答辩当中，有主管领导参与的正式场合，要考虑站着讲，一直面向听众，加强目光交流，这样有利于保持听众注意力。

听众人数多，超过15人，这个时候演示首先要确保所有听众能听清发言，语速放慢，力求讲得清楚，要不断突出、总结、重复要点，把关键印象传递出去。而且在人多的时候要控制交流，因为容易发散，出现难以应付的风险问题，将对关键主题的注意力吸引走。

演示方式还要确定合适的演示信息和演示技术（表6-4），选择具体的演示工具。

表6-4 演示信息和演示技术

演示信息	演示技术
讲理念	幻灯片和动画为主
讲功能	软件操作为主，幻灯片、动画辅助介绍
讲案例	口头陈述为主，可以辅助白板描述，尽量形成互动
讲公司	幻灯片为主，可以辅助分发资料印证

6. 改变客户态度

任何客户态度的形成都是客户在后天环境中不断学习的过程，是各种主客观因素不断作用影响的结果。由于促成客户态度形成的因素具有动态性质，且处于不断变动之中，因此，某种态度在形成之后并非一成不变，而是可以予以调整和改变的。比如：某家药店一向对某种品牌的咳嗽糖浆持积极的态度，但是有一次顾客投诉该糖浆严重变质，使得药店信誉受损，因而决定不再购进这种品牌的咳嗽糖浆。显然，客户的态度由积极转变成消极。同样，医药代表通过产品的演示与宣讲，也可以改变终端客户对产品的态度，由消极变成积极。常见的改变客户态度的途径有直接说服和间接说服。

(1) 直接说服　即以语言、文字、画面等为载体，利用各种宣传媒介直接向客户传递有关信息，以达到改变其固有态度的目的。直接说服的效果优劣受信息传递过程中各种相关因素的影响，主要包括：

① 信息发出源的信誉和效能　前者指信息发出者和信息本身的可信程度；后者则指信息是否清晰，准确，易于理解和记忆。一般来说，信息发出者信誉越高，说服的效果就越好，态度强化或转变的可能性也就越大。另外，信息本身的质量优良，内容真实可靠，表达形式完美，也易于给客户留下深刻、美好的印象，加强心理开放程度，减少抵触情绪，从而增强说服效果。

② 传递信息的媒体和方式　现代社会，传递消费信息的媒体渠道多种多样，主要有各种广告媒介，如报纸、杂志、电视、广播、网络、招贴、橱窗等；面对面口头传播，如召开

客户座谈会、销售人员推介商品、信息交流等。研究表明，不同的传递媒介对客户的说服效果不尽相同，为此，在向客户进行说服时，应根据信息的内容，被说服者的特定情景条件，选择适宜的媒介方式。尤其在演示和宣讲医药商品时，应该综合运用上述媒介，以达到更强的说服力。

③ 客户的信息接受能力　当医药商品信息以恰当的媒介渠道准确、清晰地传递至客户时，客户的接受能力就成为影响说服效果大小的决定性因素。接受能力是客户的动机、个性、文化水平、知觉、理解、判断等方面的综合反映。由于每个客户在上述方面存在众多的差异，其接受能力也有着显著的个体差别，因而接受能力不同。面对同一信息，客户可以作出各种程度不同，甚至截然相反的反应。为此，在采用直接说服时，必须考虑客户信息接受能力的差异，针对接受对象的能力特点制定适宜的信息内容和传递方式。比如：同样是演示和宣讲公司的新医药产品，由于医生和药店营业员在接受能力上有着明显的差别，医药代表就应该准备两种不同程度的演讲内容和方法，以便让客户都能接受。

（2）间接说服　又称间接影响。它与直接说服的主要区别在于前者是以各种非语言方式向客户施加影响，通过潜移默化，诱导客户自动改变态度。一般可以采用：

① 利用相关群体影响　客户生活在一定的社会群体或组织中，所属群体在采购（消费）方式上的意见、态度和行为准则等对客户态度有着深刻而重要的影响。客户总是力求与本群体保持一致的态度，遵从群体规范，以便求得群体的承认、信任和尊重，满足其归属的需要。因此，在进行产品演示和宣讲时，取得专家或者大医院（大药店）的支持，会改变其他医院（药店）的态度。

② 亲身体验　许多片面的、与事实不符的态度往往是在客户对医药商品性能、功效、质量等缺乏了解，而又不愿轻信广告宣传的情况下产生的。针对这类情况，可以提供必要条件，给客户以亲自尝试和验证商品的机会，通过亲身感觉达到自己说服自己的目的。实践证明，亲身体验的方式往往具有极强的说服力，对于迅速改变客户态度有着其他方式无法企及的效果。如：在演示和宣讲公司新上市的某种医疗器械时，若有可能让客户自己来体验医疗器械的效果，那么就能更快、更有效地转变客户原有的消极态度。

三、拓展知识

1. 什么是学术营销

学术营销，是企业（或相关人员）以药品的临床价值为核心，本着科学与严谨的态度，提炼出产品的治疗方案与特点，通过多种方式与目标受众进行科学诚实的沟通（以医生为主），实现客户价值的增值（通过优化治疗方案），从而实现患者利益最大化。学术营销的真正含义是企业的销售人员必须用科学的营销态度，就专业的学术问题与医生进行诚实沟通。这种沟通的目的，是要通过增加医生的医药治疗知识以及提供优化的治疗方案，让患者得到经济、高效、安全的治疗。

在学术营销中，有两个观念必须理清：首先，不一定老产品就不能进行学术营销，任何药品都是经过临床研究的，能否进行学术营销，关键在于营销人员能否找到产品的学术点；其次，学术营销并非难以提高产品销售。

产品宣讲是学术营销的一种方式。技术及产品宣讲会是向目标客户推介新产品，提高知名度，迅速打开市场的有效方法，尤其是在技术含量高、目标客户高度集中的生物医药领域，成功的宣讲会往往能为企业带来良好的回报。而成功举办一次宣讲会，不但需要在事前进行周密的策划、广泛的宣传和大量的联络，会中尚需提供细致的服务和及时的应对，事后还要完成记录的整理和成果的总结。对于亲自操办宣讲会的企业来说，往往需要动员数个部门联合作业，付出大量精力协调关系，处理各项紧急而烦琐的事务，对于产品种类多，经营规模大的企业更是一项繁重的任务。

2. 什么是态度

态度是对人、事、物、观念等的评价。它由三部分组成，三者共同形成对态度对象的评价：

（1）情感成分　包括对态度对象的情绪反应。人们可以根据感觉和价值观形成的态度，如对堕胎、死刑、婚前性行为的态度。

（2）认知成分　包括对态度对象的想法和信念。人们主要根据相关事实而形成的态度。如一辆汽车的客观价值：1升汽油能跑几公里路？它是否有安全气囊？外形是否美观？价格如何？

（3）行为成分　包括对态度对象采取的行动或可观察的行为。人们根据对某一对象所表现出来的行为的观察而形成。在某些情景下，人们要等到看见自己的行为之后才知道自己感觉如何。比如你问你的一个朋友是否喜欢运动。如果她回答："嗯，我想我喜欢，因为我经常跑步或者去健身房锻炼身体。"我们就说她有一种"以行为为基础的态度"。她的态度更多地是基于对行为的观察，而不是她的认知或情感。

态度一旦形成，可以以两种形式存在：外显态度和内隐态度。外显态度是指我们意识到的并易于报告的；而内隐态度，是自然而然的、不受控制的，而且往往是无意识的评价。

3. 商务演讲的功能

商务演讲的作用是多种多样的，比较重要的功能有：

（1）交流信息，传授知识　任何商务演讲都具有交流信息、传授知识的功能，只不过存在所传递的信息知识新旧如何、分量多少的问题。一般地说，在学术性论坛中，演讲者的演讲内容中其信息、知识更加被凸现出来。

（2）凝聚人心，营造企业文化　企业文化的营造是长期的过程，需要使用多种手段、多种方式将企业的精神、理念内化到员工心中，成为他们思想感情的一部分，很多企业往往利用各种演讲机会，将企业的精神有效传播出去。

（3）创造良好的企业形象　一个企业当它的产品、服务、企业行为已经在人们心中留下良好的印象时，商务演讲能加深、扩展这种良好印象。而优秀的商务演讲能更进一步提炼，凸现企业的基本精神、理念。

（4）对商业伙伴和顾客施加积极影响，促成合作和购买行为　商务演讲在商业发展中所起到的作用越来越明显，一般用于筹资、IPO路演、产品发布、产品与服务市场推广、项目说明等。这些演讲需要我们面对投资者、客户、经销商，使他们信服，并付诸行动。商务演讲对于企业的成长起着不可低估的作用。

四、相关法规

1.《中华人民共和国药品管理法》第十九条规定：药品经营企业销售药品必须准确无误，并正确说明用法、用量和注意事项。

2.《药品经营质量管理规范》（局令第20号）第五十二条规定：销售人员应正确介绍药品，不得虚假夸大和误导用户。

3.《药品经营质量管理规范》（局令第20号）第五十五条规定：药品营销宣传应严格执行国家有关广告管理的法律、法规，宣传的内容必须以国家药品监督管理部门批准的药品使用说明书为准。

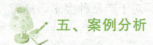
五、案例分析

案例：医药代表再次拜访内科主任（小型宣讲会）

人物：1. 人民医院内科主任李医生，内科副主任王医生等四人

2. 健康公司医药代表张媛媛

时间：某星期五下午 3:00

情景：李医生等四人正在办公室聊天。医药代表准时来到办公室门口，李医生见到医药代表就热情地与她打招呼，请她进来。

李医生：小张，你好！我们正在等你，盼你准时到来。

代表：谢谢！我没迟到吧！

李医生：没有！没有！挺准时的。我来向你介绍一下我的几位同事。这是内科副主任王医生。

代表：王医生，您好！

王医生：小张，您好！

李医生：这是中医内科专家孙医生。

代表：孙医生，您好！

孙医生：小张，您好！

李医生：这是西医内科专家杨医生。

代表：杨医生，您好！

杨医生：小张，您好！

李医生：星期二，你来我这儿介绍贵公司的新产品之后，我觉得你讲中药产品非常专业，过后呢，我又仔细地研究了贵公司的其他新产品，并认为这些新产品很有前途。所以，今天把我们医院的几位专家请来，想听听其他新产品的专业介绍，好吗？

代表：李老，您过奖了！您们都是这方面的专家，我哪敢班门弄斧啊！

李医生：小张，没关系，他们都是我的好朋友，你大胆地讲！

情景：众医生也点头表示赞同。

代表：谢谢李老和几位专家给我信心，那我就开始啦！上次，我向李老介绍了我公司的六味地黄软胶囊，今天，请允许我代表健康公司向各位专家介绍另一个新产品——元胡止痛软胶囊。

情景：小张的双手利索地打开公文包，迅速地取出产品说明书和一支笔。小张一手拿着说明书，另一只手拿着笔，面对四位专家，很从容地开始详细介绍新产品的有关情况。

代表：元胡止痛软胶囊处方来源于《中华人民共和国药典》，我公司对它改进剂型，并采用国际流行的四大新型剂型之一——软胶囊制剂研制而成，属于国家四类新药。

孙医生：现在这种剂型确实比较流行。

代表：元胡止痛软胶囊成分由延胡索和白芷组成。元胡止痛软胶囊的方解是：延胡索，活血、行气、止痛，"能行血中气滞，气中血滞，故专治一身上下诸痛，用之中的，妙不可言"，为方中君药；白芷，散风除湿、通窍止痛、消肿排脓，为方中臣佐之药。

孙医生：（故意地考考小张）君臣两药之共同作用呢？

代表：君臣两药共奏理气活血止痛之功，其特点是阴阳兼顾、气血并调，整体论治，多系统多范围地调控人体功能，但又重在理气活血，化瘀止痛，充分体现了中医"异病同治"

的辨证思维方式，为治疗因气滞血瘀而引起的诸痛之常用药。

孙医生：有道理。

代表：元胡止痛软胶囊功能主治：理气、活血、止痛。用于气滞血瘀的胃痛、胁痛、头痛及痛经等。

李医生：小张，你再把它的特点向大家介绍一下，好吗？

代表：好的。元胡止痛软胶囊的特点是：

1. 镇痛作用强，软胶囊中延胡索总生物碱的镇痛效价约为吗啡的40%。
2. 崩解、起效快，软胶囊崩解时间约为片剂的1/7，且在服用后半小时即可显效。
3. 有效成分含量高，软胶囊中延胡索乙素的含量每克不小于0.5mg，其含量约为片剂的2.3倍。
4. 服用量少，软胶囊每天服用6粒量相当于服用片剂18片量。

各位专家，这是同类品种比较表：

　　　　山西硬胶囊：3粒/次，3次/日。
　　　　郎通硬胶囊：4～6粒/次，3次/日。
　　　　元胡止痛颗粒：1袋/次，3次/日。
　　　　元胡止痛片：4～6片/次，3次/日。
　　　　元胡止痛滴丸：20～30丸/次，3次/日。

5. 药量准：每粒软胶囊重量误差仅为1‰～2‰范围。
6. 安全性高：软胶囊纯中药制剂，无耐药性，无成瘾性，副作用小。（如吗啡则有呼吸抑制、便秘及成瘾性等副作用。）
7. "绿色中药"：软胶囊内的药物为高科技萃取精华，不含生药粉，无农药残留。
8. 质量稳定：软胶囊是由自制压丸机压制，一次成型，全封闭剂型，避免了普通片剂含糖、易氧化变质、久置崩解不合格现象。

情景：众医生点头称是，对小张的介绍极为赞赏。

杨医生：它在西医方面应用前景如何？

代表：它在西医方面的应用前景非常广泛，在神经科，可用于治疗血管紧张性头痛、偏头痛、肋间神经痛、脑震荡后头痛等；在心血管科，可用于冠心病、心绞痛等；在肝胆消化科，可用于各种肝病、胆囊炎、胆石症、急慢性胃炎、胃与十二指肠溃疡、下痢腹痛、幽门不全梗塞等引起的疼痛；在肿瘤科，可用于各种肿瘤引起的疼痛；在妇科，可用于原发性痛经、产后宫缩痛等；在骨伤科，可用于筋骨扭伤、闪挫伤、腰肌劳损、跌打损伤所致肿痛；在外科，可用于外科手术疼痛、非化脓性肋软骨炎等疼痛；在五官科，可用于牙痛等。

王医生：小张，您的介绍相当全面，也非常专业。李老，是否把我们几个科室的医生组织起来，让小张做一次专题介绍会，让西医医生多多了解健康公司的新产品，在今后的临床中可以放心大胆地使用。

李医生：您的建议真不错。小张，您看如何？

代表：行！谢谢各位专家，给我这么好的机会，我一定会把握好，不辜负各位专家的期望。

李医生：时间不早了，各位医生，今天就到此为止，好吗？

众医生：行！

李医生：小张，您可得准备好，咱们下次见。

代表：行！李老，新产品介绍会的时间确定后，尽快通知我，我可以有充足的时间作准备。

李医生：一定，一定！

代表：各位医生，再见！

众医生：再见！

情景：小张从从容容地走出门诊室。

两星期后，在几位专家的全力协助下，小张举办了一次极为成功的新产品介绍会，健康公司的新产品在该医院的前景十分看好。

思考：
1. 小张采用了哪些销售技巧满足医生的需求？
2. 小张是如何利用人际关系达到销售目的的？

 六、思考与练习

（一）填空题
1. 产品演示和宣讲的流程包括：_____，演示内容和_____。
2. 态度由_____，_____和行为成分组成。
3. 演讲时语言要精练，声音要_____，吐字要_____，还要避免口头禅。
4. 在演示过程中，要做到语言的_____，_____。
5. 演讲要有针对性，针对_____，不同客户，_____和不同现场。
6. 演讲时如果要让事实说话，那么可是使用图片、_____、_____和_____等方法。

（二）单选题
1. 不采用投影演示，而用样品面对面辅助交流，一般用于（　　）。
   A. 3人以下　　　B. 3～5人　　　C. 5～15人　　　D. 15人以上
2. 态度的形成是客户在后天环境中不断（　　）的过程。
   A. 思考　　　B. 学习　　　C. 尝试　　　D. 内省
3. 信息是否清晰、准确、易于理解和记忆，属于直接说服的（　　）。
   A. 信誉　　　B. 信度　　　C. 效能　　　D. 效度
4. 以下谁说话最有说服力？（　　）
   A. 主任药师　　　B. 主管药师　　　C. 药师　　　D. 药士
5. 在产品推广会上，某医药代表用上海话介绍公司的新药，结果上海籍的医生反应积极，而外省籍的医生感到迷茫，这说明客户的信息（　　）有差异。
   A. 分析能力　　　B. 搜集能力　　　C. 归纳能力　　　D. 接受能力
6. 在新药推广会上，很多三级医院都对此新药表示欢迎，从而使得原本对此不感兴趣的一级医院也打算使用此新药。这说明（　　）改变了一级医院的态度。
   A. 归因　　　B. 气质　　　C. 群体影响　　　D. 体验
7. 某药店经理一直认为你公司的风油精效果不好，以下哪种方法能最有效地改变其态度？（　　）
   A. 出示产品说明书　　　B. 播放公司宣传片　　　C. 让其亲自体验　　　D. 出示专家意见
8. （　　）是学术营销的一种方式。
   A. 环保产品　　　B. 网上直销　　　C. 产品宣讲　　　D. 文艺宣传
9. 在学术营销中，企业以药品的（　　）为核心。
   A. 质量标准　　　B. 价格水平　　　C. 包装外观　　　D. 临床价值
10. （　　）是实现演示目标的有逻辑的行动指南。
    A. 演示方案　　　B. 演示设备　　　C. 演讲内容　　　D. 演讲主题

（三）多选题

1. 医药代表讲述企业理念时，应该以哪些设备为主？（　　）
   A. 幻灯片　　　　　B. 案例资料　　　　C. 动画
   D. 白板　　　　　　E. 样品
2. 药品管理法规定药品经营企业销售药品必须准确无误，并正确说明（　　）。
   A. 用法　　　　　　B. 价格　　　　　　C. 用量
   D. 注意事项　　　　E. 渠道
3. 改变客户态度常见的方法有（　　）。
   A. 直接说服　　　　B. 直接归因　　　　C. 间接说服
   D. 间接归因　　　　E. 群体影响
4. 做好医药产品演示工作必须积累（　　）。
   A. 医药产品知识　　B. 数据库知识　　　C. 软件知识
   D. 演示经验　　　　E. 网络知识
5. 态度以（　　）形式存在。
   A. 外显态度　　　　B. 外显能力　　　　C. 内隐态度
   D. 内隐能力　　　　E. 个性心理

（四）判断题

1. 在演示中，尽量少说废话、大话，语言精练，用词恰当。（　　）
2. 让公众说话可以出示权威机构的检测报告或专家的论据。（　　）
3. 产品演示不一定要体现针对性。（　　）
4. 医药代表介绍自己公司时，应该以口头陈述为主，可以辅助白板描述，尽量形成互动。（　　）
5. 演示讲解结束后，一定给客户留出提问和答疑的机会。（　　）
6. 间接说服是以各种语言方式向客户施加影响，通过潜移默化，诱导客户自动改变态度。（　　）
7. 产品演示不是演讲，也不是答辩，更不是培训。（　　）
8. 在演讲中，意外情况的出现是可以避免的。（　　）
9. 通过提问能从客户那里获得对演示的正面的反馈。（　　）
10. 设备摆放还要考虑演示的实际，避免在演示中无谓的走动或造成的一些不便。（　　）

（五）问答题

1. 商务演讲具有哪些功能？
2. 产品演示和宣讲前应该做哪些准备工作？

（六）分析题

案例：

中国代表团抵达万隆时，周恩来总理在机场发表谈话，强调中国代表团是抱着和平、友好的热烈愿望参加会议的，相信此次会议一定能够克服各种破坏和阻挠而取得圆满成功。会议在前两天一般性发言中，有些国家的代表当着中国代表的面攻击共产主义是独裁，是新殖民主义，甚至怀疑中国对邻国搞颠覆活动。面对会议可能走上歧途的危险，周总理当即决定将原来准备的发言稿改为书面散发，而作即席补充发言。明确表示：中国代表团是来求团结而不是来吵架的，是来求同而不是来立异的。亚非国家存在求同的基础，这就是绝大多数国家和人民自近代以来都经受过、并且现在仍在受着殖民主义所造成的灾难和痛苦。无论是共产党领导的还是民族主义者领导的亚非国家都是从殖民主义的统治下独立起来的，可以相互了解和尊重、互相同情和支持，和平共处五项原则完全可以成为我们中间建立友好合作和亲善睦邻关系的基础。周总理讲话赢得了与会各国代表的普遍赞扬。会议期间，中国代表团提倡"求同存异，协商一致"的原则，得到绝大多数与会国代表的拥护和支持，为会议的成功奠定了基础。同时，中国代表团与一些国家代表团进行广泛接触，加强协商，密切合作，为争取会议的顺利进行和成功起了积极的作用。

思考:
1. 周恩来总理的发言为什么能够成功?
2. 周恩来总理能将原来准备的发言稿改为书面散发,而作即席补充发言,这说明了什么?
3. 周恩来总理的演讲艺术给你带来什么启示?

项目七
客户异议与投诉处理

学习目标

1. 会正确分析客户异议、投诉的起因。
2. 能运用心理学知识了解客户心理。
3. 能正确进行客户异议、投诉的处理。
4. 掌握退、换货处理的基本流程。

模块一　客户异议处理

一、工作流程

（一）客户异议处理前的准备

1. 销售人员的心理准备

"不打无准备之仗"，是销售人员战胜客户异议应遵循的一个基本原则。

销售人员在走出公司大门之前就要将客户可能会提出的各种异议列出来，然后考虑一个完善的答复。面对客户的异议，事前有准备，就可以做到胸中有数，从容应付；事前无准备，就可能惊慌失措，或是不能给客户一个圆满的答复，造成销售机会的损失，所以要具备良好的心态来做此事。

2. 了解客户的基本信息资料

客户的基本信息资料，包括：客户基础信息资料，客户特征的基础资料，客户财务状况资料，客户交易现状的资料，客户业务状况资料。

3. 熟悉本企业的销售理念、销售原则和公共关系

一般来说，企业的销售理念：客户永远是对的。

销售原则：客户就是上帝。

公共关系目标：要和客户进行长久的合作。

4. 准备有关产品资料及辅助资料和用品

包括：产品资料、不良反应的报告、有关专家的鉴定书、权威机构的认证等。

（二）客户异议处理的操作过程

客户异议处理的操作流程

1. 发现异议

（1）客户提出异议　在拜访客户时或销售时，客户就自己的需求提出相应的真异议、假异议或隐藏的异议。

（2）积极询问，判断异议的真正原因　异议背后的原因通常很复杂而难以琢磨。在没有确认客户反对意见重点及程度前，销售人员直接回答客户的反对意见，往往可能会引出更多的异议。因此，积极的询问就显得尤为重要，切忌对自己的判断过于自信。多问"为什么"，让客户自己说出原因。因为，当问到为什么的时候，客户必须回答反对意见的理由，说出自己内心的想法，并且会潜意识地重新检视其反对意见是否妥当。询问应该越开放越好，尽量让客户说出异议的全部。

价格异议是销售人员最容易遇到的。但是，我国对大多数药品实行政府定价或者政府指导价，所以企业很难对药品价格进行自由调整。因此，销售人员可以询问客户："除了价格外，我们还可以在哪些方面进行补偿呢？"

2. 要有积极的态度

面对异议时心情急躁、不舒服是正常的，但必须要调整态度以让客户感觉"你明白并尊重他的异议"。因为客户只有在觉得被尊重、异议被重视、相信你会全力解决问题的时候才会和你交流，说出心里话，并提供更多的资料。诚挚的倾听和热情的回应是良好态度的要件。

销售人员可以从以下几个方面来表明诚意：

（1）勇于承担："这是我们的责任，……"、"这是我的错，……"。

（2）换位思考："如果是我，我也会这样考虑，不过……"。

（3）积极行动："我这就给经理打电话"、"我一回去就……"。

（4）保证答复："最迟明天中午我一定会给您满意的答复"。

对于一些无理取闹、情绪化的异议——"这个包装太难看了"、"你们公司太小气了吧"，或者客户提出的反对意见和眼前的交易并没有直接的关系，这时销售人员只要面带笑容地同意就好了。特别是一些"为反对而反对"或"只是想表现自己的看法高人一等"的客户意见，销售人员只须以诚恳的态度对待，迅速引开话题就行了。如：微笑点头，表示"同意"或表示"听了您的话"；或者说"您真幽默"、"嗯！真是高见！"。

3. 选择处理时机

优秀的销售人员不仅要能对客户的异议给予一个比较圆满的答复，而且要善于选择恰当的时机。懂得在何时回答客户异议的销售人员会取得更大的成绩。需要指出的是，绝大多数异议需要立即回答，这既是促使客户购买的需要，也是对客户尊重的需要，通常包括：

① 异议关系客户关心的重要事项；

② 必须妥善处理后才可能继续进行销售时；

③ 异议一旦解决，客户能够马上签单。

但并不是每一个异议都需要回答或者需要立即回答，通常包括：

① 异议不清楚，模棱两可；

② 异议背后明显另有原因，但还不确定；

③ 异议显然站不住脚、不攻自破；

④ 客户的异议在后面可以更清楚地得到证明时；

⑤ 异议超过了销售人员的专业和能力水平；

⑥ 异议涉及较深的专业知识不易为客户马上理解；

⑦ 超出权限或确实不确定的事情；

⑧ 客户在还没有完全了解产品特性及利益前提出价格问题时。

4. 针对异议，有的放矢，提供相关资料

异议有疑虑、误解、缺点和投诉之分，针对不同的异议须有的放矢。面对误解，应询问误解背后的需要；面对缺点，应询问客户的需要，以及与需要背后的需要的关系；面对问题投诉，应询问发生了什么，过去的产品怎么未能满足需要，以及现在的需要。

（1）消除疑虑　面对怀疑，应询问产生怀疑的原因。

有疑虑说明客户需要保证，需要有力的证据，所以销售人员要提供相关（针对客户所怀疑的特征和利益）的资料，证明产品确如所说的那样能给予客户利益，满足其需求。

对客户并不十分坚持的异议，特别是一些借口，可采用"借力法"来处理，它使得销售人员能借处理异议而迅速地陈述他能带给客户的利益，消除客户的疑虑。其基本做法是当客户提出疑虑时，销售人员则立刻回复："这正是我认为您要购买的理由！"也就是说，销售人员要立即将客户的反对意见直接转换成其必须购买的理由。

其实在日常生活中"借力法"经常被使用。例如朋友劝酒时，你说不会喝，朋友立刻会说："不会喝就更要多喝多练习嘛。"

有些疑虑不是简单的技巧就能解决的。如对产品性能、公司服务等方面的疑虑是需要确实证据来证明的。这时候，提供案例或权威机构的认证就能有效地消除客户的疑虑。

（2）克服误解　产生误解是由于客户不了解你的产品和公司，或没有得到正确的资料。在销售过程中，误解是很常见的，但要注意问题的根本点是误解背后客户有需要，所以销售人员必须要澄清该需要，并加以说明。

通常，直接反驳很容易陷于与客户争辩，是销售人员与客户交谈时的一个大忌。但有些情况必须直接反驳以纠正客户不正确的观点：

① 客户对企业的服务、诚信有所怀疑时；

② 客户引用的资料不正确。

因为，任何对企业服务、诚信的怀疑可能极大地损坏企业的声誉，对销售是致命的打击。同样，客户所掌握的不正确的信息是必须立即纠正的，但销售人员也要注意态度诚恳、对事不对人，在让客户充分感受其专业素养的同时不伤害其客户的自尊心。

（3）承认缺点　世上没有"十全十美"的东西，要敢于承认自己的缺点，让客户看到销售人员的诚实，看出诚意。销售人员在处理缺点的时候，要使客户从全面的角度去看待双方的合作，去看待能给客户带来的利益。当客户提出的异议正是产品的不足时，销售人员应承认并欣然接受，强行争辩显然是不明智的作法，只会加深客户对你的不信任和反感。销售人员应该做的是：首先进行询问，站在客户的角度去认识和理解，使自己清楚缺点背后的原因和需要，然后用总体利益去影响客户。如处理价格异议时，可用价值导向的说服方法，说明产品比竞争产品能给客户带来更多的价值，能更好地满足客户的重要需求，从而能有效地削弱客户的价格敏感度。

在处理这方面的异议时，具体步骤可表示为：

表示了解该缺点→把焦点转移到总体利益上→重提前面讨论中客户已接受的利益，淡化缺点→询问是否接受

一般来说，销售人员可以通过以下方法来满足客户最重要的利益，淡化缺点：

① 满足客户最优先需要的利益；

② 满足需要背后需要的利益；

③ 竞争对手不能提供的利益。

在淡化和弥补缺点的过程中，其要点就是突出产品的优点对客户的重要性，并在客户关键购买因素上多作文章，作为对客户的一种补偿。产品没有的优点对客户而言是相对不重要的。

在此过程中，还可采用以下几种方法进行辅助：

① 要思考这个缺点背后的需要对客户到底有多重要；

② 应该询问，利用询问去细分缺点背后的需要，然后再运用淡化缺点的技巧；

③ 请求允许询问，通过询问去发掘客户更多的需要，然后说服并进一步运用淡化缺点

的技巧。

5. 异议解决，与客户成交

在销售人员良好的工作心态下，采用了一些好的技巧，让客户提出的异议得到解决，对销售人员及其产品满意。任务完成，达成协议，与客户成交。

客户异议处理的控制点

1. 销售人员要具备良好的心态，能站在客户的角度看待异议。
2. 销售人员具有解决问题的能力，具备综合知识素质。
3. 不得与客户发生争执，不能表示不耐烦。
4. 不能让客户难堪，不能认为客户无知，不能有藐视客户的情绪。
5. 不能强迫客户接受观点。

（三）客户异议处理的结束工作

1. 把客户的异议记录下来。
2. 写出处理客户异议的好的地方及不足之处，写出处理的最佳方案。
3. 熟记处理的方案，以备下次运用。

在和客户长期接触中，很容易发现最常见的异议。对相应的回应方式成竹在胸，特别对于新手，是最基本的业务准备。并且，在实际工作中不断充实这个"异议库"和相应的"应答库"，并制成实用的销售手册。这实际上是组织学习的一个基本内容。

二、基础知识

（一）客户异议的概念

客户异议就是指在销售过程中，客户对销售人员推荐的药品、所在的企业或销售人员本身等的任何方面不赞同所提出的质疑或拒绝。客户表示异议而打断推销员的话，或是就某问题而拖延等对推销员的打击都是推销时难免的事，换句话说也就是必有的事。

（二）客户异议的分类

有三种不同类型的异议，销售人员应该认真辨别。

1. 真异议

客户认为目前没有需要，或对产品不满意，或对产品持有偏见，并不能满足客户的真实需要。例如，客户从别人那里听说你的产品容易出故障，对于此类"真异议"，销售人员必须视情形考虑是立刻处理还是延后处理。

2. 假异议

假异议通常分为两种：一种是不想真心介入销售的活动，客户用借口、敷衍的方式应付销售人员，没有诚意和销售人员会谈；另外一种是客户提出很多异议，但这些异议并不是他们真正在意的地方，如"这种药物可能服用不太方便吧"。

3. 隐藏的异议

隐藏的异议指客户并没有直接地把真异议提出，而是通过提出各种假异议来制造假象，给隐藏异议解决提供有利条件。例如客户希望降价，但却提出其他如性能、服用等异议，以降低产品的价值，从而达到降价的目的。

（三）产生异议的原因

异议有的是因客户而产生，有的是因销售人员而产生。

1. 客户原因

① 拒绝改变。多数人对改变都会习惯性地产生抵触情绪。例如，从目前使用的 A 品牌转换成销售人员所推荐的产品；从目前可用的预算中拿出一部分来购买未来的保障等。

② 情绪处于低潮。当客户的情绪正处于低潮时，可能没有心情谈，也容易提出异议。

③ 没有意愿。不是客户当前的需要，没有这样的意愿。这不能引起客户的注意及兴趣。

④ 无法满足客户的需求。客户的需求不能得到充分的满足，无法认同产品。

⑤ 预算不足，因而产生价格上的异议。

⑥ 借口、推托：客户抱有隐藏的异议。客户抱有隐藏的异议时，会提出各式各样的异议。

2. 销售人员原因

① 销售人员素质不高，举止态度让客户产生反感。

② 陈述有所夸大且不真实。比如，以不实的说辞哄骗客户，结果带来了更多的异议。

③ 专业知识不够。如销售人员的专业知识不够，无法清楚说明药物的药理作用。

④ 调查资料不正确。销售人员引用不正确的调查资料，引起了客户的异议。

⑤ 没有沟通技巧，并没有把握住客户的需求点，因而产生许多异议。

⑥ 展示失败，会立刻遭到客户的质疑。

⑦ 使客户处于低势。比如，销售人员处处强势，客户感觉不愉快，提出主观异议。

只有了解异议产生的可能原因，才可能更冷静地判断异议产生的真正原因，并针对原因"有的放矢"，如此，才能真正有效地化解异议。

（四）处理异议的态度

1. 正确认识异议

销售新人对异议往往抱有负面看法，甚至对异议怀有挫折感与恐惧感。但是，对有经验的销售人员来说，客户肯提出异议，这就说明销售人员已成功了一半。他从客户的异议中能判断客户是否真的有需求；从客户的异议中能了解到客户对你的接受程度；从客户提出的异议中可以获得更多的信息；如此等等。解决异议，满足需求并同客户建立良好关系，以创造新的销售机会，是一条良好的途径。

所以，销售人员应该理解：

① 异议是正常的；

② 异议说明客户仍有合作的愿望；

③ 异议是同客户沟通、了解需求、建立联系的机会；

④ 异议所指，兴趣所在。

2. 处理时的态度

异议不能限制或阻止，而只能设法去加以控制，而在处理异议时应注意以下几点：

（1）控制情绪、不要紧张 "我很高兴你能提出意见"、"你的意见非常合理"、"你的观察很敏锐"等是作为销售人员处理异议时的一般开场白。在客户提出异议时，销售人员必须保持冷静，不可动怒，以笑脸相迎，并了解反对意见的内容或要点及重点，切不可有反常的心理，更不可采取敌对行为。当然，如果要轻松地应付异议，必须对商品、公司政策、市场及竞争者都要有深刻的认识，这些是控制异议的必备条件。

（2）欢迎、鼓励异议的提出 销售人员应真诚地欢迎并鼓励客户提出异议。当客户提出异议时，应聚精会神地倾听，不要干扰客户的诉说。当然客户提出异议以后，销售人员要承认并接受客户的意见，以示对其尊重，那么，当提出相反意见时，客户自然也较易接纳提议。

（3）充分了解异议 销售人员向客户重述其所提出的反对意见，表示已了解。必要时可询问客户，其重述是否正确，并选择反对意见中的若干部分予以诚恳的赞同。

（4）认真回答，保持友善　销售人员对客户所提的异议，必须认真、审慎回答。一般而言，应以沉着、坦白及直爽的态度，将有关事实、数据、资料、确定或证明，以口述或书面方式送交客户。措辞须恰当，语调须温和，并在和谐友好的气氛下进行洽商，以解决问题。假如不能解答，就只可承认，不可乱吹。

（5）客户为上，尊重客户，圆滑应付　销售人员切记：客户就是上帝，不可忽略或轻视客户的异议，不可直接反驳客户，不可粗鲁地反对其意见，甚至指其愚昧无知，应避免客户的不满或怀疑，否则交易谈判无法继续下去，而且与客户之间的关系也将永远无法弥补。

（6）准备撤退，保留后路　我们应该明白客户的异议不是能够轻而易举地解决的。不过，与客户面谈时所采取的方法，对于与其将来的关系都有很大的影响。如果根据洽谈的结果，认为一时不能成交，那就应设法使日后重新洽谈的大门敞开，以待再有机会去讨论这些分歧。因此，要时时作好遭遇挫折的准备。如果最后还想得到胜利的话，那么在这个时候便应作"光荣地撤退"，不可稍露不快的神色。

（五）处理异议的原则

1. 认真聆听的原则

"聆听是最好的老师"，也是对人尊重的表现。销售人员在拜访客户时，面对客户的异议，倾听是解决的有效途径。与客户争论或保持沉默都不利于问题的解决。通过聆听来进一步了解客户的真实想法，发现客户的真实需求，也为销售人员与客户达成协议提供更多的机会，得到更满意的结果。同时客户也因为被尊重而感到心情舒畅，也会毫无保留地向销售人员说出自己的真实想法。

2. 详细记录的原则

俗话说："好记性不如烂笔头"，光凭记忆来记住和理解客户的异议很容易出错。面对客户的异议，销售人员要通过有效的聆听对异议进行有目的的记录，把握客户异议的关键。这样才能更有效地解决客户的异议。

3. 换位思考的原则

追求服务的零缺陷是我们销售服务人员所努力追求的。但由于客户与销售人员所处的位置不同，对产品自然有着不同的看法，当然也就产生了异议。对客户所提出的异议，销售人员应该要换位思考一下，站在客户的立场想一想："如果是我，我又会怎么想呢？"所以要对客户给予理解。如果销售人员改变了看待问题的角度，很自然地便会将理解融入我们处理异议的全过程，更利于异议的解决。

4. "对事不对人"的原则

在面对客户提出异议时，销售人员要倡导"对事不对人"的原则和方法，把客户自身与客户提出的异议区分开来，加以区别对待。同时面对客户的异议时，销售人员要理解客户提出异议时的心情，注意保护客户的自尊心，避免伤害客户的心灵，这样才能保证顺畅地处理客户的异议。

5. 及时回复的原则

对于客户提出的异议，销售人员一定要坚持"尽快答复"的原则。

这样做的好处有：

① 能让客户真真切切地感受到被尊重；
② 表示销售人员对于解决问题的诚心和诚意；
③ 可以进一步防止客户的负面宣传所可能造成的恶劣的影响。

对于可以在现场解决的问题，销售人员务必要当即回复；不能解决的，要给客户以准确回复时间，换取客户对销售人员的信任，为以后工作的顺利开展扫清障碍。

6. 多听多问的原则

多听多问，让客户说出自己的真正想法，了解客户的真实需求，把握客户的心理特征，是销售人员处理客户异议时必须遵守的一个原则。

7. 绝不放弃的原则

放弃就失去了销售的机会，如果坚持，还有成功的一线希望。

（六）处理异议的方法

1. 减少异议

（1）减少发生异议的机会　这是最佳的手段。较少或没有拒绝的销售是每位销售员梦寐以求的。对于客户的需求要有充分的了解，使我们能预计拒绝发生的可能性。因此，在制订销售计划时，销售员应根据客户的情况、需要、条件来剪裁合适的产品以及介绍的内容。

（2）防止异议的提出　在拜访客户时根据所了解到的需求，估计客户可能提出的异议，从而能主动提出异议，避免客户提出，但必须事先计划好答复异议的方法和内容。有经验的业务员可在了解客户最关心问题时使用。

2. 有效处理发生的异议

（1）忽视法

【案例】　一位销售人员去拜访药店经理，药店经理一见到销售人员就开始抱怨说："哎呀！你们这个广告为什么不找某某明星拍呢？如果你们找比较有名的明星的话，我早就向你进货了。"这个销售员只是面带微笑说"您说得对"，然后就接着向药店经理介绍自己的产品了。

这就是忽视法。找明星拍广告不是问题的重点，那只是客户的简单反对，或是一些见解而已，与眼前的交易没有任何的关系。这时销售人员只要面带微笑地同意客户所说的意见就行了，不必浪费时间去认真处理，甚至会有节外生枝的可能。只要客户满足了表达的欲望，销售人员就可以采用忽视法，迅速地引开话题，谈你所关心的话题，以便交易的达成。

（2）补偿法

【案例】　潜在客户说："你这个药品包装设计的颜色都非常棒，令人耳目一新，可惜啊这个包装材料很普通。"销售人员说："××先生，您的眼力真的特别好，这个包装材料啊，的确很普通，若选最好的包装材料的话，这个价格可能就要比现在这个价格高出好几倍以上了。"

销售人员这时使用的方法叫做补偿法，销售人员首先要承认并欣然接受客户所提出的有事实根据的异议，切记一定不能否认。这时可向客户说出产品的其他优势，给客户一个补偿。如客户提出价格贵时，销售人员可说效果好啊，这也是客户所更关心、更加重要的一点，也正好提升了产品的价值，那理所当然价格就会更贵了。这样客户就更加容易接受了。世界上本来就没有十全十美的产品，当然要求产品的优点越多越好，但这不是真正影响客户购买与否的关键。事实上它的优点不是特别多，也就是说补偿的方法就是能够有效地弥补产品本身的弱点。

（3）太极法

【案例】　一个药店经理说："你们这个企业都把太多的钱花在这个广告上，为什么不把这个钱省下来，作为我们进货的折扣，让我们多一点利润那多好呀。"销售人员却说："就是因为我们投下了大量的广告费用,客户才会被吸引到指定的地方去购买我们的品牌。这不但能够节省您的销售时间,同时能够顺便也销售其他商品,您的总利润还是最大的吧?"

销售人员这时所采用的就是太极法。所谓太极法就是取自于太极拳中的借力使力,你一出招我就顺势接招再返招的办法。太极法的基本做法是,销售人员把客户提出不购买的异议当作说服的要件,把客户的反对意见直接转换成客户必须购买的理由。这就是借力使力的太极法。其他行业也可以找到类似的例证:

在保险业里,客户说收入少,没钱买保险。保险业务员却说就是因为你收入少才更需要购买保险,以便从中获得更多的保障。

服装业顾客会说我身材不好穿什么都不好看。销售人员应说打扮才能掩盖身材不好的地方。

卖儿童图书,客户说我的小孩连学校的课本都没兴趣,怎么可能会看这种课外读物呢?销售人员就说我们这套读本就是为激发小朋友的学习兴趣而特别编写的。

太极法处理的异议多半是客户不十分坚定的异议,特别是客户的一些借口,太极法最大的目的就是让销售人员能够借处理异议而迅速处理,以引起客户购买的注意。

（4）询问法

【案例】 客户说:"我希望你们化妆品的价格再下降10%"。销售人员说:"我知道你一定希望我们给你百分之百满意的服务,难道你希望我给你的服务打折吗?"客户说"我希望你们所提供的化妆品品种能够让客户选择。"销售人员说"报告××总经理,我们已经选了五种最容易被客户接受的品种了,难道你们希望拥有更多的品种来增加你们的库存负担吗?"

这就是询问法。通过反问来提醒客户,让客户想清楚自己所提出的异议是否确切。只要是适合这种方法来处理的异议,一般情况下,只要通过销售人员的询问后,客户就能意识到自己提出的异议其实不存在。

（5）如果……是的法

【案例】 客户说:"你这个金额太巨大了,不是我们马上能够支付的。"销售人员说:"是的,我想大多数公司跟您都是一样的,不容易立刻支付,但是我们了解贵公司的状况,贵公司每月都能保持稳定的销售利润和现金流入,采用分期付款的方式是不是一点都不费力。"

这就是"如果……是的法"方法。采用这样的方法可避免直接反驳,先肯定客户的异议,然后再用委婉的语气进行详述。既让客户感到被尊重,又能让客户欣然接受,以便交易的顺利进行。

（6）间接反驳法

【案例】 客户采购药品时说:"你们公司的药品没有什么知名度吧。"销售人员说:"您大概有所误解,我们公司的药品虽然是刚刚打入北京市场,但是在华南地区市场份额很高,病患满意程度也很高。"客户说:"你们企业的售后服务风气不好,电话叫修总是姗姗来迟。"销售人员说:"您说的一定是个别现象,有这种情况发生我们感到非常遗憾,我们企业的经营理念就是服务第一,企业在全省各地都有售后服务部,我们都是以最快的速度来为客户服务,以达成及时沟通的承诺。"

这就是间接反驳法。前面已经强调不要直接反驳客户,否则容易陷入与客户的争辩。所以,即使有些情况你必须使用直接反驳法时也一定注意直接反驳的技巧,态度要诚恳,要对事不对人。千万不要伤了客户的自尊心,要让客户感觉到你是很专业和敬业的。

正确适时地运用以上介绍的方法,可以有助于销售人员推销成功,前提是要正确地分析客户反对意见的性质与来源,灵活巧妙地将客户的反对意见化解,使摇头的客户点头。

（七）异议的具体表现及处理

1. 需求异议

需求异议是指客户认为不需要产品而形成的一种反对意见。它往往是在销售人员向客户介绍产品之后，客户当面拒绝的反应。例如，客户说："我们不需要这个"、"我们有这一类的药物了"等。需求异议也有真伪之分，销售人员应认真分清。如果是真异议，应该立即停止销售；如果是假异议，销售人员应设法让他觉得推销产品提供的利益和服务，符合客户的需求，使之动心，再进行销售。

2. 财力异议

财力异议是指客户认为缺乏货币支付能力的异议。例如，"产品不错，可惜无钱购买"、"近来资金周转困难，不能进货了"等。销售人员首先应辨认异议的真假。对于真异议，销售人员应根据具体情况想一些办法，如：答应赊销、延期付款或说服客户负债购买等。对于作为借口的假异议，销售人员应该在了解真实原因后再作处理。

3. 权力异议

权力异议是指客户以缺乏购买决策权为理由而提出的一种反对意见。例如，客户说："做不了主"、"我们没有这个权利"等。与需求异议和财力异议一样，权力异议也有真实或虚假之分。销售人员在拜访之前已对客户进行过调查分析。面对没有购买权力的客户极力推销商品已是工作中的一个失误，立即放弃。在决策人以无权作借口拒绝销售人员及其产品时，销售人员应认真寻找客户的真实异议所在，根据自己掌握的有关情况进行认真分析和妥善处理。

4. 价格异议

价格异议是指客户以推销产品价格过高而拒绝购买的异议。无论产品的价格怎样，总有些人会说价格太高、不合理或者比竞争者的价格高。例如，"这价格有点贵吧，我担心病人接受不了。"在实际销售工作中，价格异议是最常见的，销售人员可以分析产品的价值等（后面有详细的分析）。如果无法处理这类异议，销售就难以达成交易。

5. 产品异议

产品异议是指客户认为产品本身不能满足自己的需要而形成的一种反对意见。例如："这个产品的不良反应较多"、"这个产品使用不太方便"、"新产品质量都不太稳定"等。产品异议表明客户对产品有一定的认识，但了解还不够，担心这种产品能否真正满足自己的需要。销售人员一定要充分掌握产品知识，能够准确、详细地向客户介绍产品的使用价值及其利益，同时有时也可以提供相关的材料给客户，从而消除客户的异议。

6. 销售人员异议

销售人员异议是指客户认为不应该向某个销售人员购买产品的异议。说直接点就是排斥此销售人员。但客户肯接受该公司的其他销售人员。比如："我要买老王的"、"对不起，请贵公司另派一名销售人员来"等。销售人员对客户应以诚相待，与客户多进行感情交流，做客户的知心朋友，消除异议，争取客户的谅解和合作。

7. 购买时间异议

购买时间异议是指客户有意拖延购买时间。例如："让我再想一想，过几天答复你"、"我们需要研究研究，有消息再通知你"或"把材料留下，以后答复你"等。销售人员要具体分析客户拖延时间的真正原因，有的放矢，认真处理。

8. 客户使用后提出的异议

这是指客户在这之前已使用过该产品，但出现了其他很多方面的问题，如："我们在用过你的产品之后，有两个病人产生了后遗症"、"病人反映用了这种产品后很不舒服"、"我们已经用了其他更好的产品了"等。对于前两种情况，可要求客户拿出证据，根据实际的证据所示的情况提出处理意见；对于后一种情况，可问清客户的原因，采取积极的措施。

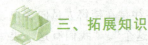

三、拓展知识

1. 客户异议处理的目的和意义

销售人员掌握处理客户异议的正确方法，妥善处理好与客户之间的分歧，促进销售活动的开展。处理不当很可能会使销售活动功败垂成。如果正确处理好客户的异议，不仅可以达成销售协议，还可能从而增加一个固定客户。

2. 如何处理客户的价格异议

价格是销售的最后一关，支付能力与支付意愿之间是有差异性的，购买意愿没有形成之前，谈价格是没有意义的，没有购买欲望，就没有价格谈判的必要。

当客户针对价格的时候，要怎样去处理呢？

（1）处理价格异议的方法

① 迟缓价格的讨论。

② 让客户感觉到付款之后就可以带来一种好处。

③ 用合理的理由来辨别价格。

④ 隔难政策　就是当客户提到这个价格他不能接受或者他不愿意支付的时候，要学会价值比超越价格，让他了解到价格与价值之间还有一定的差异性。

（2）处理价格抗争的三种方法

① 要用价格比较昂贵的产品来作比较。

② 把产品的使用年限延长。

③ 把价格预算成最低的通用衡量指标。

如果每天存5元钱，一年365天就等于存1825元钱，花一两千元就相当于每天才只用几元钱就能使用上这个产品，而且让客户省下很多电。这些就是处理价格抗争的方法。

（3）处理金钱与价格的异议　当客户认为产品太贵了，销售人员就要给出价格合理的理由。

① 参考价格比较法，这个方法威力很大。比如："不妨试一试"、"当然这个价格和您想象的还是比较贵的，但您不妨试一下"、"您为什么不用用看呢？"。

② 你还可以这样说，"您认为我们之间的差距是多少，是3％还是5％，是10元钱还是20元钱？"直到他说你只要便宜××元我就买。销售人员一定要等待客户把此话讲出来。

③ 不要让客户陷入价格之争当中，"我相信通过我今天的解说，最终能使您拥有我们的产品，不但给我一个很好地为您服务的机会，同时我更希望您使用我们的产品以后对您或您的团队、企业带来更多更好的效益。"这也是一种方法。

3. 案例参考

代表：李主任，您好。不知道您对××这个药物在药物经济学角度怎么看呐？

李主任：这个药物总体上来说效果不错，病人耐受性也不错，但就是有点太贵。

代表：李主任在关心疗效的同时，也不忘为病人经济状况着想，其实很多老师都提到这个药物在价格上确实是有些贵，我们也一直提供药物经济学的证据给老师们参考。其实病人化疗的长期性，以及不良反应的处理一直伴随着病人化疗过程当中。单从单价来看，药物价格确实比其他价格高很多，我也比较认同李主任观点，但是××的方便性决定了病人化疗不需要住院，省去很大一笔住院费用，节省了注射费用、观察费用，同时家属也不需要家与医院来回奔波。在不良反应这块来说，一般的药物不良反应的处理都是承受高风险、高费用的，同时降低了病人的耐受性，直接影响病人的疗效。同时也节省了您和护士的工作强度，在摒弃这些费用以后，您会发现××在药物经济学角度是很有优势的。

李主任：但是病人的解释工作确实很麻烦，你们有什么办法？

代表：也许您认为国外的药物经济学报告没有太大的说服力，我手上有一份国内医院的××药物经济学调查报告。哪天您觉得有必要的话，我可以召开一个患者教育活动。这样您就不用那么一个个去做思想工作了。

李主任：嗯，可以考虑。

代表：谢谢李主任把您的顾虑告诉我，也为我以后的工作的改进提供很好的建议，谢谢李主任非常好的建议。

四、相关法规

1.《产品质量法》；《合同法》。

2.《中华人民共和国药品管理法》对于药品价格规定如下：

第五十五条　依法实行政府定价、政府指导价的药品，政府价格主管部门应当依照《中华人民共和国价格法》规定的定价原则，依据社会平均成本、市场供求状况和社会承受能力合理制定和调整价格，做到质价相符，消除虚高价格，保护用药者的正当利益。

药品的生产企业、经营企业和医疗机构必须执行政府定价、政府指导价，不得以任何形式擅自提高价格。

第五十六条　依法实行市场调节价的药品，药品的生产企业、经营企业和医疗机构应当按照公平、合理和诚实信用、质价相符的原则制定价格，为用药者提供价格合理的药品。

药品的生产企业、经营企业和医疗机构应当遵守国务院价格主管部门关于药价管理的规定，制定和标明药品零售价格，禁止暴利和损害用药者利益的价格欺诈行为。

第七十一条　国家实行药品不良反应报告制度。药品生产企业、药品经营企业和医疗机构必须经常考察本单位所生产、经营、使用的药品质量、疗效和反应。发现可能与用药有关的严重不良反应，必须及时向当地省、自治区、直辖市人民政府药品监督管理部门和卫生行政部门报告。具体办法由国务院药品监督管理部门会同国务院卫生行政部门制定。

对已确认发生严重不良反应的药品，国务院或者省、自治区、直辖市人民政府的药品监督管理部门可以采取停止生产、销售、使用的紧急控制措施，并应当在五日内组织鉴定，自鉴定结论作出之日起十五日内依法作出行政处理决定。

第七十六条　从事生产、销售假药及生产、销售劣药情节严重的企业或者其他单位，其直接负责的主管人员和其他直接责任人员十年内不得从事药品生产、经营活动。对生产者专门用于生产假药、劣药的原辅材料、包装材料、生产设备，予以没收。

五、实训

（一）实训主题名称

处理客户的异议。

（二）实训目的

1. 能辨别客户异议的类型。

2. 掌握处理客户异议的技巧。

（三）实训过程

1. 角色分配：营业员、消费者

2. 情景设计

（1）出现价格异议

（2）出现质量异议

（3）出现服务异议

3. 操作

两个学生一组，抽签决定营业员和某一类客户，抽签选情景，准备3分钟后进行表演，表演时其余同学注意观察，表演完后讨论，指出其成功和不足之处，教师当场归纳，打分，然后再进入下一组的表演。

（四）考核及其标准

（1）与客户交流时是否符合礼仪规范的要求（10分）。

（2）能否正确辨认客户异议的类型（20分）。

（3）能否很好地运用处理客户异议的技巧（60分）。

（4）交易是否成功（10分）。

六、思考与练习

（一）填空题

1. 异议的分类：包括_____、假异议、_____。

2. 在处理客户异议时，采用的借力使力的方法是_____。多述说产品的优点，淡化其缺点的方法是_____。

3. 在处理客户的异议时，要尽量_____发生异议的机会，_____异议的提出。

4. 异议有疑虑、_____、_____和投诉之分，针对不同的异议须有的放矢。

5. 在面对缺点时，处理的具体步骤可表示为：
_____→_____→重提前面讨论中客户已接受的利益，淡化缺点→询问是否接受

6. 产生异议的原因可分为两种：_____和_____。

7. 处理客户异议的控制点：销售人员要具备良好的心态，能站在客户的角度看待异议；销售人员具有解决问题的能力，具备综合知识素质；_____；不能让客户难堪，不能认为客户无知，有藐视客户的情绪；_____。

8. 在实际的工作中，企业最好能编制_____和_____，并编制成实用手册，也要不断地充实，特别适用于新的销售人员。

9. 在处理客户的异议时，切记不能与客户发生_____，并且要保证对客户的_____。

10. 写出处理客户异议的其中两种原则：_____、_____。

（二）单选题

1. 下列不属于处理客户异议的方法的是（　　）。

A. 减少异议发生的机会　　　　　　B. 防止异议的提出

C. 有效处理客户的异议　　　　　　D. 忽视客户所有的异议

2. 下列不能用于处理客户异议时的态度是（　　）。

A. 情绪轻松，不可紧张　　　　　　B. 认真倾听，真诚欢迎

C. 重述问题，证明了解　　　　　　D. 很不耐烦

3. 下列异议中，属于客户方面的原因是（　　）。

A. 客户自身心情不好　　　　　　　　　B. 销售代表专业知识不够，说得不够清楚
C. 销售代表的语言不好　　　　　　　　D. 销售代表引用了不正确的资料
4. 下列不属于销售代表方面的原因是（　　）。
A. 客户心情不好　　　　　　　　　　　B. 客户没有购买的意愿
C. 销售代表对自己的产品不够信任　　　D. 客户的预算不够
5. 在面对自己的缺点时，销售人员可满足客户其他方面重要的需求，不包括（　　）。
A. 不需要的利益　　　　　　　　　　　B. 满足需要背后需要的利益
C. 满足客户最优先需要的利益　　　　　D. 竞争对手不能提供的利益
6. 下列不需要立即解决的异议是（　　）。
A. 异议关系客户关心的重要事项　　　　B. 异议显得模棱两可、含糊其辞、让人费解
C. 异议不解决销售无法继续　　　　　　D. 异议一旦解决，客户能够马上签单
7. 下列需要立即解决的异议是（　　）。
A. 异议显得模棱两可、含糊其辞、让人费解　　B. 异议不解决销售无法继续
C. 异议难以用三言两语解释清楚的　　　D. 超出权限或确实不确定的事情
8. 在拜访之前，应该对异议作充分的准备，不包括（　　）。
A. 只要有信心就可以了，不需要其他的准备　　B. 熟记常出现异议的处理方法
C. 调整好自己的心态　　　　　　　　　D. 可找同事练习一下处理异议的情况和方法
9. 在处理客户异议时，应针对不同的异议有的放矢，下列不属于这种情况的是（　　）。
A. 消除疑虑　　　　B. 克服误解　　　　C. 面对缺点　　　　D. 逃避缺点
10. 在处理价格异议时，可采用补偿法，下列不属于这种情况的是（　　）。
A. 价格贵，可是使用时间更久啊
B. 价格是有点贵，可是它的效果更好啊，只要服用一天就好了
C. 价格是贵了点，可我们是名牌，质量有保证哦
D. 对于你们有钱人来说，这价格也不算贵啊

（三）多选题
1. 销售人员在遇到客户异议时，应调整好心态，一般可使用的语言有（　　）。
A. 这是我们的责任　　　　B. 这是我们的错，我们一定会改正
C. 您这样考虑是正常的　　D. 我这就给经理打电话
E. 你错了，不是这样的
2. 在拜访客户时，经常会遇到哪些情况的异议？（　　）
A. 价格异议　　　　B. 质量异议　　　　C. 服务异议
D. 竞争对手的异议　　E. 广告异议
3. 在处理客户异议的过程中，下列哪几项应注意？（　　）
A. 不得与客户发生争执　　B. 不能让客户难堪　　C. 不得与客户发生争执
D. 不能表示不耐烦　　　　E. 不能强迫客户接受你的观点
4. 下列哪种方法适合处理价格异议？（　　）
A. 忽视法　　　　B. 补偿法　　　　C. 直接反驳法
D. 太极法　　　　E. 是的……如果法
5. 客户对我们产品的不良反应产生异议时，可采用的方法有（　　）。
A. 直接反驳法　　B. 询问法　　　　C. 间接反驳法
D. 忽视法　　　　E. 太极法

（四）判断题
1. 客户对企业的信誉、服务产生怀疑时，我们可以采用忽视法。（　　）
2. 当客户有异议时，我们可以询问探清客户真正的异议所在。（　　）
3. 当客户因为心情不好，向销售人员吵闹说出异议时，销售人员可以以同样的态度对待客户，并说明

情况。（　　）

4. 当客户提出的是假异议时，销售人员应该放弃该客户。（　　）
5. 当客户跟销售人员说："我已习惯用××牌子的产品，不用其他牌子的了。"这时，销售人员不要放弃，应继续谈谈。（　　）
6. 在销售过程中，销售人员应该有这样的意识："客户永远是对的。"（　　）
7. 在拜访客户之前，销售人员应该作好充足的准备，尽量减少异议发生的机会。（　　）
8. 在销售过程中，可以用这样的语言："你这样说是错误的。"（　　）
9. 在碰到客户的异议时，应该要调整好自己的心态，不能影响客户。（　　）
10. 在处理客户异议的过程中，应尽量多听客户说，让客户说出自己真正的需求所在。（　　）

（五）问答题

1. 简述处理客户异议的操作过程。
2. 销售人员处理客户异议时应采取什么样的态度？

（六）分析题

案例：

一家妇幼专科医院一个妇科医生连续给两个病人用了某公司的产品以后，病人反应出现皮肤过敏反应！据说比较严重的病人还输液了，该医生要求医院退药！

代表开门见山介绍了一下自己的身份，表示对此事情关注，感谢医生的处方，对此事给医生造成的负面影响表示慰问。

医生：（态度比较强硬）连续两个病人反映吃了你们的药以后全身皮肤出现药疹，我已经建议药剂科退药。

代表：请问×医生您的病人出现药疹请皮肤科医生看过吗？

医生：我们医院是专科医院，没有皮肤科医生，我当医生20年难道还不知道什么是药疹！

代表：请问这两个病人您是否了解她们生活的环境？接触了什么东西？或者吃了什么东西？

医生：不太了解。从病历地址上看两个人不在一个地区，你可以去问问病人。

代表：（抱歉）从厂家的角度来说我们是不可以接触病人的，您方便给我们作一个不良反应的报告吗？这样我拿回公司给有关部门。（便于资料收集）

医生：现在两个病人都不在了叫我去哪里调查？

代表：没关系！您可以根据病历来写！或者出现第3例马上通知我们！

医生：这样比较麻烦！

代表：您认为出现这个问题是必然性还是偶然性？如果出现第3例，不用您说话我自己提药走人！我希望您能保持对我们产品的信心，在北京40多家医院目前还没有发现相同问题，我也可以换另外一个批号药，同样出现您所说的问题，我也提药走人！不能因为我们产品出现的问题影响到医院和您的声誉！

医生：我们做医生比较关注安全性。你知道现在病人的安全意识比以前提高多了！脚踩在两个门槛上。

代表：这个我同意！我们也关注这些问题，您的问题就是我们的问题。人和人对药物敏感性不同，我希望您把这件事情看成一件孤立的事情！继续支持我们，真心地希望可以和您长期合作！您说不是吗？

医生：好吧！我再用几例试试。

思考：

请说出此案例中销售人员采用了什么方法处理客户的异议，并分析采用此方法所能取得的效果。

模块二　客户投诉处理

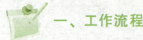

一、工作流程

（一）心理准备

1. 客户投诉处理前的心理准备

(1) 坚信自己是处理客户投诉的重要人物　工作人员应坚信自己是通过处理客户投诉能够满足客户的要求、给企业带来利益的重要人物。同时更应坚信正确处理客户投诉，满足客户的合理要求所产生的利益是不可计量的。

(2) 坚信自己是客户的代表　工作人员应坚信自己是药品行业内"客户的代言人"，如果从"客户的利益就是企业的利益"这个角度来说，处理客户投诉的工作人员就有向企业反馈客户意见的责任和义务。因此，处理客户投诉的工作人员是企业与客户沟通的桥梁和纽带。

(3) 诚心诚意地听取客户的意见　对于企业或企业的工作人员来说，可能是微不足道的不满，但对客户来说却是重大的问题。当有客户投诉时，最重要的是要把自己的心胸打开，留神聆听对方的主张。切勿主观臆断，简单地判断对方说的话。

(4) 不可表面恭敬，内心无礼　对于企业工作人员来说，处理客户投诉属于日常业务，很容易加以处理。工作人员与客户接触时的态度，尽管在表面看来很有礼貌，但如果内心轻蔑对方，必定会在言辞中露出马脚，对于客户来说那是生活上发生的异常情形，工作人员千万不要忘记这一点。

(5) 要认清客户有听取说明的权利　在客户的投诉中，由于客户的误会所引起的问题也绝不在少数。尽管客户的某些投诉并没有正当理由，客户还是有听取说明的权利。企业工作人员要认为这是客户赐给你的一个启发他的好机会，要好好把握，把事情说清楚，以此为开端，从而使我们与客户之间产生信任关系。这是企业的工作人员应有的推销能力。

2. 客户投诉处理平常的心理准备

(1) 要精通专门知识及法律　作为企业的工作人员，如不好好学习专门的知识，很难处理好客户的投诉。因此，企业的工作人员必须要精通有关企业的知识及企业内的各种信息。

企业的工作人员不但要理解客人，而且对于民法、商法及一般经济法令，甚至与企业相关的法律、法规等都要有充分的知识准备。但是，并不能以法律的死板的内容和规矩来解决问题，而是把它作为一个基础。

(2) 培养圆满的常识与均衡的感觉　处理客户投诉时，企业内的工作人员应具备均衡的能力，也就是一般的常识与对社会环境的洞察力。正如前面所说，不要单凭法律来判断，同时不要滥用商业伦理。要知道"企业规定如此，所以如何如何"或"站在本企业的立场，怎么怎么样"，这样的话说出来对客人的情感伤害是最严重的。

(3) 避免骄傲、信以为真、独断独行　在处理客户投诉时，应该明白每个客户都是不同的，即使是同一个投诉，由于处理的人不同，处理方式也大不相同。因此，身为企业的工作人员，对于客户的投诉，一定要认真分析，不能主观臆断。否则不但会令客户更不满意，而且最终受损的还是企业的利益。

(二) 客户投诉处理的操作过程

客户投诉处理的操作流程

(1) 记录投诉内容。利用客户投诉记录表详细地记录客户投诉的全部内容，如投诉人、投诉时间、投诉对象、投诉要求等，见表7-1。

(2) 判定投诉是否成立。了解客户投诉的内容后，要判定客户投诉的理由是否充分，投诉要求是否合理。如果投诉不能成立，可以婉转地答复客户，以取得客户的谅解，消除误会。

(3) 确定投诉处理责任部门。根据客户投诉的内容，确定相关的具体受理部门和受理负责人。如属运输问题，交储运部处理；属质量问题，则交质量管理部处理。

表 7-1 客户投诉处理表

客户名称			投诉人		传真/电话	
投诉事件记录:						
投诉人要求:						记录人/日期:
调查结果:						调查人/日期:
处理结果:						处理人/日期:
客户反馈	处理结果	满意□	基本满意□	不满意□	客户签字	
	处理速度	满意□	基本满意□	不满意□		

注：一般情况下，营业部主管电话告知客户投诉处理结果并征询反馈意见。如有必要将此表传真至客户处，请客户填写反馈意见。

（4）责任部门分析投诉原因，提出处理方案。根据实际情况，要查明客户投诉的具体原因及具体造成客户投诉的责任人。

（5）提交主管领导批示。对于客户投诉问题，领导应予以高度重视，主管领导应对投诉处理方案一一过目，及时作出批示。根据实际情况，采取一切可能的措施，挽回已经出现的损失。

（6）实施处理方案，处罚直接责任者，通知客户，并尽快地收集客户的反馈意见。对直接责任者和部门主管要按照有关规定进行处罚，依照投诉所造成的损失大小，扣罚责任人一定比例的绩效工资或奖金；同时对不及时处理问题造成延误的责任人也要追究其责任。

（7）总结评价。对投诉处理过程进行总结与综合评价，吸取经验教训，提出改进对策，不断完善企业的经营管理和业务运作，以提高客户服务质量和服务水平，降低投诉率。

客户投诉处理的控制点

（1）所有的客户投诉，除了必须有书面记录外，在现场调查人员处理完现场鉴定工作以后，无论何种情况，都必须提交书面的记录或申请文本，如果属于公司方面的原因，无论服务工作问题还是质量问题，现场调查人员必须提交资料、证明或者照片，提供给上级人员决策参考。

（2）属于政策或工作服务问题，调查人员应提交调查意见表，并向被投诉责任区域的主管汇报，并提供处理意见，供上级主管决策。

（3）属于产品质量问题，现场调查人员必须取得投诉产品的质量问题照片，无论属于何人责任，都必须阐述品质质量问题的鉴定结果；并对属于明显使用不当的问题，提出现场解决方案，在现场将问题解决，或者给客户建议，客户承担相关费用，公司负责产品质量问题的修理服务。

（4）如果界定的结果属于明显产品质量问题，则应提出产品质量界定和退换货申请，并要求客户协助将质量问题产品运输回公司总部，同时向客户承诺无条件更换新产品的服务承诺，由此发生的运输费用由公司承担。

（5）如果属于难以界定的品质质量问题，现场调查人员应该向客户解释，并向公司申请暂时退回公司，由公司质量部门进行界定品质投诉问题属于使用问题还是属于质量问题。在此期间退货回公司的运输费用由公司承担，其他费用根据界定结果，由责任方承担相关费用。

（6）如果由于区域经理不负责任，将明显能够界定责任问题的产品投诉简单地退回公司，则由质量部门来界定问题性质，确定营业人员的责任（销售的服务态度方面），由区域经理承担相关责任费用，或者属于工作失误的追究区域经理责任（产品质量方面）。

（三）客户投诉处理的结束工作

（1）要注意自身健康管理。处理客户投诉的工作是一种压力非常大，紧张度很高，精神负担较重的工作，因此，当工作告一段落之后，应采取有效的办法使所郁积的心情整个发散。如做运动，出去旅游等，以此来谋取身心的修养。同时，管理者也应对员工的身心管理给予充分重视。

（2）跟踪投诉。将处理结果报上级部门备案之后及时对客户进行跟踪，将客户对投诉处理意见制成"产品客户投诉汇总报告"交给上司，并在报告中指出客户投诉的变化情况和如何改善的建议。填写客户投诉处理反馈表，对投诉处理进行总结，提出总结报告并交上级部门审查备案。

二、基础知识

1. 如何处理客户投诉（表7-2）

表7-2 处理客户投诉的方法

处理过程	基本方法与技巧	应避免的做法
聆听客户	1. 积极主动处理问题的态度 2. 保持面带微笑 3. 保持良好的心境和语态 4. 认真倾听不遗漏细节 5. 让客户发泄情绪，不打断客户的陈述	1. 不耐烦的表情或不愿意接待客户的态度 2. 同客户争执，激烈讨论，情绪激动 3. 挑剔客户的态度不好，说话不客气 4. 直接回绝或中途做其他事情、听电话等 5. 推脱或辩护的态度
表示同情	1. 善用自己的举止语气去劝慰对方，稳定客户的情绪 2. 站在客户的立场为对方设想 3. 对客户的行为表示理解 4. 主动作好投诉细节的记录	1. 不作记录，让客户自己写 2. 表明不能帮助客户 3. 有不尊重人的言语行为 4. 激化矛盾
询问客户	1. 重复客户所说的重点，确认是否理解客户的意思和目的 2. 了解投诉的重点所在，分析投诉事件的严重性 3. 告诉客户我们已了解到问题所在，并确认问题是可以解决的	1. 重复次数太多 2. 处理时间过长 3. 犹豫，拿不定主意 4. 畏难情绪，中途将问题移交给别人处理 5. 听不懂客户的方言
解决方案	1. 不受客户抱怨的影响，就事论事，耐心解释，援引商场的政策制度和国家法律法规进行处理 2. 圆满的解决方案要让客户感觉公平合理 3. 超出处理者权限范围的，要向客户说明，并迅速请示上一级管理者 4. 暂时无法处理的，可将事情详细记录，留下客户的联系电话，并承诺尽快答复	1. 处理问题过于死板，完全按照公司的政策制度处理 2. 一味满足客户要求，给予不合理承诺 3. 将问题推给其他同事处理 4. 超出处理者权限范围的，不能第一时间汇报 5. 忘记给客户一个处理结果的答复
达成协议	1. 协商已提出的解决方案 2. 表示尽最大努力解决问题 3. 迅速执行解决方案	1. 具体解决的时间过长 2. 没有将此事追踪到底
感谢客户	1. 感谢客户给我们的工作提出不足 2. 表示今后一定改进 3. 对由于我方失误而造成的客户不便，予以道歉	1. 没有感谢客户 2. 对不满意的客户，未将情况迅速汇报 3. 对不满意的客户表现出讨厌或不在乎的态度

2. 什么是客户投诉

当客户购买商品时,对商品本身和企业的服务都抱有良好的愿望和期盼值,如果这些愿望和要求得不到满足,就会失去心理平衡,由此产生的抱怨和想"讨个说法"的行为,就是客户的投诉。

3. 客户投诉处理遵循的基本原则

(1) 独立权威性　设立专门独立权威的售后服务机构,有利于问题的处理力度。一般企业在这方面的机构设置和人员配置都比较完善,在权限上采取层层审批核实的程序,一个报告有业务、生产、技术、营销和质量等五六个部门签字批示意见,最后经总经理审批生效。

这样一个繁杂的程序,有一个环节拖延或进行再次核实调查,都会影响到问题的处理进程,而且存在一个致命的弊端,就是各个部门都签署意见,很大程度只是走走形式,并没有真正做到一一核实。责任关系牵扯到许多部门,形成都敢对客户表态但都不能最终决定的不负责现象。

客户投诉处理,也就意味着向外赔钱,从心理上讲一般企业在接受上是有排斥情绪的。但是如果从生意的诚信角度考虑,因质量、交货和数量等原因造成合同违约,违约方就必须按实际情况给予赔偿损失。可一般在实际操作时,对第一现场进行调查核实的部门往往没有决策权,只是原始资料的收集、整理和呈报。这样,没有权威性的处理人员给客户造成的印象很糟糕,无法进一步取得理解和信赖。

(2) 及时准确性　销售部门在接到客户投诉的通知时,采取登记事由并以最快的时间由经办人到现场取证核实,一般涉及发生问题的性质、程度、范围和客户意见等。

第一时间赶到现场很重要。不仅可以安抚客户的反感情绪,更重要的是可以了解实际情况,并根据具体形势控制赔偿损失的范围和事态的盲目扩大。并及时将情况如实汇报上级领导请求处理意见,在问题严重或牵扯到责任部门时,上级部门会派相关人员到现场处理问题。

所以,问题性质核实的准确性就尤为重要。要求服务机构的人员(有些企业由销售部门人员兼任)有迅速反应处理问题的能力和丰富的专业实践经验。

担心处理不到位而遭到领导指责或不愿面对现实,总是不负责任地拖拖拉拉,更有甚者隐瞒事实,不及时核实呈报,耽误了最佳时机,给企业的下一步处理带来难度和造成不必有的损失,这些做法很不可取。

(3) 客观真实性　尊重客观事实,对客户投诉进行多方面的调查和区分,确实因为销售方原因而给客户造成的直接或间接损失,要根据具体情况按约定进行赔偿。

在调查核实上,为防止经办人员与客户串通瞒报损失程度,坑害企业利益而谋取私利,就要对服务人员在品行方面进行考察,同时要重视原始资料的真伪和全面的鉴别。也可采取不定时的抽查和调研,分析问题的客观与主观因素。

对事实的调查不能浮在表面,要深入到所有和索赔有关联的方面。了解造成事故的真正原因,不要回避真相。全面收集造成问题的各种因素,包括时间、数量、金额和特性等都要现场确认,不能含含糊糊,要给客户一个明确的答复。

当然,这种确认是建立在事实真相的基础上,是不偏不倚。能够达到这种水平的核实人员,要熟悉行业的基本知识,对问题的发生原因有全面的分析和认识。一个缺乏专业知识水平的人,很难想象其鉴别判断事故因素的可信度。

(4) 协调合理性　既成事实的赔偿,一般是在双方友好协商的基础上达成的共识。

企业在处理的动机方面,首先考虑的是后续业务的前景,处理问题后对业务的促进作用。如果处理了问题而业务并没有大的起色或增长,就会在协调金额和速度上有意滞后或根本不予理睬，这种现象在一些企业里还非常严重。

赔偿过程中，经常会遇到除自己企业原因之外，其他因素导致的客户巨额的损失，在责任确定方面难以区分，客户又有意把损失转嫁到自己企业时，企业如果经过权衡利弊还有信心继续合作，就需要有理有节地协调处理。

在表述理由时，要不卑不亢，不要因为拒绝了对方的过分要求而怕业务受到影响。必须让客户明白，损失的超限赔偿是基于双方的合作关系，吃亏也吃在明处，不能让客户感到企业处理问题不严肃，可有效防止客户再次的过分苛求。

以上基本原则在处理客户投诉时是必需而且是重要的。

不坚持原则，将会使销售渠道阻塞，失去客户的信任，企业的长久利益受到侵害。企业不能因对一个环节的忽视，而导致企业整体利益受损，甚者让企业毁于一旦。

4. 界定责任的相关费用承担处理

(1) 明显的品质问题责任承担规定：公司给予无条件免费产品更换。

(2) 属于明显使用不当问题责任和费用承担规定：

① 如果能够在现场给予简单处理解决的，由责任业务人员现场解决，并将解决结果和客户意见书面反馈给公司；

② 不能在现场解决的复杂问题，由服务人员向客户解释。

(3) 如果属于无法界定产品质量问题的责任和费用承担规定：

① 经公司质量部门界定后属于上述两种中的任何一种状况，则由责任方按照上述规定承担相关费用；

② 无论界定结果属于何种情况，由客户运回公司的运费由公司承担；

③ 如果属于区域经理能够明显界定的产品质量问题，由于区域经理的责任心不强或者区域经理的技术水平问题无法界定而发生的运输费用，则实际发生的运输费用公司将根据事实和责任程度，给予区域经理承担相关费用的处罚，承担的比例在费用的30%～60%范围内。

5. 投诉处理异议解决

① 如果客户对投诉处理的结果有异议，属于政策和区域经理工作服务问题的，可以直接向公司总部投诉；公司总部将秉公作出最后的处理裁决。

② 如果客户投诉对于产品质量问题的界定和处理有异议，或者对公司品质管理部门的裁决有异议，可以向国家有关部门投诉，要求公司按照服务承诺内容兑现，也可以要求相关部门作出产品质量的界定。

三、拓展知识

（一）客户投诉的积极意义

美国曾经做过这样一次全国消费者调查："如果客户不满意，但还会在你那儿购买商品的客户有多少?"结果表明，那些不投诉的客户表示愿意回头的只有9%，有91%的不投诉客户表示不会再次回到他不满意的商场购物。而那些采取投诉的客户来说则有以下几种情况：一是投诉没有得到有效解决的，愿意回头的有19%，81%不会回头；二是投诉得到解决的有54%愿意回头，46%不会回头；三是投诉得到迅速解决的有82%愿意回头，18%不会回头。这些数据告诉我们这样一个事实：作为一个服务人员，我们首先应该欢迎并鼓励客户在不满时对我们提出投诉，因为不投诉对企业来说更是一种损失；其次面对客户的投诉我们要以最快的速度化解客户的不满和抱怨，并且真诚地为客户解决问题，积极地采取补救措施，这样才可能挽留客户，最大限度地避免客户流失。

服务形象是零售企业品牌形象的核心内容，一旦客户对我们提供的服务表示不满，将会严重地影响到公司的品牌形象。同时正是因为有很多客户根本不会采取投诉的举动，因此我们更要对投诉的客户表示感谢，因为只有他们在不满时提出投诉，我们才有机会更好地了解客户的需求和真实的想法，以改善企业的服务水平。更重要的一点是，当客户向我们提出投诉时，事实上正好从另一个方面说明了客户对我们怀有好感，也心存信任，因为他相信我们会给他一个合理的答复并解决问题，因此他们虽然不满，但给予了我们补救和改正的机会。

利用客户投诉不仅可以从中发现并修正自己的失误，消除使更多客户遭受损失的潜在危险，不断提升产品和服务的质量，同时我们还可能从客户投诉当中获得更多的商机。这是因为前来投诉的客户多数是因为企业产品或服务中的失误给他们造成了某种物质或者精神上的损失，所以他们反映的信息通常具有很强的针对性。同时客户投诉还可能反映企业产品和服务所不能满足的客户需要，仔细研究这些需要，可以帮助企业开拓新的商机。

（二）如何做到欢迎客户投诉

另有一项调查显示，在那些不满的客户当中，只有4%的客户会向公司投诉，96%的不满意客户并不会采取投诉的行动，但他们会将自己的不满告诉16~20个人。从这个意义上来说，如果客户不满，实际上他们不投诉比投诉更可怕，因为这样将会严重地影响到公司的形象和口碑。因此，对于客户投诉我们还不能停留在口头上的欢迎或是过于被动地"坐等"，而要积极地采取措施，为客户创造更加便利的投诉渠道。事实上很多客户不愿意投诉正是因为当他们发生问题时不知道可以通过何种形式，向哪个部门反映，而电话又总是出现忙音或无人接听的情形。另一个原因是客户存在心理上的不信任或是偏见，他们认为企业不会理睬他们的投诉，更不会公正地处理他们的投诉，所以投诉也是徒劳。另外，还有一些客户由于不愿意浪费时间、精力和金钱而选择沉默，他们或息事宁人，或觉得争取权益过于复杂。因此，要真正做到欢迎客户投诉，将这种投诉转变为企业的"利益"，企业还必须扫除这些障碍，使客户乐开金口。表现企业欢迎客户投诉、扫除客户投诉障碍要求企业做到以下几点：

（1）鼓励客户投诉　　鼓励投诉首先要在企业内部营造尊重每一位客户的企业文化，并通过各种渠道告知客户企业尊重他的权利。在此基础上，更重要的是让全体员工认识到客户的投诉可为企业提供取得竞争优势的重要线索，而不是给工作带来麻烦。那些直接向企业投诉的客户是企业的朋友和忠诚的用户，那些对企业"沉默"的客户会给企业造成更大损失，因为他们最容易转向与企业的竞争对手交易，而且还会散布对企业不利的信息。为鼓励客户直接向企业反映情况，企业应该制定明确的产品和服务标准、补偿措施，清楚地告诉客户如何进行投诉及可能获得的结果。如联邦快递就保证，如果客户没有在递交邮件次日上午10:30前收到邮件，邮递费用全免。在此基础上，还要增加接受和处理投诉的透明度，设立奖励制度鼓励客户投诉，督促员工积极接受并处理投诉，从而加强客户与企业、企业与员工、员工之间的理解。如芝加哥第一银行就定期将客户的投诉信件和电话录音记录公布在布告栏中，并选择典型事例发表在企业的公开出版物上，同时奖励由于其投诉给企业带来产品或者服务改进的客户及正确处理客户投诉、提高了客户忠诚度的员工。

（2）培训客户投诉　　在鼓励客户投诉的基础上，企业还要采用各种方式培训客户如何投诉。如通过促销材料、产品包装、文具、名片等客户能够接触到的媒介，告知客户企业接受客户投诉部门的联系方式和工作程序。加拿大的一家大银行把印制了指导客户投诉和获得解决方案的五个步骤的宣传手册放置在所有分行的营业厅中，告知客户如何向企业递交投诉并得到合理的解决。手册还为对投诉的最初解决方式不满意的客户提供了进一步联络的部门及该银行负责客户服务的副总裁的联系方式。目前国内很多企业在"3·15消费者权益保护日"时经常会推出一些识别产品真伪的宣传活动，事实上也是教育消费者投诉，因为有了识别能力就更容易辨别假冒伪劣产品，从而保护自己的权益。

（3）方便客户投诉　企业应尽可能降低客户投诉的成本，减少其花在投诉上的时间、精力、金钱等。方便、省时、省力的信息接收渠道使客户投诉变得容易。如一些企业在产品销售地点等能够最大限度接触目标客户的地方设立意见箱，越来越多的企业通过设立免费电话800接受客户意见。事实证明，这是一种非常有效的方式。如800电话引入美国的3年中，投诉电话的数量竟从每年的700万个增加到100亿个。这并不是说明企业产品和服务的质量下降了，而是表明800电话的方便、快捷、免费等优点使沉默的客户张开了口。一些企业利用计算机和Internet技术建立产品和客户数据库，在接到客户投诉的同时，将该客户的购买记录迅速调出，传送到解决此投诉所涉及的每个部门，提高了处理客户投诉的效率。

（4）迅速处理客户投诉　企业应该专门建立处理客户投诉的系统，责令专人来承担这项具有战略意义的工作，形成高速、专业的工作流程。另外，为了避免客户在投诉过程中对问题的一遍遍重复（因为每次重复都会加剧其不满），企业要有一个完备的客户投诉记录系统，将客户的不满在第一次投诉时就详细记录下来，并及时传送给解决此问题所涉及到的每一名员工。一线员工往往是客户投诉的首要对象。从客户的角度来看，最有效的补救就是当发生了失误后，一线员工能够当场立即采取补救措施。有时，可能客户需要的仅仅是一个真诚的道歉或者关于某一问题的合理解释而已，这些并不需要一线员工一级一级向上级请示。因为客户最害怕的是无休止的等待，更不愿意被人从某个部门或某个人推卸到另一个部门或另一个人。因此，最容易接触到客户的一线员工应该成为及时处理客户投诉的一支重要力量。然而，一线员工往往并不清楚应该怎样处理客户投诉。因此，企业应该利用各种形式，定期对其进行培训，教他们如何倾听客户投诉、如何选择恰当的解决方案，迅速采取行动。同时还要在投诉处理时尽量做到规范和高透明度，适当地授权给一线员工和基层管理人员。

总之，零售企业一定要重视客户的投诉，把处理客户投诉作为再次赢得客户、重获商机和树立企业形象的机会。

（三）用LSCIA模型来处理客户投诉

市场经济的本质就是以市场为导向，以消费者为中心来思考问题。

中小企业在处理客户投诉方面常常感到束手无策，往往导致客户关系冷漠，有一份调查显示：客户对产品及服务不满意时会告诉周围的50个人，因为根据中国人情关系网（同学、同乡、亲朋等）来推算不少于50个人的一个消费群；而客户满意者只会告诉3个人。由此可以看出，客户对产品及服务不满意时，不仅仅是自己不购买你的产品，而且会影响到50多个消费者不购买你的产品。

可想而知，正确处理客户投诉，是中小企业在市场中立于不败之地、持续发展的根本。而在处理客户投诉过程中却隐藏着巨大的商业机会，比如，海尔集团就是因为正确处理客户投诉，从中发现客户的需求，才开发出今天的洗地瓜机。

那么，我们该如何正确处理客户投诉并从中发现和满足消费者需求呢？

首先，要转变观念，正确认识客户为什么要投诉，其投诉的目的：

一是产品质量问题，通常产品质量问题有两种：①产品本身不完善，需要厂家改善；②使用不当，需要引导正确使用。

二是服务质量问题。

由于出现上诉两种原因，厂家缺乏服务意识，不能正确处理导致客户投诉。

其次，用 LSCIA 模型处理客户投诉。

（1）倾听（listen） 当客户反映产品的意见及问题时，我们首先要学会倾听，收集数据，作好必要的记录。然后，要弄清问题的本质及事实。切记不要打断对方的谈话。在倾听的过程中不妨多运用提问的技巧，比如，发生什么事？为什么会发生？你是怎么发现的？这样将会有助于您了解事情的真相。

（2）分担（share） 如果基本弄清问题的本质及此事是因为什么原因产生时，你可采用分担的方式，例如：您讲的很有道理，我们以前也出现过类似的情况等。需要注意的是，不管是产品本身，还是使用不当等原因，都不能责备客户。这样，客户会感觉已受到重视。

（3）澄清（clarify） 根据上述的两种方法已基本了解客户异议的本质，此时应对问题加以定义，是产品本身的问题还是客户使用不当而引起的问题？如果是产品本身，应立即向客户道歉，并在最短的时间内给客户解决；若是客户使用不当，要说明问题的实质。

（4）陈述（illustrate） 此时，应立即帮助客户解决问题，说明产品正确的使用方法（性能、特点、特性），并用鼓励的话语感谢客户提出的异议。

（5）要求（ask） 在客户异议基本解决后，还需要询问客户还有其他什么要求，并以诚恳的态度告诉客户，假如你还有其他问题，请随时找我，并递上名片。

最后，应认识到正确处理客户投诉的重要性，灌输必要的意识、知识和技能。通过客户导向，全员营销，引导消费，举办各类讲座、展示会、座谈会、访谈等形式，介绍产品的技术、性能、特点及正确的使用方法，降低因人为使用不当带来的投诉。

四、相关法规

1. 《产品质量法》
2. 《合同法》

五、案例分析

案例一：

6月21日上午，黄山市督察中心通过 OA 系统（办公自动化系统）告知歙县霞坑镇零售户因卷烟核量问题投诉一事，该零售户反映客户经理一个多月未上门核量，他本人一个月要销售40条烟，目前仅有20余条，不够卖，但找不到人增量，于是打电话96300投诉了负责该片的客户经理。

解决方法：

营销部接此投诉后非常重视，于当天中午就派人与负责该片的客户经理一道上门核实并处理该起投诉事件。经过核实，负责该片的客户经理最近确实未能上门填写该户的"一本通"和核量，但经了解，客户经理于3月7日和5月18日均走访了该村（从处理时查看该户的上下户的"一本通"时，均有客户经理在3月7日和5月18日的走访记录与核量；同时在调阅该客户经理的日志时，也均注明了当日走访该户时是关门的），但该户都是关门的，未能走访成功，从而导致了该户反映客户经理几个月未能上门核量的情况。针对该户反映本月核量不够一事，在处理时也作了充分了解并与客户作了沟通，本月的核量是30条，1~20日完成了22条，由于6月有端午节的拉动，导致了月底的卷烟核量可能不够，查看了客户的卷烟库存和经营特点，符合增量的标准，并当场答应在6月给予增量，满足零售需求，客户对此次投诉的处理表示很满意。同时通过此次客户的投诉，营销部门也充分认识到当前客户服务中存在的问题，客户经常关门给市场走访带来了困难，所以导致了工作的被动。客户经理要吸取本次客户投诉的教训，使其在以后的走访中，提高走访成功率，对未拜访成功的客户立即进行电话补访，提高客户的满意度和忠诚度。

案例二：

近期有这样的一起投诉，有一零售户称他以前的客户等级评定是A类，现在是B类了，于是就投诉客户经理为什么将其降为B类了。

解决方法：

接此投诉后，营销部十分重视，于当日上午派专人与负责该片的客户经理上门进行沟通处理。首先向该户表示道歉，说明原因后，再次向其解释了具体情况，情况是这样的："该户一本通经营等级一页，上年度（06年度）填了'A'，07年的一季度和二季度都填了'B'"。今年一季度的评分情况是：

客户姓名	零售户简码	诚信度（40分）	配合度（25分）	贡献度（20分）	依存度（10分）	成长度（5分）	季度得分	评定类型
洪×	3285085	40	22	15	6	5	88	B

该户扣分上主要是配合度、贡献度和依存度，分别扣了3分、5分和4分。因为该户对标签不能进行自觉的维护，所以配合度扣3分；销量和毛利不能排名前20%，所以贡献度扣5分；卷烟销售收入不能占到店内商品总收入的50%以上，所以依存度扣4分，总体扣12分，得88分。根据营销部门的统一规定，评分在90分以上的，客户经营等级为"A"，评分在60～89分的为"B"，该户一季度的总得分为88分，所以其一季度的经营等级为"B"。通过分析与耐心地讲解，终于把该户在原来讲解中不是很清楚的地方讲明白了，也使得他心服口服了，同时对公司客户等级评定中这样的评分标准表示满意与支持。

通过以上两个案例的分析，我们可以得出结论：当前零售户的经营素质和法律意识在不断提高，对服务行业的要求和透明度也越来越高，对服务人员的素质和水平也要求越来越严。所以面对客户的投诉，无论是企业还是基层的服务营销人员，都要在思想上高度重视起来，认识到客户投诉的重要性，积极面对，迅速处理，以诚相待，善意化解客户的投诉与意见，满足其愿望，和谐共处，提供优质高效的服务，真正地处理与利用好每一次客户投诉，真正地将客户投诉当作一种资源来利用，达到双赢的目的。

 六、思考与练习

（一）填空题

1. 聆听客户的基本方法：积极主动处理问题的态度；＿＿＿＿＿＿；保持良好的心境和语态；＿＿＿＿＿＿；让客户发泄情绪、不打断客户的陈述。
2. 询问客户应避免的做法：＿＿＿＿＿＿；处理时间过长；＿＿＿＿＿＿；畏难情绪，中途将问题移交给别人处理；＿＿＿＿＿＿。
3. 达成协议的技巧：协商已提出的解决方案；＿＿＿＿＿＿；迅速执行解决方案。
4. 处理客户投诉的基本原则：独立权威性；＿＿＿＿＿＿；客观真实性；＿＿＿＿＿＿。
5. 感谢客户应避免的做法：没有感谢客户；＿＿＿＿＿＿；对不满意的客户表现出讨厌或不在乎的态度。

（二）单选题

1. 下面哪点不属于沟通五件宝？（　　）
   A. 微笑　　　　B. 肯定　　　　C. 述说　　　　D. 赞美

2. 下面哪个不是处理投诉的原则之一？（　　）
   A. 独立　　　　　　B. 及时　　　　　　C. 客观　　　　　　D. 规律
3. LSCIA 中不包含（　　）。
   A. 倾听　　　　　　B. 澄清　　　　　　C. 要求　　　　　　D. 询问
4. 《中华人民共和国消费者权益保护法》颁布的时间是（　　）。
   A. 1993 年 10 月 31 日　B. 1994 年 10 月 31 日　C. 1994 年 1 月 1 日　D. 1993 年 1 月 1 日
5. 下面哪一项不是面谈沟通的礼仪？（　　）
   A. 尊重对方　　　　B. 仔细观察　　　　C. 换位思考　　　　D. 注重细节
6. （　　）不是登记投诉所涉及的问题。
   A. 性质　　　　　　B. 功能　　　　　　C. 客户意见　　　　D. 范围
7. 美国国家食品管理协会的简称是（　　）。
   A. NFPA　　　　　　B. NCPA　　　　　　C. MFCA　　　　　　D. NFCA
8. 由区域经理的失误造成的运输费用，经理承担范围是（　　）。
   A. 20%～50%　　　　B. 30%～60%　　　　C. 40%～70%　　　　D. 35%～65%
9. （　　）不是倾听的行为方式。
   A. 点头　　　　　　B. 注视　　　　　　C. 微笑　　　　　　D. 手势
10. 处理客户投诉中表示同情的方法中，哪一项不正确？（　　）
    A. 用自己的举止语气去劝慰对方　　　　B. 主动作好投诉细节的记录
    C. 表明不能帮助客户　　　　　　　　　D. 对客户的行为表示理解

（三）多选题

1. 下面哪几点属于沟通五件宝？（　　）
   A. 微笑　　　　　　B. 肯定　　　　　　C. 述说
   D. 赞美　　　　　　E. 关心
2. LSCIA 中包含（　　）。
   A. 倾听　　　　　　B. 澄清　　　　　　C. 称述
   D. 询问　　　　　　E. 分担
3. 登记投诉所涉及的问题（　　）。
   A. 性质　　　　　　B. 功能　　　　　　C. 客户意见
   D. 范围　　　　　　E. 程度
4. 处理投诉的原则（　　）。
   A. 独立　　　　　　B. 及时　　　　　　C. 客观
   D. 规律　　　　　　E. 合理
5. 赢者心态有（　　）。
   A. 凡事正面积极　　B. 凡事巅峰状态　　C. 凡事主动出击
   D. 凡事坐观其变　　E. 凡事全力以赴

（四）判断题

1. 聆听客户时可以同客户争论一些事情。（　　）
2. 询问客户时应该了解投诉的重点所在，分析投诉事件的严重性。（　　）
3. 达成协议时应该同客户商量已提出的解决方案并迅速执行客户同意的解决方案。（　　）
4. 所有的客户投诉，在处理完现场鉴定以后，都必须提交书面记录或申请文本。（　　）
5. 属于政策、营业人员工作服务问题，调查人员可直接向上级主管汇报。（　　）
6. 一个报告先由总经理审批，再经业务、生产、技术、营销等部门签字生效。（　　）
7. 了解造成事故的真正原因，就应该在为客户着想的同时也顾及公司的利益。（　　）
8. 表述赔偿理由时，要不卑不亢，不要因拒绝了对方的过分要求而怕业务受到影响。（　　）
9. 客户对投诉处理的结果有异议，属于政策和区域经理工作服务问题的，可以直接向公司总部直接投

诉。（　　）
10. 面对客户的不满和抱怨，我们应真诚解决、积极补救，才能最大限度地挽留客户。（　　）

（五）问答题
1. 简述客户投诉的积极意义。
2. 如何欢迎客户投诉？

（六）分析题
案例：
　　一个风和日丽的午后，我正在药店值班，忽然闯进来一位30来岁的女顾客。她怒气冲冲地走到我面前，把一盒药摔在柜台上："我只知道菜市场卖肉有缺斤短两的，怎么你们药店也有这种事情？"我见她怒不可遏的样子，忙上前一步："您好，不知道我们还有哪些工作需要改进？""需要改进的多了！"她冷冷地道，"最不能容忍的就是你们卖药也这么不地道，大家都过来评评理嘛……"这位顾客好像"唯恐天下不乱"的样子，故意提高嗓门，把身边的顾客吸引过来。我心里一惊，没想到她会如此"兴师动众"。
　　店里几个看热闹的顾客马上围拢过来，我忙笑着表示："欢迎大家对我们的工作提出宝贵意见。"同时把顾客引到店堂中间的休息处，并倒了一杯水递给女顾客。
　　"我又不是来喝水的！"女顾客依旧剑拔弩张的样子，"事情是这样的，我昨天在你们药店买了这盒××冲剂，今天中午拆封使用时发现药品的外包装已经被拆开，而且里面还少了一包药……"
　　我接过药品，将其打开。本来一个完整的包装应该是10小包，可里面却只有9包。"没有这种可能啊。"我说，"这批药品我们是通过合法渠道购进的，而且在入库验收时都没有出现问题，怎么到您手里会少了一包呢？您购药时查看包装了吗？"
　　"我来你们药店消费也不是一次两次了。正是因为太信任你们了，当时才没有查验外包装……谁知道竟被你们钻了空子！"她义正词严地说。
　　这时身边的顾客也纷纷议论起来，有的说是药店不负责任，也有的说是顾客粗心大意。为了控制事态发展，我决定作出"牺牲"：给顾客调换药品。但这样做会不会造成"药店确实存在缺斤短两"的假象？这让其他的顾客怎样看我们药店呢？
　　"这样吧，您也是我们的老顾客了，我也不愿意因为这区区一包药而得罪我们的'上帝'。所以我决定，由我自己掏腰包来弥补您的损失。您看怎样？"我认真地盯着她说。
　　"你……你掏什么腰包？怎样弥补我的损失？"女顾客颇为不解。
　　"是这样的。药品和其他商品一样，消费者在消费过程中有查验药品数量的权利，就像咱们去银行取钱，银行会提示您'钱款当面点清，事后概不负责'。咱们不妨换位思考一下，如果您是储蓄员，当储户走出银行大门后再来告诉您在支付的时候少给了钱，您会怎么办呢？因此，查验药品的数量、批号是否与发票和包装相符，是消费者的权利，我非常尊重您的权利。发生这件不愉快的事情，我个人是有责任的——忘了提醒您查验包装。所以这次的损失，应由我个人来承担，药店并没有过错！"我诚恳地解释。
　　"好吧，我不管你们谁买单。我的目的只有一个：给我调换。"女顾客缓和了口气。
　　"请稍等，我马上给您办理调换手续。"我到柜台上取了一盒同样的药品，自己掏钱结算出来，递给顾客："感谢您给我们提的建议，希望能得到您一如既往的信任。同时建议您下次消费时，一定要核对药品包装、数量和批号。"
　　"嗯。谢谢你的提醒。"女顾客笑笑，"那这盒不完整的药还给你们吧！"说着，她把那盒"缺斤短两"的药递给我。"不用了。这盒药算是我送您的赠品吧！"我笑笑。
　　这时，她的手机忽然响了。接完电话后，只见她满脸通红："实……实在不好意思。我的药没有'缺斤短两'……"说着她急忙把那盒包装完整的药塞到我手里。大家都是一愣。
　　原来，刚才的电话是她丈夫打来的。她丈夫早上上班时，顺便"消费"了一包药。当他中午下班回来准备再吃一次时，却发现药不见了，这才给她打电话……
　　误会终于消除了，身边的顾客都露出了赞许的微笑。

思考：
此案例说明了哪些问题？

模块三 医药商品退、换货处理

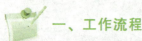

（一）客户退、换货处理前的准备

1. 熟知本单位退换货制度、该业务程序和规范的具体内容。
2. 熟练操作本单位的药品经营管理系统中的退、换货操作程序。
3. 加强退、换货管理思想，一方面维护经销商关系，另一方面规避经营风险。

（二）客户退、换货处理操作过程

客户退、换货处理的操作流程

客户退、换货处理的流程示于图7-1。

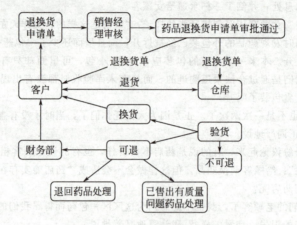

图7-1 客户退、换货处理的流程

1. 客服受理

受理客户退换货要求，销售员查阅"出库单据监控"系统内容，确认销售客户的品种、批号后，填写"药品销售退换货申请单"三联（见表7-3）。

表7-3 药品销售退换货申请单

_____年___月___日

客户名称	原始销售单号	药品名称	数 量	批 号	效 期	经 手 人
退换货原因						
处理建议						
总监(签字)	销售人员(签)字	仓库人员(签字)			复核人签字	

2. 销售经理审核

"药品销售退换货申请单"经销售经理（主管人员）审批。审批通过签字后，销售人员凭批准的"药品销售退换货申请单"在"销售退回编辑"系统中作"销退预报"，录入药品编码、生产批号、数量、客户代码、销退原因等项目，"药品销售退货申请单"一联由销售经理留存，将审批通过的另两联"药品销售退换货申请单"分别发给客户和仓库。

3. 仓库核查

客户凭"药品销售退货申请单"将药品退货给仓库,仓库根据"药品销售退货申请单"验收药品。验收过程严格按照退换货制度对该药品进行核查。核查工作重点:

(1) 退回药品应在待验区内,在规定的时限内及时验收。一般药品应在到货后半个工作日内验收完毕,需冷藏药品应在到货后 2 小时内验收完毕。

(2) 退回药品必须由销售人员认真核查售货发票、购买时间、品名、规格、生产厂家、数量、批号等,经确认是本药店所售药品后,则由验收员进行验收。非本店出售药品不能办理退换货。

(3) 验收员检验药品

① 药品包装的标签和所附说明书上应有生产企业的名称、地址、药品的通用名称、规格、批准文号、产品批号、生产日期、有效期等。标签或说明书上还应有药品的成分、适应证或功能主治、用法、用量、禁忌、不良反应、注意事项以及贮藏条件等。

② 验收整件药品包装中应有产品合格证。

③ 验收外用药品,其包装的标签或说明书上要有规定的警示说明。处方药和非处方药按分类管理要求,标签、说明书有相应警示语或忠告语;非处方药的包装有国家规定的专有标识"OTC"字样。

④ 验收中药饮片应有包装,并附有质量合格的标志。每件包装上,中药饮片应标明品名、生产企业、生产日期等内容,实施批准文号管理的中药饮片还应注明药品批准文号。

⑤ 验收药品应按规定进行抽样检查,验收抽取的样品应具有代表性。对验收抽取的整件药品,验收完成后应加贴明显的验收抽样标记,进行复原封箱。

⑥ 验收员应作好售后退货处理记录并签名,盖验收合格章,注明验收日期。记录内容包括供货单位、数量、到货日期、品名、剂型、规格、批准文号、批号、生产厂商、有效期、质量状况、验收结论和验收人员等项目。按月归档,集中存放,按规定保存至超过药品有效期 1 年,但不得少于 2 年。

结合公司的退换货制度,根据验收结果,对药品处理进行决定:可退,可换,不予退换。

4. 退款

财务部凭"售后退货处理记录"质量检查合格证,并审核可退的药品,按收款方式将退款退予顾客,并作好退货药品台账(见表 7-4)。

表 7-4 退货药品台账

编号:

日期	通用名称	商品名称	规格	数量	产品批号	有效期至	生产企业	供货企业	来源	退货原因	处理意见	处理情况

经办人:

5. 已售出有质量问题药品处理

经审核药品确有质量问题,公司应立即采取措施收回已售出的问题药品,并及时相关部门报告。

6. 办理换货

换货包括两个操作单元:一是退货,即给客户退掉已经购买的药品;二是销售,重新选择购买需要得到药品。因此退换货也必须按退货有关制度和操作流程办理各项工作,同时应积极地推介其他药品给客户，做好客户的维护工作。

7. 拒绝退换

对于经审核不符合退换货要求，拒绝退换药品，如包装破损、贴有药店零售价格标签、有效期较短或过期的药品等，应向客户委婉地说明原因，并分清责任，按规定进行处罚。如被拒绝退换药品的客户言辞激烈或不讲理，切不可与顾客顶撞，采取适当方法来解决，解决不了应及时上报区域经理。

客户退、换货处理的控制点

1. 在接待客户或电话接待时，态度一定要谦和，这是恰当处理退换货的前提。

2. 仓库接受退货，一定要凭"药品销售退货申请单"，否则拒收。

3. 仓库质检员对退回、换回药品的质量核查一定要仔细、全面，不可遗漏任何一项。

4. 在办理换货时，互换的药品遵循"换出药品价格等于或略高于换回药品价值"的换货原则。

5. 退换货时票据的处理符合要求，做到所有单据笔笔登记，做好各项明细工作。

6. 认真填写"客户退换货登记表"（表 7-5），表中信息填写要完备。

表 7-5　客户退换货登记表

客户名称	购买日期	小票号码	联系电话	联系地址		
要求退、换货原因			商品名称	商品编号	规格	数量
生产厂家		金额		客户要求		
处理结果(客户签字)		换货商品名称		金额		小票号码
接待人	接待日期	回访人		回访情况		
回访日期		门店经理		复核		

（三）客户退、换货处理的结束工作

1. 药品互换后要及时修改财务记录，保证账实相符。

2. 退回药品处理：售出退回药品必须经验收员验收，质量合格的继续销售，验收员按规定填写"售后退货处理记录"，并将记录保存至超过药品有效期 1 年，但不得少于 2 年；验收不合格的，记录后转入不合格品库（或区），并作好不合格药品台账；质量不合格药品，应向有关部门报告。

3. 在严格核查退回药品质量外，还要严格检查同批号的商品质量是否合格。因为同批号的药品其质量状态一致，故部分的药品因为质量问题出现退换货，则库存的同批号产品也存在同样的质量问题，必须按相关规定处理，防止有质量问题的药品再次售出。

4. 建档：按退货先后顺序，整理"客户退换货登记表"（见表 7-5），作好退换货的汇总。公司按一定的周期对退换货情况进行统计、分析，根据分析结果填写"药品质量问题报告表"，以便完善药品质量档案，采用恰当的措施预防或减少类似事件的再次发生，持续改进工作质量。

5. 反馈：必要时对客户进行回访，并根据回访情况完善"客户退换货登记表"相关项。

二、基础知识

1. 客户退货、换货的含义

（1）客户退货 客户为了满足本单位的需要买来或订购某商品，在一定时间内，因商品质量等原因，要求将商品退还给原出售单位或生产单位，退还等价现金，此过程为客户退货。

（2）客户换货 客户为了满足本单位的需要买来或订购某商品，在一定时间内，以某种理由要求原出售单位或生产单位更换商品，原出售单位按相关规定作换货处理，此过程为客户换货。

2. 药品退、换货的特殊性

药品是一种特殊商品，其售后服务也具有一定的特殊性和复杂性。在我国的《经营管理法》和 GSP 中规定，药品是特殊商品，除非发生质量问题，不然经销商很难给客户办理退换货。从技术的角度看，药品的退换货并没有难度；但从服务的角度，从对药品的二次销售负责的角度考虑，药品从销售出库起到退货时止，这段时间（可简称为"销退间距"）的质量难以保证。对退货质量监控把关就是监测药品在其"销退间距"里的内在、外观质量是否发生了变异。药品是特殊商品，故药品贮存、保管条件和环境的变化，可以使其理化性质产生变异，直接影响到药品的效能，甚至产生毒性作用，危害人体健康或生命。这些药品如果被二次销售有可能会损害消费者的健康，并对药品经营企业造成较大的损失。

3. 退、换货原则

（1）销后退回药品必须对"销退间距"有时限规定。因为时间是影响药品质量的因素之一，所以无论是经营企业还是使用单位或个人，都必须对药品的时限性加以重视，没有时限约束的做法，是对药品质量及再次销售不负责任的行为。

按医药商业调拨流通习惯，销后退回药品的"销退间距"期限，市区（县）内为 15 天，市区（县）外为 30 天比较适当。

（2）销后退回药品的质量认定，以外观质量有无变异的监控检查为认定前提：包装无污染、无破损、外观质量无变异、不影响再次销售。因为经营企业按 GSP 严格操作所发出的药品都是合格的，否则不能出库，那么，所退之货也必须合格，外观质量有变异的、不合格的退货必须拒退。

对销后退回药品内在质量的变异，在外观上难以认定的，必须送质管部门检测认定。

对客户认为药品存在功效不佳、有毒副作用、不良反应等而要求退货的销后退回药品：①了解详情；②记录并按药事法规的有关规定办理；③办理退货；④按法规存放；⑤未取得质管部门的认定或许可，不得销售。

（3）必须严格把好销后退回药品的有效期关。超过有效期的不准退货，杜绝过期药品经退货渠道进入经营企业。

（4）对 GSP 所规定的环境、特定的条件下贮存保管的药品的退货，必须严格把好监控关。如冷藏药品、避光药品、易串味药品不得退货，杜绝因异地贮存条件不良、保管不善导致质量变异，而又无法监控认定的药品经退货渠道进入经营企业。

（5）必须严格把好国家法规规定属于特殊管理药品和贵细药品的退货关，原则上不得退货。

4. 药品退、换货处理对公司的意义

药品经营公司在退货中暴露出的质量问题，通过逆向物流信息系统不断传递到管理层，便于在事前不断改进管理,以根除质量隐患。退换货管理不但是药品经营企业的一项必要措施,能够保障民众用药安全有效,最低限度地减低可能的药品质量问题所能造成的危害程度和缩小其影响范围;而且还是降低由退货造成的资源损失率的一种重要手段,获得多方面的间接经济与社会效益,比如成本下降、客户满意度提高等。在竞争激烈的今天,公司如何减少问题商品的发生以及对退货如何管理,已经成为一项标新立异的竞争战略,并正成为提高效率的全新手段。

5. 恰当处理退、换货的前提

(1) 电话接听受理客户退换货时的用语

① 接听电话时,应亲切礼貌地先告诉对方:"您好!××医药公司"或者"您好!服务台"。经常将"请"、"谢谢"、"对不起"、"请稍等"、"让您久等"等挂在口边。

② 找人的电话应每隔1分钟予以确认是否已经接通,并请对方稍等;如果超过2分钟未接听时,应请对方留言或留电。

③ 随时准备便条纸,将对方的留言确定后记录下来,以便事后处理。

④ 接听电话时,应适时发出"嗯"的声音,好让对方明白你正在仔细聆听。通话完毕后,应将听筒轻声放下。

(2) 恰当处理客户退、换货前提

① 科学性——方法问题 制定科学的符合国家法律规定的退换货流程,采用现代化的药品经营管理系统,从而提高退换货处理的效率,规避经营风险。

② 合理性——公平问题 兼顾本公司和客户双方的利益,要做到与客户利益一致而不是对立,只有这样才能维护客户关系。

③ 艺术性——手段问题 退换货处理可以灵活一些,新老客户、重点客户区别对待,没有必要一定要客户硬性地承担多少实际损失,而是艺术性地让其承担一点"心理损失",既解决问题,又不影响与客户继续合作的积极性和发展心态。

三、拓展知识

(一) 退回药品质量验收上降低退货风险的方法

(1) 药品抽样检验的报告书结果,是判定退货药品质量不合格的充分条件,但不是判定退货药品质量合格的充分条件。

(2) 对于退货药品抽样检验结果,应采取一次否定原则,不得因为检验结果不合格而再次抽样检验。

(3) 在退货药品质量评价过程中,对于已被客户开过箱的药品以及零头药品,应该开箱逐一仔细检查,不宜采取抽样检查的方法。

(4) 对于内包装(包括标签)污染、受潮发霉、破损或者药品外观性状异常(包装异味)的退货药品,直接判定为不合格药品,不需要进一步的检查或检验。

(5) 检查过程中,发现药品内包装中混有其他品种的药品,亦可直接判定为不合格药品,无需进一步的检查确认。因为该种现象的出现,反映退货的客户质量意识极其淡薄,质量管理水平低,这样的退货药品若再销售是十分危险的。

(6) 检查过程中,发现药品外包装严重破损、标签标志严重污损、液体渗漏等现象的退货药品,不宜再整理销售。

(7) 退货药品质量评价过程中,要充分考虑药品的性质、给药途径、运输方式及路程、客户地理位置（气温）等综合因素，从而对退货药品质量作出尽量客观的评价。

总之，对退货药品的质量评价，要考虑多方面的因素，不能仅以一纸检验报告书便草率作出药品质量合格的结论。

（二）退货、换货的风险确定

1. 退货的风险及收入的确认

按照《收入准则》的要求，确认收入要满足 4 个条件：

① 企业已将商品所有权上的主要风险和报酬转移给买方；
② 企业既没有保留通常与所有权相联系的继续管理权，也没有对已售出的商品实施控制；
③ 与交易相关的经济利益能够流入企业；
④ 相关的收入和成本能够可靠地计量。

医药公司正常销售、代理销售及换货、配售等含有商品发出的业务，商品所有权虽然已转移给买方，但由于医院、诊所、药店的垄断性经营权力，只要是客户还没有将药品转移给最终的消费者，一般都有退货的权力，因此药品所有权上的主权风险并不能转移给买方。由于医药公司可以将由医院、诊所、药店退回的药品退还给药品生产公司，药品所有权上的主权风险并不真正由医药公司承担，因此，医药公司在药品销售后确认收入是基本满足《收入准则》的。

药品生产公司在药品销售给医药公司或医院、诊所、药店后，即使已收回全部货款，只要还存在继续交易的可能性，就存在药品退货的风险，但这种风险在正常经营状态下是可以估计的，属于可控制范围，因此仍然可以确认收入。在非正常状态下，如医药公司 GSP 达标、药品省级批号改为国家批号过程中，部分药品存在大量的退货，此时，以上一年度销售确认收入存在很大退货风险。因此，药品生产公司销售药品能否确认收入要充分评估其退货的风险后再定。一般认为，销售药品后应该确认收入。

2. 换货收入确认

有实际的物流，没有或不需要现金流，表面上满足《收入准则》的四个条件，在换货行为发生后应该确认为收入。但换货行为本身一般不能给换货公司产生经济利益，换货的目的是为了更好地进行下一次销售，药品的真实利益是通过下一次销售才能体现出来。如美国《收入准则》将为了销售而进行的同类商品换货行为明确定义为不能确认销售。因此，笔者认为，换货业务不能确认为销售。

四、相关法规

《药品经营质量管理规范》（GSP）与《药品管理法》是药品经营业务的行为准则，GSP 及其实施细则中对药品批发和零售连锁企业的售后服务的要求有：

（1）对质量的查询、投诉、抽检和销售过程中发现的质量问题要查明原因，分清责任，采取有效的处理措施，并作好记录。

（2）企业已售出的药品如发现质量问题，应向有关部门报告，并及时追回药品和作好记录。

五、实训

（一）实训主题名称

退货，换货处理

（二）实训目的

(1) 使销售人员加强退换货管理意识，采用正确有效的语言及方法来办理退换货。

(2) 使销售人员正确使用药品经营管理系统中的退换货操作程序。

(3) 使销售人员掌握办理退换货的方法、步骤和内容。

（三）实训环境

模拟综合药店。

（四）实训准备物品

(1) 准备一套现代化的药品经营管理系统。

(2) 准备各种退换货票据单，如"药品退换货申请单"、"客户退换货登记表"等。

(3) 准备多种药品，如外用药、中药饮片等。

（五）实训内容及方法

学生每三人一组，扮演销售人员的同学任选一种药品，进行三场模拟。第一场 A 同学先扮演销售人员，后扮演仓库质检员，B 同学和 C 同学分别扮演销售经理、客户，扮演客户和销售经理的学生不参加此次模拟考核。

第二场 B 同学先扮演销售人员，后扮演仓库质检员，A 同学和 C 同学分别扮演销售经理、客户。

第三场 C 同学先扮演销售人员，后扮演仓库质检员，B 同学和 A 同学分别扮演销售经理、客户。

1. 电话接听

客户打电话咨询药品退换货事项时，销售人员的态度、应对语言及方法。

2. 退换货办理程序

接待客户，核查药品基本信息，填写"药品退换货申请单"三联，请示销售经理审批"药品退换货申请单"，申请通过后，作为质检员对退回药品进行质量检查，根据质检结果，结合相关规定作相应处理：拒绝退换，可退，可换。营业员办理退货、换货、拒绝退换货。整个退换货处理流程要正确，各种票据处理要准确无误，退换货管理系统使用正确。

（六）考核

1. 考核标准

学生姓名	考核项目						总 分
	接听电话（10分）	退货系统操作（20分）	退回药品验货（20分）	各种票据处理（15分）	整个退货程序（20分）	整个换货程序（15分）	

2. 考核过程

(1) 接客户电话时的态度谦和、用语恰当的得 5 分，用语标准恰当得 5 分。态度不当扣 5 分，用语每处不当扣 1 分。

(2) 退货系统操作正确得 20 分，每处操作不当扣 5 分。

(3) 退货药品核查是否符合退回药品质量检测原则，核查项目考虑周全得 15 分，根据核查及退货原则，对药品处理决定正确得 5 分。核查项目每漏一项扣 0.5 分，药品处理决定判断错误，扣 5 分。

（4）各种票据处理正确，填写正确得 15 分，每处理错一票据扣 5 分，每填写错误一处扣 0.5 分。

（5）整个退货程序正确得 20 分，每漏一环节或错环节扣 2 分。

（6）整个换货程序正确得 15 分，每漏一环节或错环节扣 2 分。

（7）各项成绩汇总，得学生总分。

 六、思考与练习

（一）填空题

1. 药品是一种特殊商品，其售后服务也具有一定的_____和_____。
2. 销售人员受理客户退换货处理后需要填写_____。
3. 销后退回药品必须对_____有时限规定，因为时间是影响药品质量的因素之一。
4. 按医药商业调拨流通习惯，销后退回药品的"销退间距"期限，市区（县）内为_____天，市区（县）外为_____天比较适当。
5. 对销后退回药品内在质量的变异，在外观上难以认定的，必须送_____检测认定。
6. 药品的退货，从_____的角度看并没有难度；但从服务的角度，从对药品的_____负责的角度考虑，则存在_____。
7. 在退货药品质量评价过程中，对于已被客户开过箱的药品以及_____药品，应该开箱逐一仔细检查，不宜采取_____的方法。
8. 在办理退货时要杜绝因_____、_____，而又无法监控认定的药品经退货渠道进入经营企业。
9. "售后退货处理记录"，保存至超过药品有效期_____年，但不得少于_____年。
10. 退换货时票据的处理_____，做到所有单据_____，做好各项明细工作。

（二）单选题

1. 药品的退换货服务具有（   ）。
   A. 及时性和复杂性　　B. 科学性和复杂性　　C. 特殊性和简单性　　D. 特殊性和复杂性
2. 被退回的药品验收不合格的，记录后（   ），并作好不合格药品台账。
   A. 转入仓库　　　　　　　　　　　　B. 转入不合格品库（或区）
   C. 直接销毁　　　　　　　　　　　　D. 丢弃即可
3. "药品销售退货申请单"是（   ）。
   A. 二联　　　　　　B. 三联　　　　　　C. 一联　　　　　　D. 五联
4. 换货包括两个操作单元，是（   ）。
   A. 换回、核查　　　B. 核查、销售　　　C. 退回、核查　　　D. 退货、销售
5. 对于内包装（包括标签）污染、受潮发霉、破损或者药品外观性状异常（包装异味）的退货药品，直接判定为（   ），不需要进一步的检查或检验。
   A. 质量不合格　　　B. 假冒产品　　　　C. 伪劣产品　　　　D. 以次充好的产品
6. 仓库根据（   ）验收药品。
   A. 销售人员通知　　B. 顾客的退货申请　C. 药品退货申请单　D. 药品退货登记单
7. 验收员验收合格后，应作好（   ）并签名，盖验收合格章，注明验收日期。
   A. 填写质量报告　　B. 售后退货处理记录　C. 售后药品的台账　D. 退货登记记录
8. 销售人员填写的药品退换货申请单需要（   ）签字，审批签字后才可执行。
   A. 销售经理　　　　B. 顾客　　　　　　C. 质检员　　　　　D. 仓管员
9. 退换货或换货后，除应严格核查退回（换回）的药品质量外，还要严格检查（   ）。

A. 同一厂家药品的质量　　　　　　　　B. 同一包装箱的药品质量
C. 同一批号的商品质量　　　　　　　　D. 同一质检员验收的药品质量

10. 售出退回药品必须由验收员按照（　　）进行质量验收。经验收质量合格的可继续销售。
A. 按消费者权益保护法　　　　　　　　B. 购进药品的验收标准
C. 药品经营管理法　　　　　　　　　　D. 药品经营质量管理规范

（三）多选题

1. 以下是退换货处理时药品验收工作重点项的是（　　）。
A. 核查该药品目前销量
B. 核查药品内、外包装是否完好无损，是否在有效期内
C. 核对生产厂家、药品批号、规格、有效期等
D. 验收整件药品包装中应有无产品合格证。

2. 恰当处理退换货时的前提是（　　）。
A. 科学性——方法问题　　　　　　　　B. 合理性——公平问题
C. 艺术性——手段问题　　　　　　　　D. 复杂性——特殊性

3. 药品退换货处理对公司的意义有（　　）。
A. 最低限度地减低可能的药品质量问题所能造成的危害程度和缩小其影响范围
B. 公司在退货中暴露出的质量问题，便于在事前不断改进管理，以根除质量隐患
C. 退换货管理是药品经营企业的一项必要措施，能够保障民众用药安全有效
D. 退换货管理旨在减少退货，减少公司财物损失

4. 电话受理顾客退货时方法正确的是（　　）。
A. 应亲切礼貌地先告诉对方："您好！××医药公司"或者"您好！服务台"。经常将"请"、"谢谢"、"对不起"、"请稍等"、"让您久等"等挂在口边。
B. 找人的电话应每隔1分钟予以确认是否已经接通，并请对方稍等；如果超过2分钟未接听时，应请对方留言或留电。
C. 随时准备便条纸，将对方的留言确定后记录下来，以便事后处理。
D. 为接听其他电话，可快速结束这边的问题，挂断电话。

5. 退换货时需要填写的登记项目有（　　）。
A. 顾客退换货的原因　　　　　　　　　B. 药品的编码
C. 处理结果（接待人签字）　　　　　　D. 接待人及接待日期

（四）判断题

1. 企业已售出的药品如发现质量问题，无需向有关部门报告，只需及时追回药品和作好记录。（　　）
2. 对销后退回药品内在质量的变异，在外观上难以认定的，必须送质管部门检测认定。（　　）
3. 在拒绝退换药品时，客户言辞激烈，销售员可以顶撞顾客，据理力争。（　　）
4. 必须严格把好销后退回药品的有效期关。超过有效期的不准退货，杜绝过期药品经退货渠道进入经营企业。（　　）
5. 客户为了满足本单位的需要买来或订购某商品，因商品质量等原因，要求将商品退还给原出售单位或生产单位，退还等值现金，此过程为客户退货。（　　）
6. 退回药品应在待验区内，一般药品应在到货后半个工作日内验收完毕，需冷藏药品应在到货后2小时内验收完毕。（　　）
7. 客户为了满足本单位的需要买来或订购某商品，在一定时间内，以某种理由要求原出售单位或生产单位给予更换商品，原出售单位按相关规定作换货处理，此过程为客户换货。（　　）
8. 必须严格把好国家法规规定属于特殊管理药品和贵细药品的退货关，原则上不得退货。（　　）
9. 营业员为顾客办理退换货是只要熟练迅速地退了货即可，票据可以后慢慢补填。（　　）
10. 药品具有特殊性，但药品退换货和其他商品一样，并无特殊。（　　）

（五）问答题

1. 在药品退换货处理时，药品核查重点是什么？
2. 药品退换货的程序是什么？退货处理过程中各种票据如何处理？

（六）分析题

案例：

一名客户走进公司接待室，进门就说："对不起……"。新来的销售员招呼说："有什么事？"客户忐忑不安地说："非常抱歉，我10天前从你们公司进了一批苦参素注射液，回去以后才知道，该公司的药品没有在我们当地中标，不能销售啊。"店员的脸阴沉下来："哦，要退货啊，你等着我去看一下。"销售人员回来后说："不是药品有问题，不好退的，你要自己去跟经理说啊，看能退不。"客户去了一会儿又回来说："经理说不要直接找他。"

思考：

1. 销售人员退货处理正确吗？符合规定吗？为什么？
2. 如果你是该销售员，你将如何处理？

项目八 医药商品经济指标核算

学习目标

1. 能填制各类经济核算票据（单）。
2. 掌握基本的各类经济指标核算方法。

模块一　经济核算票据（单）的填制

一、工作流程

（一）经济核算票据（单）填制前的准备

备齐各种物料用品，例如：笔、复写纸、有关原始凭证、有关待填制票据（单）、计算器、订书机、票据夹等。

（二）经济核算票据（单）填制的操作过程

经济核算票据（单）填制的操作流程

填制经济核算票据（单）的过程主要包括：销售小票（表8-1）、发票（表8-2）、商品验收单（表8-3）、商品内部调拨单（表8-4）、商品调价单（表8-5）、商品溢损报告表（表8-6）、商品进销存日报表（表8-7）等。

1. 销售小票的填制

药品销售小票（表8-1）是原始凭证的一种，因此，在填制药品销售小票时，应按照票据上的内容及商品实物，真实准确地填写。

表8-1　××药业销售小票（样本）

年　　月　　日　　　　　　　　　　　　　　　　　　　编号：

商品编号	品名	产地	规格	单位	数量	单价	金额						
							万	千	百	十	元	角	分

合计金额：人民币(大写)

收款员：　　　　　　　　　　　　　　营业员：

2. 发票的填制

发票（表8-2）是售货的原始资料，是销售经营中很重要的商业凭证。对医药企业来说，它具有查找差错、堵塞漏洞、积累统计资料的作用；对顾客来说，它又是购货凭证。因此，在填制药品销售发票时，必须符合下列各项要求：

表 8-2　××省商品销售统一发票（样本）

发票联　　　发票代码 13709620068
　　　　　　　发票号码 03370159

客户名称：　　　　　　　　　　　　　　年　　月　　日　填制

品名	规格	单位	数量	单价	金额						备注
					千	百	十	元	角	分	
合　计											
人民币（大写）　　仟　佰　拾　元　角　分											

填票人：　　　　　收款人：　　　　　单位名称（盖章）

(1) 填制发票的基本要求

① 字迹端正、清楚，不能涂改　开发票时，字迹要清楚端正，数字书写要规范，合计金额要大写，不写错字和生造字，不能涂改。

② 填写栏目，不得颠倒或漏填　发票的客户栏（俗称抬头）、日期、品名、数量、单位、单价、金额等栏，均应逐栏认真填写，不得颠倒或漏填；增值税发票需要计算机打印，填全购货单位，销货单位的名称、地址、电话，纳税人登记号，开户银行及账号都应逐一填写清楚。

③ 价格计算要准确　计价要准确，金额栏中大小写数字要相符，并有"栏头断尾"的记号（即小写金额前加"￥"记号，尾数填到"分"栏；大写第一数字顶格，尾数后加个"整"字）。

④ 要全面复核　开完发票后，要进行全面复核，尤其销售数额大的，可以由另一位营业员复核，看是否按要求填写，各项是否准确、无误。然后，经手人和复核人都应在发票上签章，以明其责任。

(2) 填制发票的具体要求

① 用复写纸一次填写　发票均是由数联组成的，在填写前要垫好复写纸，依次填写，不得一联一联分开填写。如填写错误，可以重写，将开错的发票注上"作废"字样，不得撕下，如已撕下，应贴回原处，以便查考。

② 按顺序号使用　营业员向财务部门领取发票时，应登记签字，使用过程中不得随意摆放，发票的本数和页数应按顺序使用。

③ 妥善保存，严防丢失　发票存根要按日（或本）装订，按月打捆，严防丢失。按要求交有关部门或人员保管，以便备查。

3. 商品验收单的填制

商品验收单（表 8-3），是柜组质量员在进行商品进货数量的清点以及质量验收入库工作中所填制的。它是进销存日报表中的"本日购进"项目的填写依据，验收单的汇总金额即为"本日购进"栏的填写金额。

4. 商品内部调拨单的填制

商品内部调拨单（表 8-4），是发生在企业与柜组、柜组与柜组之间的商品流动而填制的。它是"进销存日报表"中"本日调入（出）"栏的填写依据，应填写调拨单的汇总数据。

表 8-3　商品验收单（样本）

供货单位：　　　　　　　　　　年　　月　　日　　　　　　　收货部门：

货号	等级	品名及规格	购进价				零售价				进销差价
			单位	数量	单价	金额	单位	数量	单价	金额	
合计											
备注：											

验收：　　　　　　　　　　　制单：　　　　　　　　　　　实物负责人：

表 8-4　商品内部调拨单（样本）

调出部组：　　　　　　　　　　年　　月　　日　　　　　　　调入部组：

货号	品名	单位	数量	购进价		零售价		进销差价
				单价	金额	单价	金额	
合计								

调出部组负责人：　　　　　　　　　　　　　　　　调入部组负责人：

5. 商品调价单的填制

商品调价，是对商品原售价的变更，柜组接到上级调价通知单后，在规定调价执行日期的前一天对调价商品进行盘点，查明实际库存后再核算出变价现值，填制"商品调价单"（表 8-5）。它是"进销存日报表"中"调价增价（减价）"栏的填写依据。

表 8-5　商品调价单（样本）

填报部门：　　　　　　　　　　年　　月　　日　　　　　　　调价通知文号：

货号	品名	单位	数量	零售单价		加或减	单位差价	增加金额	减少金额
				原售价	新售价				
合计									

部门经理：　　　　　　　　　　核算员：　　　　　　　　　　物价员：

6. 商品溢损报告单的填制

商品的溢损，是指商品从进货到销售这一整个零售流动环节中所发生的溢余或损耗。商品的溢损报告单（表 8-6），是指经当日盘点后，对有溢损情况及原因分析填入溢损报告单，经盘点人、柜组长签字后送交上级主管部门并以此作为会计处理的凭证。它是"进销存日报表"中的"盘点溢余（短缺）"栏的填写依据。

表 8-6　商品溢损报告单（样本）

填报部门：　　　　　　　　　　年　　月　　日

账面结存		实际结存		溢余		损缺		溢损原因：
品名规格	单位	数量	单位	金额（+或-）				
								处理意见：

部门经理：　　　　　　　　　　　　　　　　　　制单：

7. 进销存日报表的填制

进销存日报表（表 8-7）是经济核算的基本表格，现将具体填写内容说明如下：

（1）"昨日结存"栏根据前一天的"本日结存"数填写。

（2）"本日购进"、"本日调入（出）"、"调价增值（减值）"、"盘点溢余（短缺）"栏均按照各报表的内容填写。

（3）"本日销售"栏根据实际销售额汇总填写。

（4）"本日结存"栏根据下式进行计算：

本日结存＝昨日结存＋本日购进＋本日调入＋调价增值＋盘点溢余－
本日销售－本日调出－调价减值－盘点短缺

（5）商品进销存日报表中左右两边的合计数应相等，左方合计为昨日结存与本日增加部分的数值之和；右方合计数为本日结存与本日减少部分数值之和。

商品验收单的总额即为"本日购进"的数据，"本日调入（调出）"的数据取决于商品内部调拨单，"调价增值（减值）"的数据取决于商品调价单，"盘点溢余（短缺）"取决于商品溢损报告单，前一天的"本日结存"即为今天的"昨日结存"。

表 8-7 商品进销存日报表（样本）

部组：　　　　　　　　　　　　年　月　日　　　　　　　　　　单位：元

项目	金额	项目	金额
昨日结存		本日销售	
本日购进		本日调出	
本日调入		调价减值	
调价增值		盘点短缺	
盘点溢余		本日结存	
合计		合计	

制表：　　　　　实物负责人：　　　　　复核：　　　　　部组长：

经济核算票据（单）填制的控制点

（1）填制在凭证上的内容和数字，必须真实准确，符合经营业务的实际情况。

（2）各种凭证的内容必须填写齐全，不得遗漏，经办业务的有关部门和人员要在凭证上签章，以对凭证的真实性、合法性、正确性负责。

（3）原始凭证填制完毕后，应按照规定程序，及时转交有关部门，以便进行审核并据以处理其他业务和填制记账凭证。

（4）原始凭证的填写必须工整、规范，除复写外，要使用钢笔或签字笔书写，填写错误时，不得随意涂改、刮擦、挖补，必须按规定的方法更正。

（5）各种原始凭证必须连续编写，以便查考。凭证如果预先印有编号，在写坏作废时，应加盖"作废"戳，全部保存，不得撕毁。

（三）经济核算票据（单）填制的结束工作

（1）日常处理　主要包括对办公用品的整理和存放。如：笔、有关凭证、有关表格、计算器等。

（2）业务处理　主要包括对核算结果的处理。如：根据核算结果填制记账凭证；根据记账凭证，登记日记账、明细账、总账；根据日记账、明细账、总账编制会计报表；将会计报表上报等。

二、基础知识

1. 原始凭证的概念与种类

原始凭证（又称单据）是在经济业务发生时取得或填制的凭证，它是用来载明经济业务实际执行和完成情况的书面证明，是记账的原始依据。

原始凭证按其来源，可分为外来原始凭证和自制原始凭证两种。外来原始凭证是指经济业务发生时，从外单位或个人取得的。例如，购进商品时由供货单位开出的"发货单"、付款时由收款单位或个人开给的"发票"等。自制原始凭证是指由本单位经办业务的部门和人员，根据经济业务的内容自行填制的凭证。例如，验收货物时填制的"商品验收单"、对商品原售价进行变更的"商品调价单"等。

2. 原始凭证的审核

原始凭证是据已记账，或编制记账凭证的依据。因此，应对原始凭证进行如下审核：

（1）审核原始凭证的客观性和真实性。即审核凭证内容是否符合实际经营业务的情况，有无弄虚作假、营私舞弊、伪造和涂改等行为。

（2）审核原始凭证的合法性和合理性。即审核经营业务的内容是否符合政策法规，是否符合合同的规定，是否符合审批手续，以及开支是否符合节约原则等。

（3）审核原始凭证的完整性和正确性。即审核凭证的填制是否符合要求，各个项目内容是否填列齐全，数量、单价、金额的数字计算和小计、合计是否正确，大、小写金额是否一致，书写是否清楚，有关部门和人员盖章是否齐全等。

在各项原始凭证的审核过程中，对符合要求的原始凭证，应及时办理各项会计手续；对记载不正确、不符合手续的凭证，应退还有关部门或人员补办手续或更正；对伪造、涂改，或经济业务不合法的凭证，会计人员应拒绝受理，并及时上报领导处理。

3. 记账凭证的填制要求

在填制记账凭证时，应符合以下几点要求：

第一，填制记账凭证，必须以合法、正确的原始凭证为依据，原始凭证一般应附在记账凭证后面。如果一张原始凭证涉及几张记账凭证，可把原始凭证附在一张主要的记账凭证的后面，在其他记账凭证上注明附有原始凭证的记账凭证编号。如果原始凭证需单独保管，也应在有关记账凭证上注明。

第二，必须按规定的凭证格式和内容，逐项填写，做到手续完备，不得将不同的业务填在一张记账凭证上，也不得填写多借多贷会计分录的记账凭证。

第三，应根据经营业务的性质，确定应借应贷的账户名称及其对应关系。凭证上使用的账户名称要用全称，不得简化，账户的对应关系必须正确。

第四，"摘要"栏应简单明了地填写经营业务内容的要点，文字说明应简练概括。

第五，各种记账凭证必须连续编号。采用复式记账凭证的，可按经营业务发生的先后顺序编号，每月从第1号编起，经营业务量大，记账凭证多的单位也可每册从第1号编起。

4. 记账凭证的审核

（1）记账凭证所附原始凭证是否完整、合法、正确，记账凭证的内容是否同所附原始凭证的内容相符。

（2）记账凭证所确定的会计分录，应借应贷的账户名称是否正确，对应关系是否清楚，金额有无错误，借方与贷方金额是否相等，金额细数与合计数是否相等。

（3）记账凭证中的有关项目是否填写齐全，有关人员是否签章。在审核过程中，如果发

现记账凭证的填制有错误,应及时查明原因进行更正或重填,有遗漏项目应补填齐全。

5. 支票

我国目前主要使用的支票种类有两种:转账支票和现金支票。转账支票,是集体单位购买商品结算货款的一种方式。它是同一地区所在单位之间进行商品交易普遍采用的一种结算方式,具有结算简便、灵活、严格现金管理制度等优点。现金支票,是在银行账户上提取现金的一种结算方式。营业员在药品销售中,收到支票时须做好以下几项工作:

(1) 检查支票的真伪 为了防止经济犯罪,支票上印有防伪标志,营业员收到支票后首先要检查支票防伪标志。

(2) 验收支票 在收到顾客送来的支票时,营业员须检查支票上应填项目:出票日期、付款方银行名称、收款人、出票账号、人民币金额等,看这些项目是否填写准确,检查出票人印章是否清晰、完整。

(3) 登录用票人的有关信息 在检验支票的同时应要求用票人出示身份证并在支票背面记录用票人姓名、身份证号码、联系电话等。

三、拓展知识

(一)药品经营企业经济核算的意义

1. 加强企业的经济核算,有利于提高企业的经济效益

经济核算在实现其工作目标的过程中,需要对企业的资金筹集、使用与分配等财务收支情况进行详尽的反映和记录,并对企业的财务收支等经济业务是否正常、合理、合法进行分析与检查。

经济核算是对企业经济活动的一种价值管理,是企业实现现代化科学管理的重要方面。企业的经济管理,必须以提高经济效益为中心。在药品生产和药品交换的经济活动中,必须正确运用价值规律,用货币量度来计算其物化劳动和活劳动的耗费,促使其所用的个别劳动时间低于社会必要劳动时间,用企业本身的收入抵补其支出,保证赢利的实现。因此,企业必须通过强化财务会计工作加强经济核算,合理地使用人力、物力和财力,降低费用水平,发挥其提高企业经济效益的作用。

2. 加强企业的经济核算,有利于贯彻执行财经法规和财务制度

实行独立核算的各企业及经济组织,是国家财经法规、方针、政策及财务制度、财经纪律的具体执行者。企业生产经营和药品交换的过程,同时也是执行财经法规、财务制度和遵守财经纪律的过程。企业的每一项具体的经济业务活动,都会涉及财经法规、财务制度和财经纪律的有关规定。而各项经济业务活动情况及其结果,又都要利用财务会计来进行记录和反映。因此,经济核算就可以在记录、反映各项经济业务的同时,监督、检查其贯彻、执行和遵守国家财经法规、财务制度和财经纪律的情况。例如,各项资金的取得是否合法,各项开支和费用的支付是否合理,税款的交纳是否及时足额,药品的购销储运是否有序得当,成本的计算是否正确,往来资金的结算是否及时、守纪,企业的盈亏是否真实等。通过企业经济核算管理,可以保证国家的财经法规和财务制度及有关方针、政策顺利地得到执行,有效地维护财经纪律。

3. 加强企业的经济核算,有利于对企业资金进行全面的考核和科学的分析

为了提高企业的经济效益,必须对其资金进行全面的考核和科学的分析。使企业的资金周转更加科学合理,充分发挥资金的使用效益。

企业资金的使用效益,总是体现在资金周转的全过程,也必然会反映在财务会计的资料上。因此，经济核算就可以充分地利用各种财务会计核算资料，对企业的资金使用效果进行全面的分析考核。分析考核企业资金运转的全过程，可分为以下几方面：

(1) 分析考核资金的筹集情况　企业进行生产经营活动所需要的资金，可以向国家、法人单位、个人投资者及外商筹集；也可向银行及其他金融机构贷款取得；还可以通过发行债券、股票、租赁、商业信用等其他方式筹集到所需要的资金。筹集企业资金是药品生产与交换等经济活动的物质基础，也是企业资金运动的起点。企业要通过财务管理，运用价值核算的原则，来分析考核资金筹集是否科学合理。

(2) 分析考核资金的运用情况　企业筹集到的资金一方面用于购置生产资料，如购买房屋、仓库、机器设备和运输工具等，以形成开展药品经营活动所必需的劳动手段；另一方面用于购进各种经营药品，以形成必要的药品储备，保证市场供应。另外，企业还可以对外进行投资或购置一些其他物资，以满足生产经营活动的需要，如包装物品、材料物资、低值易耗品等。在生产经营过程中，还需要支付运输、保管、工资和利息等各种费用。

(3) 分析考核资金的分配情况　企业的生产经营收入抵补生产经营成本、经营费用及交纳税金后的余额，即为企业主营业务利润。主营业务利润加上其他业务利润，减去各项管理费用和财务费用后的余额等于营业利润。营业利润再加上投资收益和营业外收入，减去营业外支出，其余额即为企业的利润总额。如果企业所实现的各项收入不足以抵补各项支出，其差额为亏损额。企业实现利润后，按规定要进行合理分配，即首先向国家交纳有关税金，然后按比例提取企业必要的公积金，最后要对企业的投资者进行利润分配。

企业资金从筹集、使用到分配全过程主要靠企业财务管理来监控。只有强化经济核算，对企业生产经营的全过程进行认真的检查、分析和总结，挖掘企业内部潜力，加强企业的经济管理，进一步盘活企业资金，加速资金周转，更有效地节约人力、物力、财力，才能提高企业的经济效益。

4. 加强企业的经济核算，有利于保护国家和企业财产物资的安全

经济核算可以运用它的专门方法和通过一系列的会计程序，严格地监控各种财产物资的使用、保管和增减变动及资金收付情况。利用会计资料和有关会计账簿，对企业资金和财产进行连续、全面、系统的反映和监督，可随时检查企业资金和物资的数量，账物相符，账账相符，防止各种财产物资的丢失、毁损、浪费，从而堵塞漏洞，杜绝贪污、浪费、损公肥私等违法乱纪行为的发生，切实地保护国家和企业财产物资的安全，保护所有者权益。

(二) 药品经营企业经济核算的内容

药品经营企业经济核算的内容是由企业资金运动的内容所决定的，其基本内容有：

1. 资金核算

资金核算包括资金筹集和运用的核算。主要有资金筹集管理、流动资金管理、固定资金管理和专项资金管理。通过资金核算，合理筹措使用资金，提高资金利用效果。

2. 费用核算

费用核算包括药品流通费的核算和其他开支的核算。费用和开支是企业组织药品流通的耗费。通过费用核算，既要保证组织药品经营的需要，又要节约费用支出，降低成本，提高企业经济效益。

3. 利润核算

利润核算包括税金和利润的核算。企业正确计算销售收入和利润，依法纳税，按规定合理分配税后留利，正确处理国家、企业和职工之间的物质利益关系。

经济核算的特点是涉及面广，综合性强，灵敏度高，是围绕企业资金运动所进行的一切管理工作的总和。通过经济核算可以为企业领导者提供企业经营活动情况与经营成果的重要财务信息,作为经营决策和组织管理的重要依据。

(三) 药品经营企业经济核算的任务

药品经营企业经济核算的基本任务是:正确处理经营过程中的各种财务关系,保证企业以较少的资金消耗和资金占用,取得较大的销售收入和利润,为实现企业的根本任务服务。具体任务有以下几个方面:

1. 积极筹措和供应资金,保证药品流通的需要

经济核算管理的首要任务是筹集资金,及时组织资金供应,合理节约地使用资金,保证企业经营活动的顺利进行。

2. 降低经营成本,增加企业赢利

经济核算管理要借助于资金、成本和各项费用定额,对购、销、运、存等经营过程实行财务监督,以便控制资金占用和费用开支,加速资金周转,促使企业合理地使用人力和物力,以尽可能少的耗费,取得尽可能大的经济效益。

3. 分配企业收入,完成上缴任务

企业财务部门对已实现的销售收入要合理进行分配,正确补偿销售成本,完成国家税收,上缴利润,归还到期贷款,及时清理债权债务,发放工资和奖金,正确处理有关各方面的利益关系。

4. 实行财务监督,维护财经纪律

财务监督就是利用财务制度对企业经销活动所进行的控制和调节,其目的在于发挥经济核算对经营活动的积极能动作用。财务部门通过它的职能活动对企业各个环节上的货币收支和各方面发生的经济关系进行监督,就能保证财经纪律的执行。符合国家法令、政策和财经纪律的就支持办理,否则就应抵制或杜绝办理。

做好经济核算工作,应搞好财务预测、财务决策、计划管理和日常财务管理,进行财务分析。还要建立财务机构,配备必要的合格财会人员,制定严格的财务管理制度。

(四) 药品经营企业经济核算的程序

药品经营企业经济核算的程序(图 8-1)可总结如下:

图 8-1 经济核算的程序

① 根据原始凭证或原始凭证汇总表填制记账凭证;
② 根据原始凭证或原始凭证汇总表和记账凭证登记日记账和明细账;
③ 根据记账凭证编制记账凭证汇总表;
④ 根据记账凭证汇总表登记总账;
⑤ 月终将日记账、明细账与总账核对;
⑥ 根据总账和明细账编制会计报表。

这种操作程序的优点是:能够简化总账的记账工作,通过编制科目汇总表,如有错误,能及时发现，从而保证记账工作质量。企业应根据自身经营状况的特点和需要，采用适合的记账程序。

四、相关法规

1.《药品经营质量管理规范》（GSP）

（2000年3月17日经国家药品监督管理局局务会审议通过，国家药品监督管理局令第20号公布，自2000年7月1日起施行）

第三十三条 购进药品应有合法票据，并按规定建立购进记录，做到票、账、货相符。购货记录按规定保存。

第五十三条 销售应开具合法票据，并按规定建立销售记录，做到票、账、货相符。销售票据和记录应按规定保存。

2.《中华人民共和国发票管理办法实施细则》

第三条 发票种类的划分，由省级以上税务机关确定。

第四条 发票的基本联次为三联，第一联为存根联，开票方留存备查；第二联为发票联，收执方作为付款或收款原始凭证；第三联为记账联，开票方作为记账原始凭证。

增值税专用发票的基本联次还应包括抵扣联，收执方作为抵扣税款的凭证。除增值税专用发票外，县（市）以上税务机关根据需要可适当增减联次并确定其用途。

第五条 发票的基本内容包括：发票的名称、字轨号码、联次及用途，客户名称，开户银行及账号，商品名称或经营项目，计量单位、数量、单价、大小写金额，开票人，开票日期，开票单位（个人）名称（章）等。

有代扣、代收、委托代征税款的，其发票内容应当包括代扣、代收、委托代征税种的税率和代扣、代收、委托代征税额。

增值税专用发票还应当包括：购货人地址、购货人税务登记号、增值税税率、税额、供货方名称、地址及其税务登记号。

第六条 在全国范围内统一式样的发票，由国家税务总局确定。在省、自治区、直辖市范围内统一式样的发票，由省级税务机关确定。

本条所说发票的式样包括发票所属的种类、各联用途、具体内容、版面排列、规格、使用范围等。

第七条 有固定生产经营场所、财务和发票管理制度健全、发票使用量较大的单位，可以申请印制印有本单位名称的发票；如统一发票式样不能满足业务需要，也可以自行设计本单位的发票式样，但均须报经县（市）以上税务机关批准，其中增值税专用发票由国家税务总局另定。

第四十五条 税务机关对违反发票管理法规的行为进行处罚，应将处理决定书面通知当事人；对违反发票管理法规的案件，应立案查处。

对违反发票管理法规的行政处罚，由县以上税务机关决定；罚款额或没收非法所得款额在1000元以下的，可由税务所自行决定。

五、实训

（一）实训目的

经济核算是企业较为常见的业务之一，因此，工作人员必须掌握经济核算有关的知识。

通过实训，使学生掌握经济核算的基本技能和技巧。

（二）实训内容

根据公司的销售小票（表 8-8），完成发票（表格 8-9）的填写。

资料：表 8-8 是张明从××药业购药的销售小票，请你根据小票填制发票（表 8-9）。

表 8-8　××药业　销售小票

2008 年 6 月 19 日　　　　　　　　　　　　　　　　　　　　编号：0080619

商品编号	品名	产地	规格	单位	数量	单价	金额						
							万	千	百	十	元	角	分
0012	感冒清热颗粒	山东	12g×10袋	盒	6	5.90				3	5	4	0

合计金额：人民币(大写) 叁拾伍元肆角整

收款员：赵一　　　　　　　　　　　　　　　营业员：冬梅

表 8-9　××省商品销售统一发票（样本）

　　　　　　　　　　　　　　发票联　　　　　发票代码 13709620068

　　　　　　　　　　　　　　　　　　　　　　发票号码 03370159

客户名称：　　　　　　　　　　　　　　　　年　月　日　填制

品名	规格	单位	数量	单价	金额						备注
					千	百	十	元	角	分	
合　计 人民币(大写)　　仟　佰　拾　元　角　分											

填票人：　　　　　　收款人：　　　　　　单位名称（盖章）

（三）实训要求

1. 完成表格中的各项数据。

2. 完成的表格数据要准确。

3. 完成表格中的各项字迹清晰、工整，书面整洁，无涂改现象。

（四）实训考核标准与计分

1. 完成的表格数据完整，计 4 分。

2. 完成的表格数据准确，计 4 分。

3. 表格的书写规范，字迹清晰、工整，书面整洁，无涂改现象，计 2 分。

（五）实训指导

1. 准确计算发票中的各项数据。

2. 认真填写发票中的各个项目。

3. 对发票的书写要规范、字迹要清晰、票面要整洁。

（六）完成实例（表 8-10）

表 8-10　××省商品销售统一发票

发票联　　　　　　　　发票代码 13709620068
　　　　　　　　　　　　发票号码 03370159
客户名称：张明　　　　　2008 年 6 月 19 日　填制

品名	规格	单位	数量	单价	金额						备注
					千	百	十	元	角	分	
感冒清热颗粒	12g×10袋	盒	6	5.90			3	5	4	0	
合　计 人民币(大写)零　仟　零　佰　叁　拾　伍　元　肆　角　零　分							3	5	4	0	

填票人：刘莉　　　　　收款人：赵一　　　　　单位名称（盖章）

模块二　经济指标核算方法

一、工作流程

（一）经济指标核算前的工作准备

1. 物品准备

工作前应备齐各种物料用品，例如：笔、复写纸、计算器等。

2. 资料准备

工作前应备齐各种物料用品，例如：原始凭证、有关表格等。

（二）经济指标核算的操作过程

经济指标核算的操作流程

医药商品经营企业的各类经济指标核算方法，一般包括：满足社会需要程度、劳动耗费、劳动占用和劳动成果等指标。

1. 满足社会需要程度的经济指标

（1）药品销售额　是指医药企业在一定时期内销售药品数量的货币表现，是整个经济核算指标体系中最基本的指标，是评价经济效益的基础。因此，同一时期内药品销售额越多，反映企业满足社会需求的程度越大。评价时一般用销售计划完成率来表示：

$$销售计划完成率 = \frac{实际完成销售额}{计划销售额} \times 100\%$$

（2）经营品种数　是指企业经营药品的不同品种、规格、剂型的总数，也是反映企业满足社会需要的指标。在同一时期内，企业经营品种越多，反映社会需要满足程度越大，评价时多用经营品种完成率表示：

$$经营品种完成率 = \frac{实际经营品种数}{必备目录品种数} \times 100\%$$

（3）药品适销率　是指适销对路药品与库存药品的对比。它反映企业药品资金占用是否合理和满足社会需要的程度。其公式为：

$$药品适销率 = \frac{库存适销药品总额}{库存药品总额} \times 100\%$$

（4）药品市场占有率　是指企业经营的某种药品销售量（或额）占该药品市场总销售量（或额）的比重。其公式为：

$$药品市场占有率 = \frac{本企业某种药品实际销售量（或额）}{同类药品市场实际销售总量（或额）} \times 100\%$$

2. 劳动耗费的经济指标

（1）药品流通费　是指企业在一定时期内药品流通过程中的全部支出。这个指标常用费用额和费用率表示。

费用额是指全部支出的绝对额，包括经营费用、管理费用和财务费用。

费用率也称费用水平，是指企业在一定时期内药品流通费用额与药品销售额的百分比。其公式为：

$$费用率 = \frac{药品流通费用额}{药品销售总额} \times 100\%$$

药品流通费用与经济效益成反比例关系。

（2）劳动效率　是指在一定时期内每个职工所完成的工作量指标，它反映药品销售额与劳动消耗之间的对比关系。正常情况下，劳动效率与经济效益成正比例关系。计算公式如下：

$$劳动效率（万元/人） = \frac{药品销售额}{职工平均人数}$$

$$职工平均人数 = \frac{月初在册人数 + 月末在册人数}{2}$$

3. 劳动占用的经济指标

药品经营企业要想提高经济效益，就必须合理地运用药品资金，减小占用，加速周转，从而节约药品资金。

（1）药品资金占用率　是指在一定时期内，药品资金平均占用额与药品销售额的百分比。它表明，每销售100元药品所占用的药品资金额。一般地讲，占用率越低，反映企业经营管理水平越高。药品资金占用率与经营管理水平成反比例关系。其计算公式为：

$$药品资金占用率 = \frac{药品资金平均占用额}{全年药品销售额} \times 100\%$$

（2）药品资金周转速度　是由药品周转次数或周转天数表示的。在药品流通中，药品资金不断地由货币变成药品，再由药品变为货币，循环运动。在一定时期内（一年、一季、一月）所周转的次数或周转一次所需要的天数叫药品资金周转速度。周转速度越快，药品资金利用率越高，经营就越好。其计算公式为：

$$药品资金周转次数 = \frac{药品销售额}{药品资金平均占用额}$$

$$药品资金周转天数 = \frac{本期天数（年360天、季90天、月30天）}{周转次数}$$

（3）营业面积利用率　是指一定时期内药品销售额与营业面积的对比关系。它表示每平方米营业面积上实现多少药品销售额，是营业空间范围效率方面的指标。它反映了物质技术设备状况和利用程度，反映了营业人员的配备是否科学合理，是一个间接地反映劳动耗费和劳动占用的经济指标。营业面积利用率高，经营效益就大；反之则小，两者成正比，其计算公式为：

$$营业面积利用率 = \frac{药品销售额}{同期占用的营业面积}$$

4. 经营成果的经济指标

经营成果的经济指标是评价经营效益的综合指标，包括经营利润额、利润总额、人均创收税额和经营利润率、销售利润率、药品资金利润率、资金利税率等。它反映企业实现的利润水平和上缴利税的综合指标。

（1）经营利润额　是指药品销售收入扣除进货成本、费用和税金后的余额。其计算公式为：

$$经营利润额 = 药品销售额 - 进货成本 - 费用额 - 税金$$

（2）经营利润率　是指经营利润额与销售额的百分比。它反映了药品流通中每销售100元药品所取得的经营利润。经营利润率越高，说明经营效果越好。其计算公式为：

$$经营利润率 = \frac{经营利润额}{药品销售额} \times 100\%$$

（3）利润额　是指企业营业收入和营业外各项收入之和，是企业的总利润。

$$利润额 = 经营利润额 + 营业外收入 - 营业外支出$$

（4）销售利润率　是指每销售100元药品获得利润额的百分比，它反映企业销售的营利程度。其计算公式为：

$$销售利润率 = \frac{利润额}{药品销售额} \times 100\%$$

（5）药品资金利润率　是指药品资金平均占用额与利润额的百分比，反映企业药品资金使用的综合效果。其计算公式为：

$$药品资金利润率 = \frac{利润额}{药品资金平均占用额} \times 100\%$$

（6）人均创利税额　是指企业在一定时期的利税总额与职工平均人数之比，其反映企业每位职工工作成果和为国家作贡献大小的指标。其计算公式为：

$$人均创利税额 = \frac{利润总额 + 税金}{职工平均人数}$$

（7）资金利税率　是指上缴利税总额与资金占用额的百分比，它反映企业实现利润和上缴税金水平的综合指标。其计算公式为：

$$资金利税率 = \frac{利润额 + 税金}{资金平均占用额} \times 100\%$$

5. 评价药品经营企业服务效益的指标

这是反映药品经营企业服务质量和社会效果的指标。

（1）顾客满意率　是对企业服务态度、服务质量满意程度的评价。顾客满意率一般设满意、较满意和不满意三个等级。其计算公式为：

$$顾客满意率 = \frac{消费者满意票数}{回收总票数} \times 100\%$$

一般满意率以85%为衡量标准。

（2）服务项目便利率　它是企业应设置的服务项目和已设置的服务项目的对比。反映企业为顾客服务的便利程度。其计算公式为：

$$服务项目便利率 = \frac{已实施的服务项目}{应设置的服务项目} \times 100\%$$

每个企业应在经营中尽量便利消费者购货。服务项目便利率越高，越方便顾客购买，服务质量越高。

(3) 药价计量准确率　是企业在一定时期内准确计量药价的营业笔数与总营业笔数的对比，反映药价计量的准确程度。其计算公式为：

$$药价计量准确率 = \frac{药价计量准确笔数}{药价计量营业总笔数} \times 100\%$$

药价计量准确程度表明医药企业执行政策、遵守职业道德、公平交易、计量水平、经营管理水平等方面的程度。

(4) 营业行为规范率　是指企业在一定时期内规范化营业行为与营业行为总数的百分比，它反映药品经营企业规范化行为的程度。其计算公式为：

$$营业行为规范率 = \frac{规范化的营业行为数}{营业行为总数} \times 100\%$$

营业行为规范率越高，说明医药企业文明经商水平越高。

经济指标核算的控制点

(1) 选用的公式要切合实际。
(2) 代入的数据要来源可靠。
(3) 计算的过程要认真准确。

(三) 经济指标核算的结束工作

(1) 工作结束后，应将各种物料用品妥善保管，例如：笔、复写纸、计算器等。
(2) 工作结束后，应将各种凭证分类装订成册，例如：原始凭证、有关表格等。

二、基础知识

(一) 评价经济效益的标准

评价经济效益的标准涉及面广，情况错综复杂。评价标准的确定，必须以效益二重性的特点为依据。具体的标准是：

1. 药品流通速度

要加快使药品从生产领域进入流通领域的速度，从而使药品资金占用少，周转快，提高社会经济效益和企业的经济效益。

2. 满足社会需求程度

通过药品可供量与社会购买力的比较，药品库存与市场适销程度的比较，物质技术设备、服务水平与社会需要规模不断扩大的比较，来衡量满足社会需求的程度。

3. 获取利润的情况

在组织药品流通过程中的劳动消耗一定要得到补偿，取得合理利润，为国家积累资金。

总之，评价经济效益的标准应是满足社会需要和取得利润的统一，也就是在满足社会需要的基础上，以销售额为中心、以利润为目标的评价标准。

(二) 药品经营企业评价经济效益的步骤

药品经营企业评价经济效益应遵循下列步骤：

1. 确定目标，拟定计划

只有明确评价目标，才能确定评价的对象，才能确定评价的主要问题，才能为评价工作规定实施方向和目的。为了落实评价目标，就要拟定评价工作计划，明确规定评价的目的、要求、基本内容、基本原则、评价资料、评价指标体系、评价方法、步骤等。

2. 收集资料，掌握情况

评价计划确定后，就应按计划收集资料。一般要收集历史资料和现实资料、内部资料和外部资料。并对收集的资料进行加工审核，去粗取精，去伪存真，全面掌握企业经营的第一手资料。

3. 对比分析，找出差距

一般采取将数据材料通过对比分析，找出差距和造成差异的影响因素、影响程度：①实际完成数据与计划数对比，反映计划完成程度；②本期完成数据与历史同期指标相比、同本企业历史最优指标相比，反映企业的发展情况；③本企业与同行业一般水平指标相比、同先进水平指标相比，反映本企业与先进水平的差距。通过分析研究，进行综合、归纳，为总结经验、查找问题、改进工作提供依据。

4. 作出评价，改进提高

在分析、研究、查明影响因素和找出原因的基础上，根据实际情况，给予评价，全面系统地作出结论，提出今后改进意见。经济效益评价要求客观、科学，应是根据各种资料、动用各种分析方法所取得的真实结果。结论中既要引用有关数据，又要有科学论证；既要指出成绩，又要指出问题和薄弱环节，提出改进措施，并且切实可行。

 三、拓展知识

（一）评价经济效益的原则

评价经济效益不仅要用数量指标，还要结合质量指标，坚持下列基本原则，综合地进行：

1. 满足需要与取得营利相统一的原则

药品经营企业的基本职能是通过组织药品流通，满足人们防病治病、医疗保健的需要。同时，药品经营企业实行经济核算，通过组织药品流通取得合理的利润。因此，评价经济效益必须坚持满足需要和营利相统一的原则。

2. 企业的经济效益与社会效益相统一的原则

药品经营企业的经济效益具有宏观效益和微观效益二重性。因此，评价经济效益时，不仅要通过各种经济指标分析数量上的增减变化，而且还要作质的分析，对企业维护消费者利益等情况作出全面的评价。企业的经济效益必须得到社会的认可，才是真正的效益。

3. 当前效益与长远效益相统一的原则

任何经济活动都有一个当前效益和长远效益问题。当前效益是指当月、当季、当年实现的效益。长远效益是指在较长时间里能持续产生的效益。企业不能只顾眼前的效益，采取短期行为。而应从长远看，为企业创造长期、持续、稳定的效益。因此，评价经济效益既要看近期，更要看远期，把当前经济效益与长远经济效益结合起来。

（二）评价经济效益的方法

1. 绝对评价法

绝对评价法就是用绝对数来对照分析彼此相关的经济效益信息，确定其变动的程度并据以找出其内在规律特征的一种评价方法。主要包括以下几种具体形式：①实际与计划的比较；②本期效益同前期效益的比较；③本企业效益与同行业效益的比较；④本企业效益与国际先进水平的比较。

2. 比率评价法

比率评价法就是把同一时期财务报表上两个或两个以上相关数据加以配合比较,以比率的形式表现出新的经济效益信息的一种方法。比率评价必须借助于有关的财务指标来完成。

3. 因素评价法

任一财务指标的变动都是其他有关指标变动综合影响的结果。按照一定的规律以此揭示各因素对某一经济效益指标影响程度的方法称做因素评价法。

四、相关法规

1. 财政部印发的《企业国有资本与财务管理暂行办法》

第四十二条　企业凡有以下行为之一的,主管财政机关根据《中华人民共和国处罚法》的规定,可以责令限期改正:

(1) 企业制定的内部资本与财务管理办法不按规定报主管财政机关备案的;

(2) 不按规定编报年度财务预算的;

(3) 不按规定申报国有资本变动事项,但尚未造成国有资本损失的;

(4) 不按规定委托相关中介机构办理审计、评估业务,或者不按规定提交审计报告、资产评估报告的。

第四十三条　企业不按规定办理产权登记的,主管财政机关根据《企业国有资产产权登记管理办法》的规定予以处罚。

第四十四条　企业编制、对外提供虚假的或者隐瞒重要事实的财务会计报告的,或者拒绝主管财政机关对财务会计报告依法监督检查的,主管财政机关根据《中华人民共和国会计法》、《企业财务会计报告条例》的规定予以处罚。

2. 中华人民共和国票据管理办法

五、案例分析

情景对话:

【资料】某医药公司在相同的时间内,经营一部的药品销售额是 3000 万,经营利润额 300 万;经营二部的药品销售额是 2800 万,经营利润额 290 万。

(提示: 经营利润率 $= \dfrac{\text{经营利润额}}{\text{药品销售额}} \times 100\%$)

教师:请问经营一部的经营利润率是多少?

学生甲:根据公式计算,经营一部的经营利润率是 10%。

$$\text{经营利润率} = \dfrac{\text{经营利润额}}{\text{药品销售额}} \times 100\% = \dfrac{300}{3000} \times 100\% = 10\%$$

教师:请问经营二部的经营利润率是多少?

学生乙:根据公式计算,经营二部的经营利润率约为 10.36%。

$$\text{经营利润率} = \dfrac{\text{经营利润额}}{\text{药品销售额}} \times 100\% = \dfrac{290}{2800} \times 100\% = 10.36\%$$

教师:请问哪部的经营利润率高?高出多少?

学生丙:经比较,经营二部的经营利润率高于经营一部的经营利润率,高出 0.36%。

教师:点评(略)。

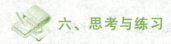

六、思考与练习

（一）填空题

1. 《药品经营质量管理规范》（GSP）_____年_____月_____日经国家药品监督管理局局务会审议通过，自_____年_____月_____日起施行。
2. 药品经营企业财务管理的其基本内容有：_____、_____、_____。
3. 商品进销存日报表中左右两边的合计数应_____，左方合计为_____与_____部分的数值之_____；右方合计数为_____与本日_____数值之_____。
4. 我国目前主要使用的支票种类有两种：_____支票和_____支票。
5. 原始凭证按其来源，可分为_____原始凭证和_____原始凭证两种。

（二）单选题

1. 《药品经营质量管理规范》（GSP），国家药品监督管理局审议通过的时间是（　　）。
   A. 2000年3月17日　　　　　　　　　B. 2003年3月17日
   C. 2000年1月17日　　　　　　　　　D. 2000年3月7日
2. 《药品经营质量管理规范》（GSP），开始施行的时间是：（　　）。
   A. 2000年3月17日　　　　　　　　　B. 2000年7月1日
   C. 2003年7月1日　　　　　　　　　D. 2000年10月1日
3. 银行票据的格式、联次、颜色、规格及防伪技术要求由（　　）规定。
   A. 建设银行　　　　　　　　　　　　B. 工商银行
   C. 中国人民银行　　　　　　　　　　D. 农业银行
4. 违反中国人民银行规定，擅自印制票据的，处以罚款最高（　　）。
   A. 1万元至5万元　　　　　　　　　B. 1万元至10万元
   C. 1万元至15万元　　　　　　　　　D. 1万元至20万元
5. 购物取得的发票，属于（　　）。
   A. 复式记账凭证　　B. 外来原始凭证　　C. 自制原始凭证　　D. 都不是
6. 填制原始凭证汇总表，应根据（　　）。
   A. 总账　　　　　B. 记账凭证　　　　C. 原始凭证　　　　D. 都可以
7. 药品销售额－进货成本－费用额－税金＝（　　）。
   A. 经营利润额　　　　　　　　　　　B. 经营利润率
   C. 销售利润率　　　　　　　　　　　D. 资金利税率
8. 经营利润额＋营业外收入－营业外支出＝（　　）。
   A. 销售额　　　　B. 利润额　　　　C. 利税率　　　　D. 利润率
9. 《药品经营质量管理规范》英文简写：（　　）。
   A. GMP　　　　　B. GSP　　　　　C. GAP　　　　　D. GLP
10. 《药品生产质量管理规范》英文简写：（　　）。
    A. GLP　　　　　B. GAP　　　　　C. GSP　　　　　D. GMP

（三）多选题

1. 我国目前主要使用的支票种类有（　　）。
   A. 转账支票　　　B. 现金支票　　　C. 空头支票
   D. 过期支票　　　E. 汇票
2. 原始凭证按其来源，可分为（　　）。
   A. 记账凭证　　　B. 复式记账凭证　　C. 外来原始凭证
   D. 自制原始凭证　E. 借贷记账凭证

3. 购进药品应有合法票据，并按规定建立购进记录，做到（   ）相符。
A. 票   B. 账   C. 货
D. 现金   E. 实物
4. 在收到顾客送来的支票时，营业员须检查支票上应填项目（   ）。
A. 出票日期   B. 付款方银行名称   C. 收款人
D. 出票账号   E. 人民币金额
5. 填制记账凭证应根据（   ）。
A. 总账   B. 明细账   C. 原始凭证
D. 原始凭证汇总表   E. 备查簿

（四）判断题

1. 《药品经营质量管理规范》（GSP），2000 年 3 月 17 日经国家药品监督管理局局务会审议通过。（   ）
2. 《药品经营质量管理规范》（GSP），自 2000 年 7 月 1 日起施行。（   ）
3. 根据原始凭证或原始凭证汇总表填制记账凭证。（   ）
4. 根据原始凭证或原始凭证汇总表和记账凭证登记日记账和明细账。（   ）
5. 根据记账凭证编制记账凭证汇总表。（   ）
6. 根据记账凭证汇总表登记总账。（   ）
7. 月终将日记账、明细账与总账核对。（   ）
8. 根据总账和明细账编制会计报表。（   ）
9. "昨日结存"栏根据前一天的"本日结存"数填写。（   ）
10. "本日销售"栏根据实际销售额汇总填写。（   ）

（五）问答题

1. 药品经营企业经济核算的意义是什么？
2. 简述药品经营企业经济核算的任务。

（六）分析题

表 8-11 是××药业公司药品采购计划表，进销差价率为 15%，货号为 036，等级为一级，质检员 06 号，保管员 003 号，请你根据该表填制商品验收单，最后把你的名字填在正确的位置。

表 8-11 ××药业公司药品采购计划表   单位：元

品名	规格	产地	单位	单价	数量(盒)	金额	备注
六味地黄丸	9g×10 丸	山东宏济	盒	4.50	1800		100 盒/件

商品验收单

供货单位：　　　　　　　　　年　　月　　日　　　　　　收货部门：

货号	等级	品名及规格	购进价				零售价				进销差价
			单位	数量	单价	金额	单位	数量	单价	金额	
	合计										
备注：											

验收：　　　　　　　　制单：　　　　　　　　实物负责人：

参 考 文 献

[1] 许以洪. 市场营销调研. 武汉：武汉理工大学出版社，2005.
[2] 孙建. 经理人必备销售与市场知识. 北京：新世界出版社，2008.
[3] 刘会. 医药企业区域营销经理实战宝典. 北京：海洋出版社，2006.
[4] 屈冠银. 市场营销理论与实训教程. 北京：机械工业出版社，2006.
[5] 莫林虎. 商务交流. 北京：中国人民大学出版社，2008.
[6] 黄漫宇. 商务沟通. 北京：机械工业出版社，2006.
[7] 江林. 消费者心理与行为. 第三版. 北京：中国人民大学出版社，2007.
[8] 邬金涛. 客户关系管理. 武昌：武汉大学出版社，2008.
[9] 邓方华. 客户服务技能案例训练手册. 北京：机械工业出版社，2006.
[10] 王永贵. 客户关系管理. 北京：清华大学出版社，北京交通大学出版社，2007.
[11] 王若军. 谈判与推销. 北京：清华大学出版社，北京交通大学出版社，2007.
[12] 李晓. 沟通技巧. 北京：航空工业出版社，2006.
[13] 周小雅，袁玲，梁春贤. 药品店堂推销技术. 北京：中国医药科技出版社，2007.
[14] 赵申. 如何处理客户的投诉. 中国经济出版社，2006.
[15] 编委会. 客户服务技巧与应对投诉处理案例对照解析. 北京：中国国际广播出版社，2006.
[16] 赵晓军. 金牌店长必读手册. 北京：中国商业出版社，2007.
[17] 王东风. 医药商品购销员国家职业资格培训教程. 北京：中国中医药出版社，2003.
[18] 上海市工商行政管理局. 上海市卫生局. 关于在本市医疗机构、药品生产经营企业推行使用《上海市医疗机构药品集中招标采购药品买卖合同》示范文本的通知. 沪工商合〔2002〕228号.
[19] 杨文章. 药品营销知识与技能. 北京：中国劳动社会保障出版社，2006.
[20] 张大禄，薛建欣. 药品营销策略与技巧实战158例. 北京：中国医药科技出版社，2007.
[21] 邱训荣. 推销技巧. 南京：东南大学出版社，2004.
[22] 陈向军. 商务谈判技术. 武汉：武汉大学出版社，2004.
[23] 王国梁. 推销与谈判技巧. 北京：机械工业出版社，2005.
[24] 张亚军，包立军，王业军. 商务谈判与推销技巧实训. 北京：科学出版社，2007.
[25] 卢友志. 医药代表培训教程. 北京：京华出版社，2006.

全国医药中等职业技术学校教材可供书目

	书 名	书 号	主 编	主 审	定 价
1	中医学基础	7876	石 磊	刘笑非	16.00
2	中药与方剂	7893	张晓瑞	范 颖	23.00
3	药用植物基础	7910	秦泽平	初 敏	25.00
4	中药化学基础	7997	张 梅	杜芳麓	18.00
5	中药炮制技术	7861	李松涛	孙秀梅	26.00
6	中药鉴定技术	7986	吕 薇	潘力佳	28.00
7	中药调剂技术	7894	阎 萍	李广庆	16.00
8	中药制剂技术	8001	张 杰	陈 祥	21.00
9	中药制剂分析技术	8040	陶定阆	朱品业	23.00
10	无机化学基础	7332	陈 艳	黄 如	22.00
11	有机化学基础	7999	梁绮思	党丽娟	24.00
12	药物化学基础	8043	叶云华	张春桃	23.00
13	生物化学	7333	王建新	苏怀德	20.00
14	仪器分析	7334	齐宗韶	胡家炽	26.00
15	药用化学基础(一)(第二版)	04538	常光萍	侯秀峰	22.00
16	药用化学基础(二)	7993	陈 蓉	宋丹青	24.00
17	药物分析技术	7336	霍燕兰	何铭新	30.00
18	药品生物测定技术	7338	汪穗福	张新妹	29.00
19	化学制药工艺	7978	金学平	张 珩	18.00
20	现代生物制药技术	7337	劳文艳	李 津	28.00
21	药品储存与养护技术	7860	夏鸿林	徐荣周	22.00
22	职业生涯规划(第二版)	04539	陆祖庆	陆国民	20.00
23	药事法规与管理(第二版)	04879	左淑芬	苏怀德	28.00
24	医药会计实务	7991	董桂真	胡仁昱	15.00
25	药学信息检索技术	8066	周淑琴	苏怀德	20.00
26	药学基础	8865	潘 雪	苏怀德	21.00
27	药用医学基础(第二版)	05530	赵统臣	苏怀德	39.00
28	公关礼仪	9019	陈世伟	李松涛	23.00
29	药用微生物基础	8917	林 勇	黄武军	22.00
30	医药市场营销	9134	杨文章	杨 悦	20.00
31	生物学基础	9016	赵 军	苏怀德	28.00
32	药物制剂技术	8908	刘娇娥	罗杰英	36.00
33	药品购销实务	8387	张 蕾	吴闫云	23.00
34	医药职业道德	00054	谢淑俊	苏怀德	15.00
35	药品 GMP 实务	03810	范松华	文 彬	24.00
36	固体制剂技术	03760	熊野娟	孙忠达	27.00
37	液体制剂技术	03746	孙彤伟	张玉莲	25.00
38	半固体及其他制剂技术	03781	温博栋	王建平	20.00
39	医药商品采购	05231	陆国民	徐 东	25.00
40	药店零售技术	05161	苏兰宜	陈云鹏	26.00
41	医药商品销售	05602	王冬丽	陈军力	29.00
42	全国医药中等职业技术教育专业技能标准	6282	全国医药职业技术教育研究会		8.00

欲订购上述教材,请联系我社发行部:010-64519684(张荣),010-64518888
如果您需要了解详细的信息,欢迎登录我社网站:www.cip.com.cn